CAR. AUG. GUIL. BERENDS

PHIL. ET MEDIC. DOCTORIS, REGI BORUSSIAE A CONSILIIS MEDICINAE INTIMIS, COLLEGII MEDICI TECHNICI PRAESIDIS, IN UNIVERSITATE BEROLINENSI PROFESSORIS PUBLICI ORDINARII ET CLINICI MEDICI DIRECTORIS, ORDINIS AQUILAE RUBRAE EQUITIS

LECTIONES

IN

HIPPOCRATIS APHORISMOS.

EDIDIT ET PRAEFATUS EST

AUG. GUIL. A STOSCH

MED. ET CHIR. DR.

BEROLINI MDCCCXXX.

TYPIS ET IMPENSIS G. REIMERI.

CAR. AUG. GUIL. BERENDS

PHIL. ET MEDIC. DOCTORIS, REGI BORUSSIAE A CONSILIIS MEDICINAE INTIMIS, COLLEGII MEDICI TECHNICI PRAESIDIS, IN UNIVERSITATE BEROLINENSI PROFESSORIS PUBLICI ORDINARII ET CLINICI MEDICI DIRECTORIS, ORDINIS AQUILAE RUBRAE EQUITIS

OPERUM POSTUMORUM

TOMUS SECUNDUS.

EDIDIT ET PRAEFATUS EST

AUG. GUIL. A STOSCH

MED. ET CHIR. DR.

BEROLINI MDCCCXXX.
TYPIS ET IMPENSIS G. REIMERI.

Prooemium.

Si quid est, auditores humanissimi, in hoc tanto medicorum proventu, qui cuivis prudentiori admirationem, ne dicam, terrorem injicere posse videatur, quo viri docti a barbaro profanoque medicorum vulgo dijudicentur, id equidem unis bonarum artium humanarumque literarum studiis contineri arbitror. Etenim qui semel a prima inde aetate studiis illis, quae ab humanitate, ad quam animum mentemque informant, nomen merito invenerunt, se totos addixerint, iisque colendis juventutem suam exercuerint, ii sane per reliquam etiam vitam, spretis turbidis vanae scientiae rivulis, limpidissimos verae doctrinae fontes adire malent, ac, recentiorum barbariem fastidientes, si quando scriptis eorum legendis operam navare debuerint, ad veteres nova semper voluptate revertentes, sententiis virorum ingenio et virtute excellentium animum recreabunt, atque in consuetudine eorum et in tractatione praestantissimorum antiquitatis monumentorum laete consenescent. Quemadmodum vero ars nulla est, quae inter antiquos auctore suo non gaudeat, ita ars salutaris *Hippocrate* merito gloriatur, qui peritissimus naturae interpres veram morborum medicinam non solum primus aequales suos docuerit, sed praecepta etiam tam perspicua et certa posteritati reliquerit, ut omnium gentium saeculorumque consensu medicorum princeps et magister sit censendus.

Librum igitur hujus talis viri praestantissimum, qui Aphorismi inscribitur, foetum ex ipsa veterum sententia inter Hippocraticos maxime genuinum, Vobis ego expositurus, in eo potissimum elaborandum esse duxi, ut re ipsa ostendam, Hippocraticam disciplinam non esse obsoletam, quaeque impune contemni queat, sed quae magnam hodie habeat utilitatem, atque imposterum etiam, utpote naturae legibus freta atque innixa, numquam sit non duratura. Itaque hanc ego interpretandi provinciam non eo consilio suscepi, ut in verborum explicatione minutam assequarer grammaticorum subtilitatem, sed ut rerum ac sententiarum interiorem sensum Vobis aperire studerem.

Cum vero *Hippocrates* in Aphorismis conscribendis id potissimum sibi proposuisset, ut quae in caeteris scriptis passim legerentur utilissima, in compendium redacta uno libro colligeret, et illi semper tanquam canones sive leges medicinales a posteris habiti sunt, nec vero defuerunt sane, qui interpretandis iis non variam modo longeque diversam rationem sequerentur, sed res etiam plane alienas et a mente auctoris abhorrentes inculcarent, sive scribarum oscitantia in errorem inducti, sive scholae quisque suae nimis obtemperantes. Unde factum est, ut ab antiquissimis inde temporibus innumerabiles fere existerent Aphorismorum interpretes, quorum praecipui inter veteres hi sunt:

Oribasius, vel potius *Pseudo-Oribasius*; neque enim quisquam in dubium vocare jam potest, quin ab ipso *Oribasio* profecti non sint, qui ejus nomine circumferuntur commentarii, quamquam caeteris meliores.

Claudius Galenus, eo nomine reprehendendus, quod nimia subtilitate usus suoque ingenio indulgens non reddidit nobis *Hippocratem*, sed qualem sibi finxit ex opinione animo concepta, qua medicorum dogmaticorum illum principem esse putaret.

Inter recentiores autem nominari merentur

Prosper Martianus, medicus caeteroquin peritissimus, sed critices parum curiosus, qui omnia, quae *Hippocratis* nomen prae se ferunt, tanquam unius ejusdemque sint auctoris, brevi illa quidem, sed erudita adnotatione illustravit in libro, cui titulus est: *Magnus Hippocrates Cous, Prosperi Martiani* notationibus explicatus. Romae 1627.

Jacobus Hollerius, Hippocratis praecepta omnia ad usum medicum revocans, id ipsum egit, quod nos perficere conamur. Commentarii ejus in lucem prodierunt Genevae 1620.

Joannes Heurnius, vir summa doctrina et industria, singulas Aphorismorum partes accurate et docte explicavit in editione Graeca et Latina, quae primum Lugduni emissa est.

Tota denique *Boerhavii schola* in hunc numerum referenda est, atque inter Hippocratis interpretes non infimum sane locum obtinet, ad exemplum magistri, qui Hippocratem ita adamavit atque imitatus est, ut vel orationis concinnitate et elegantia eum adaequaret. Eminent hoc nomine inter magni viri disscipulos:

Joannes de Gorter, qui medicinam Hippocraticam edidit Amstelaedami 1755.

Gerardus a Swieten in Commentariis in *Boerhavii* Aphorismos.

Antonius de Haen in Ratione medendi. Quibus omnibus antecellit:

Henricus Cope in Demonstratione medico-practica Prognosticorum Hippocratis. Is enim, Hippocratem ex ipso Hippocrate illustrans, singulas morborum expositiones, quae in libro primo et tertio Epidemiorum continentur, quod ad origines, causas, eventus attinet, cum Coacarum praenotionum Aphorismorumque praeceptis diligenter comparavit. Egregium illud opus primum in lucem prodiit Dublini 1736.

Longa est editionum enumeratio, quare potiores tantum nominandae.

Almeloviana, literarum typis saepius expressa ac pervulgata, scriptoris verba diligenter emendata exhibet, locosque ad illustranda ea idoneos ex Hippocrate ipso et Celso collectos in margine habet.

Commendabilis quoque *Andreae Pastae* editio; item *Andreae Caroli Lorryi;* illa Bergami 1750, haec Parisiis 1759, iterumque 1782 in vulgus emissa.

His longe praestantior est Aphorismorum recensio, quam Parisiis 1771 edidit, doctoque commentario instruxit *Lefeburius de Villebrune;* variarum enim lectionum prudentem habet delectum, sermonemque ad pristinam Jonicae linguae integritatem revocare studet.

Neque silentio praetermittenda est *Bosquillionii* editio, viri inter paucos eruditi, qui aliquot abhinc annis magno harum literarum detrimento e vita decessit. Typis exarata est Parisiis 1784 una cum Prognosticorum libro, qui idem argumentum tractans ad Aphorismos recte intelligendos plurimum facit. Adjecta est brevis adnotatio et linguae Jonicae institutiones.

Liber Aphorismorum nomen habet a verbo *ἀφορίζειν*, i. e. terminis seu finibus circumscribere. Sunt igitur Aphorismi enuntiationes sive propositiones accurate definitae, quibus rerum capita maximaque rationum momenta paucis absolvuntur, sententiae concinnae et acutae ex continua naturae contemplatione longaque experientia petitae; quare qui totum *Hippocratem* vernacula lingua redidit, *Grimmius*, vir eruditus, Graecum verbum nostro *Lehrsprüche* haud inepte expressit. Admirabilis autem Aphorismorum brevitas tantum abest, ut cum fastidiosa illa *Senecae* inopia, quae argutias aucupetur ingenii acumen venditans, comparari ullo modo possit, ut etiam ipsa simplicitate se commendet sua, ad intellectum aperta et ad rem accommodata.

Divisio Aphorismorum in partes plures, quas sectiones appellant, longe post *Hippocratis* aetatem a discipulis ejus instituta est ad argumenti similitudinem, sed consilio admodum vario. Ita *Soranus* eos in libros tres, *Rufus Ephesius* in quatuor, *Galenus* vero in septem distribuit; octavus autem, a *Galeno* omissus, *Rufo* aliisque cognitus, qui in recentiorum omnium invenitur editionibus, haud dubie suppositus est atque impostorem, nescio quem, ex sophistarum turba habet auctorem. Plurima enim, quae continet, vel ex caeteris Aphorismorum libris, vel ex Coacis praesagiis ad verbum petita sunt, alia paucis quibusdam mutatis ex eodem fonte manarunt, alia denique, ut aphorismorum ultimus origine incerta falsa pro veris praecipiunt. Cujus notae si in genuinis etiam Aphorismorum libris nonnulla leguntur, partim librariorum somniis deberi videntur, partim ab *Hippocrate* ipso profecta documento esse possunt, neminem exstitisse umquam, quamvis eximium et divino ingenio praeditum, qui a temporis sui superstitione vanisque opinionibus liber omnino atque intactus evaserit.

Prima Aphorismorum sectio ea tractat, quae ad evacuationes et ad victum in morbis acutis pertinent, corporis et virium habita ratione.

Secunda in signis morborum recensendis tota versatur.

Tertia agit de signis morborum iis, quae ex aetatum diversitate tempestatumque permutatione sunt repetendae.

Quarta pergit de signis morborum, multaque egregia continet de evacuationum proprietatibus, quae sub oculos cadunt, sensibusque objectae sunt.

Quinta ad usum medicum imprimis apta explicat signa evacuationum et repletionum modum excedentium; itemque de frigore et calore, qualem habeant in corpus humanum potestatem, subtiliter disputat.

Sexta varii est argumenti, ac saluberrimis praeceptis abundat, inter quae eminent, quae de epigenomenis sive signis morborum intervenientibus accurate traduntur.

Septima eandem materiem pertractans non minoris est momenti.

De octava supra jam dictum est.

SECTIO PRIMA.

Aphor. I.

Vita brevis, ars longa, occasio celeris, experimentum periculosum, judicium difficile. Oportet autem non modo se ipsum exhibere quae oportet facientem, sed etiam aegrum, et praesentes, et externa.

Est hic Aphorismus isagogicus, vera introductio ad medicinam practicam, in qua medicus, longissimo rerum usu et indefessa contemplatione edoctus, plurimas difficultates recenset, quibus medicinae studium prematur; ut doceat, quanta sollertia opus sit medico, et unde fiat, ut medicus etiam intelligentissimus atque peritissimus in arte factitanda saepe spe sua frustretur. Fortasse etiam veniam a lectoribus petere voluit summae in Aphorismis conscribendis brevitatis.

In partes duas divisum habemus Aphorismum, quarum altera artis discendae exponit difficultates, altera artis exercendae salebras. Incipit autem oratio gravibus illis verbis, quae deinde in proverbium abierunt:

Vita brevis, ars longa. *Hippocratis* enim tempore ars medica a sacerdotibus potissimum exercebatur, qui quidem in Coa schola originem ad Aesculapium referebant. Vixdum boni aliquot exstiterant medici, atque ars ipsa, rudis adhuc atque inculta, iis solis nitebatur observationibus, quae tabulis votivis incisae in Aesculapii templo servabantur. Nondum igitur ars medica certis praeceptis definita et doctrinae cancellis circumscripta erat, et cum medici omne officium in eo maxime poneretur, ut observationibus, quae a majoribus traditae essent, suas quisque adderet, et ad has universas agendi normam dirigeret, recte omnino *Hippocrates* artem dixit longam; quanta enim observationum copia, quanto rerum usu opus fuit ad medicum formandum peritum. Atque hac adeo nostra aetate, qua medicinae studium literarumque cultus quam maxime florere videntur, num dicendum est *Hippocratis* illud effatum aut a vero prorsus abhorrere, aut minus esse verum? Multum enim differt doctrinae copia ab artis peritia; illa diligenti et assiduo studio comparari potest, haec nonnisi longo rerum usu atque exercitatione nascitur, quibus quo magis pollet medicus, eo tutius atque felicius in arte facienda versabitur. Sed quamvis brevitatis studiosus sit *Hippocrates*, idem tamen diserte dicere amat, quare sententiam ut probet, rationes addit has:

Occasio praeceps. Occasio est temporis momentum ad agendum opportunum, cumque hoc loco vox „καιρὸς" temporis momentum indicet, quo agere debeat medicus, *Lefeburius* vertit: momentum urgens, recte omnino, si sensum spectemus, melius tamen, si presse auctorem sequamur, momentum praeceps; quod si nihil agendo praetermittat medicus, vix unquam revocari potest. Ita si vomitorium est dandum, aut vena secanda, paucae tantum sunt horae, cum id facere licet medico, quibus omissis, omnia deinde frustra tentabit; sin alterutrum opportune adhibebit, ut in febri contagiosa vomitorium statim a primo initio morbi, levior illa fiet. Itaque momentum agendi praeceps omnibus in morbis. Atque prima sic indicata in morbis curandis difficultate, inde orta, quod agendi opportunitas celerrime praeterit, jam ad alteram properat *Hippocrates*, ad quaestionem, quidnam sit agendum, tempore opportuno recte animadverso.

Sed experimentum fallax. Experimentum enim est rei notitia ducta ex pluribus exemplis inter se comparatis, quibus si careas, experimentum fallere necesse est. Quare ad experimentum faciendum analogia medici utuntur, i. e. similitudinum comparatione, quae tamen ipsa fallax esse potest, quia morborum similitudo intelligitur symptomatis inter se comparatis, quae, etiamsi comparent, non semper tamen cum morbi natura necessario conjuncta sunt. Ita haemoptysis, quam varia esse potest; modo enim sanguinis et abundantia et vehementiore ad pulmones motu nascitur, modo sordibus gastricis, sympathica igitur affectione, modo spastica est, ut in mulierculis hystericis. Cum vero mentis ea acies, qua sola utramque illam difficultatem superare poterit medicus, in judicando potissimum cernatur, recte *Hippocrates* tertium illud addit: judicium difficile. Quemadmodum enim omnibus in artibus ingenii illa vis non studii assiduitate excolitur, sed exercitatione, ita medicus, qnamvis eruditus atque naturae dotibus excellens, nisi longa experientia adjutus, judicandi facilitatem non adipiscitur.

Sed ne ita quidem officio suo satisfacere poterit medicus, aliis omnibus destitutus subsidiis. Neque enim ad morbum recte cognoscendum et ab aliis discernendum studium sufficit aut experientia, nisi alia quaedam accedant tanquam cognitionis intrumenta; si quidem pauci sunt morbi, qui signo se produnt, quod pathognomicum dici meretur, quod ubi deest, ad vicem ejus explendam rerum praegressarum narratione utimur vel ab ipso aegroto vel a propinquis exposita. Itaque cum primum medicus ad morbi curationem accedit, aegrotus praeceptis ejus, tam ad victum quam ad usum medicamentorum pertinentibus obtemperet necesse est. Qua in re ceteri quoque, qui adsunt aegroto, medicum adjuvare debent, cum candide referentes, quae fiunt atque facta sunt, tum vero curantes, ut omnia, qualia sunt praescripta, in usum vocentur. Atque haec quidem sunt, quae secunda hujus Aphorismi parte significat *Hippocrates*, verbis usus his: m e d i c u m o p o r t e t etc.; quam enunciationem paullo insolentius ita reddidit *Lefeburius:* m e d i c u s o p o r t e t etc. Nam quantas saepe jam ab initio in morbis curandis medico molestias exhibet hominum praesentium, quo nomine parentes et amici et custodes continentur, perversitas ac mala sedulitas, quippe qui nimis frequenter consiliis ejus adversentur, aut animi levitate et incuria, aut ignorantia et in aëgrotum indulgentia. Sane dolendum est, aegrotorum administros aut raro, qua debeat, esse prudentia, aut quamquam officiorum bene gnaros, tamen negligentes se praebere lucrique cupidos. Attamen non hominum modo indoles et voluntas, sed rerum quoque, quae extrinsecus corpus humanum afficiunt, conditiones variae et vicissitudines, quales sunt lux, quae alias modica, alias splendidissima esse debet, aër, cubile, victus; item animi perturbationes, tam tristes, quam jucundae, quo pertinent curae, sollicitudines, iracundia, spes, laetitia, ut alias omittam; ipsa denique negotia consueta, quibus aegrotus non semper vacare potest, medico saepe magno sunt impedimento. Itaque quanto simplicior fuit *Hippocratis* tempore medendi ratio, quae tota fere in rebus externis moderandis versaretur, tanto plus merito iis tribuere debuit.

Aphor. II.

In perturbationibus alvi, et vomitibus sponte evenientibus, siquidem, qualia oportet purgari, purgentur, confert, et facile ferunt: sin minus, contra. Sic et vasorum evacuatio, si quidem, qualem fieri decet, fiat, confert, et facile ferunt: sin minus, contra. Respicere igitur oportet et re-

gionem, et tempestatem, aetatem et morbos, in quibus convenit, aut non.

Illa disputatione tanquam prooemio praemissa, disserendi initium facit *Hippocrates* ab evacuationibus, quippe qui experientia compertum habeat, naturam morborum sanationem earum potissimum ope moliri, quae prout morbi cujusque indoli respondeant, ita maxime sint salutares. Imprimis autem primarum viarum evacuationes intelligi vult, vomitum et alvi profluvium; id enim vox κενεαγγείη valere videtur, quam aliter et nimis audacter vasa intestina interpretatus est *Lefeburius*. Nam effectum, quem dicunt, pro causa ponens, quae est *Galeni* aliorumque interpretum veterum sententia, *Hippocrates* de effectu peculiari perpetuoque vehementioris evacuationis loquitur; cumque constet, nullo nisi ventris fluxu vasa sanguifera neque magis neque citius exinaniri, profecto necesse non est, de sanguinis missione vel inedia cogitare, ad quas referri haud facile possunt, quae de evacuationum virtutibus ac noxiis hoc Aphorismo traduntur.

Sunt autem primarum viarum evacuationes hactenus imprimis utiles, quod aut avertunt aut sanant morbos, gastricos praesertim ac saburrales; quam curam praecaventem (prophylaxin vocant) jam ab antiquissimis inde temporibus usu venisse, memoriae prodidit *Herodotus*, Aegyptios referens quotannis statis quibusdam diebus corpus per vomitiones purgare. Neque tamen purgationum earum, quae arte fiunt, hoc loco mentionem facit *Hippocrates*, sed quae sponte accidunt, in quibus materiae alvo vel ore rejectae indolem, utrum naturali sit similis et affinis, nec ne, diligenter animadvertere jubet medicum; illam salutarem esse dicit, hanc perniciosam. Sed quo magis judicium his in rebus sit certum sibique constet, ceteras quoque conditiones, quae alicujus sint momenti, bene notandas esse monet, ut regionum diversitatem; quippe sub calido coelo vomitiones, sub frigido diarrhoeae frequentiores sunt, quare alterutram pro coeli natura a medico cieri consentaneum est. Item anni tempestates eadem de causa; tum aetates, quia infantili aetati diarrhoeae, juvenili et virili vomitiones familiares sunt, senibus vero utraeque et raro accidunt et plerumque fatales. Denique morborum indagandas esse indoles, ut appareat, quas quisque ferat purgationes, quas recuset. Sunt enim morbis aliis aliae quaedam tanquam propriae, quae diversitas non solum in iis obtinet, qui in universo populo grassantur, sed in iis etiam, qui singulos tantum homines invadunt; illos epidemicos, hos sporadicos vocant. Ita mulieres affectione hysterica diu vexatas ventris purgationes facile tolerare, iisdemque nonnumquam sanari, auctor est *Kaempfius*.

Aphor. III.

In exercitantibus boni habitus ad summum progressi, periculosi, si in extremo fuerint. Non enim possunt in eodem manere, neque quiescere. Cum vero non quiescant, neque ultra possint in melius proficere, reliquum igitur in deterius. Horum igitur causa bonum habitum solvere confert haud cunctanter, quo rursus renutritionis principium sumat corpus. Neque considentiae ad extremum ducendae: periculosum enim: sed qualis natura fuerit ejus qui perferet, eo usque ducendae. Sic et evacuationes ad extremum ducentes, periculosae. Et rursus refectiones, cum extremae fuerint, periculosae.

Ut in praecedente Aphorismo sermo est de evacuationibus, sic in hoc *Hippocrates* de repletionibus loquitur, earumque pericula memorat, si ad summum pervenerint. Quod quum illis temporibus propter singulare vitae et regiminis rationem facile accideret athletis, horum exemplo utitur *Hip-*

pocrates, ut periculosum hunc sanitatis statum luculenter demonstret. Nempe ut vires prorsus eximias sibi compararent, lautissime nutriebantur, cibis haud facile transspirabilibus, carne maxime suilla, et longissimo somno. Ut vero agilitatem corporis sibi compararent et vires firmarent continuoque excitarent, exercitationibus primo levioribus, deinde gravioribus adstringebantur; cursu quidem, saltu et disci jactu, quae fuerunt leviores, deinde lucta et pugilatu, quae fuerunt graviores, denique pancratio, omnium gravissimo, ex lucta et pugilatu composito. Lucta nudi, uncti, pulvere inspersi mutuo complexu resistebant, aut manum manui componebant, aut frontem fronti admovebant, atque sic alter alterum dejicere conabantur. In pugilatu solis pugnis eorumque ictibus, quocumque loco applicatis dimicabant, ut saepe alteruter morte sua se victum testaretur.

Fuit hoc institutum gymnasticum Graecis acceptissimum, antiquissimum Graeciae, quod *Herodicus* vel *Prodicus* quidem, ut videtur *Hippocrati* coaevus, corporis infirmitati his exercitiis succurens, ad medicinam adcommodavit et sic gymnasticam medicinam fundavit.

Certe in libris Hippocraticis his exercitiis in curatione morborum haud raro locus conceditur, imprimis cursui recto, obliquo, acclivi, declivi. Hinc forte *Lefeburii* emendatio, quam tamen nequeo probare, siquidem in hoc Aphorismo non sermo fit de euexia naturali, sive sanorum.

Cf. *Hieronym. Mercurialis* de arte gymnastica veterum. Libr. IV. saepe recusi.

Joan. Henr. Schulzius de athletis veterum, eorum diaeta et habitu. Halae 1717.

Idem in Histor. medic. Lips. 1728.

Sed objicientes Vos mihi audire videor: Quid haec ad nos, quibus medicinam facientibus profecto non res est cum athleticis corporibus, qui potius infirmis et debilibus medicinam parare debemus? Quod utique veritati consentaneum est. Sed memineritis, *Hippocratem* athletarum exemplo tantum uti, ut ideam nimiae repletionis et periculorum praesentissimorum cum ea conjunctorum in apricum et veluti in plenam lucem collocet. Ex hoc exemplo discimus, quis metus eorum esse debeat, qui plus sanguinis et humorum in vasis alunt, quam ipsa vasa, quam nervi, quam vires totius corporis bene et commode ferant. Et haec plenitudo est, quam medicorum scholae dicunt relativam. Qui haemorrhagiis, praesertim funestae haemoptysi obnoxii sunt, brevi ante verum morbi insultum calorem auctum sentiunt, colorem roseum genarum ostendunt, adspectumque praebent, qualis eorum est, qui florentissima sanitate fruuntur. Qui ex sanguinis plenitudine, quam sensiles nervi ferre nequeunt, nervorum morbos, ex his diram epilepsiam patiuntur, si plenior in his habitus fit, proxime absunt a novo epilepsiae insultu. Qui athritide legitima seu podagra decumbere solent, hi proxime instare accessionem morbi sui sciunt, si ultra modum alacres viribusque tum corporis tum ingenii egregie pollentes sese persentiunt. Adeo verum est, quod prorsus ex mente *divi Coi* professus est latinissimus ejus interpres *Corn. Celsus* *). Medici igitur utique etiam hodie maxime intererit, signa plenitudinis morbosae nosse, ad haec valde attentum se praebere, ut justo et opportuno tempore hanc plenitudinem levet et minuat, vel venae sectione, si nobiliori parti periculum minatur illa plenitudine, vel alvi ductione, vel inedia et tenuiori victu, si aegroti constitutio, aetas viresque sanguinis missionem vetant.

*) Lib. I. Cap. 1. de athletar. exercitat. Lib. II. Cap. 2.

Aphor. IV.

Tenuis et exquisitus victus, et in longis morbis semper, et in acutis, ubi non convenit, periculosus. Et rursus ad extremum tenuitatis progressus victus, difficilis. Nam et repletiones ad extremum progressae, difficiles sunt.

Quum plenitudinis, etiam illius, quae in morbis locum habet, remedia sint tum evacuationes vel per vomitum alvique ductionem, nec non sanguinis missionem, tum victus ratio, quomodo hac sive diaeta in morbis curandis utendum sit, *Hippocrates* in hoc Aphorismo egregie docet. Laudat victum tenuem maxime in curatione morborum acutorum *divus Cous*, sed modum definit. Huic Aphorismo illustrando egregie inservit liber *Hippocratis* genuinus, prima nempe pars *libri de victus ratione in acutis.*

Fuit autem veteribus in usu: I) victus exquisite tenuissimus, qui positus erat in inedia, summa fere abstinentia et aqua mellita; II) victus tenuis simpliciter, in quo aegrotum ptisana integra nutriebant, III) victus tenuissimus, melicrato, oxymellite, ptisanae succo. Est vero, secundum antiquos illos viros, natura hominis actuosa, quae morbos imprimis acutos vincit. Nutriendus igitur aegrotus ita est, non solum ut morbum ferre, sed superare etiam possit. Si plus nutritur, vires morbo adduntur, si minus, aegrotus a morbo vincitur. Modus autem, qui in tenui victu habendus est, definitur morbi natura et morbi vehementia. Ad naturam morborum veteres respexisse, sat certum est; laudant exempli gratia mel in pectoris inflammatione, damnant in morbo bilioso. Sed de natura morborum variae ideoque dubiae semper sunt medicorum sententiae, et raro naturae morborum sat evidenter cognoscuntur. Igitur, de alio signo ad regendum et moderandum victum solliciti, hoc in vehementia morbi recte quaesiverunt. Vehementiam autem morbi dimetiebantur ejus decursu ad solutionem judiciumque sive crisin usque; quo enim celerior hic decursus, eo morbus vehementior. Jam sunt morbi, qui ultra triduum quatriduumque non decurrunt; vocantur acutissimi. His debetur victus summe et exquisite tenuissimus. Alii morbi ad VII^um^ diem finiuntur vocanturque peracuti. Etiam his non quidem exquisite, tamen tenuissimus convenit. Alii morbi ad XIV^tum^ diem decurrunt, qui dicuntur exquisite et simpliciter acuti, quibus etiam tenuior victus recte adornatur; jubent ptisanam integram non colatam. Denique morbi ad diem XX^um et ultra interdum decurrunt, qui acuti dicuntur, atque interdum iteratis accessionibus et remissionibus veluti repetita pugna finiuntur (metaptosi, decidentia). His generatim victus tenuis quidem convenit, sed paulatim plenior, ut vires aegroti ad morbum debellandum sufficere possint. Jam si morbus vel ultra XX dies protrahitur metaptosi demum finiendus, ad vires aegroti valde attendere debemus et victui paulatim aliquid adjicere, sed provide. Hoc est, quod monet extremis Aphorismi verbis, quae damnant nimiam et summam repletionem. His verbis non generatim damnat nimias repletiones, ut nonnulli intelligunt, sed damnat nimiam repletionem, si adhibetur in morborum acutorum decessu, si aegroti antea exercebantur victu tenui. Tunc enim in homine et morbo et victu tenui valde debilitato, ex victu subito justoque pleniori offensa utique longe graviora fient, ita quidem ut homo, qui jam in vado constitutus videatur, vel apoplexia vel catarrho suffocativo rapi possit; cujus rei exempla me vidisse, probe memini.

Denique inter commentatores hujus Aphorismi maximopere laudandus et commendandus *Joann. Heurnius.* Quin etiam notae *Lefeburii* verum hujus Aphorismi sensum aperiunt. Sed finem Aphorismi apud *Lefeburium* non probo.

Sic tota oratione *Hippocratis* in hoc Aphorismo generatim universimque illustrata, ad explicandas enunciationes singulas jam progredior.

I. Tenuem et exquisitum victum in longis morbis semper periculosum pronunciat. Cujus effati causa vel neminem latere potest, quum omnes longi morbi aut ex debilitate originem ducant, aut ipsa diuturnitate sua adducant, ideoque cum virium imbecillitate plus minus conjuncti sint. Debet igitur viribus aegrotorum sustinendis operam dare medicus in iis, qui longis morbis impliciti sunt, quod docente experientia longe melius et securius fit aptis ad morbi naturam alimentis, quam medicamentis. Haec enim a debilitatis digestionis et nutritionis instrumentis vix feruntur. Majori ventriculi imbecillitati vinum aliquod generosius minori copia saepius datum longe melius medebitur, quam medicamenta plurima, quae stomachica medicis vulgo audiunt. Porro pulmonibus, funesta illa haemoptysi debilitatis, blando victu ex lacte potissimum secure succurrimus, dum medicamenta roborantia teneris illis visceribus facile nocent et damnum, quod contraxerunt, augent. Est tamen notabilis differentia in his longis morbis, siquidem eorum nonnulli in longius excurrunt, sine virium decremento evidente; sunt nervorum morbi tum graviores, tum etiam mitiores. Maniaci atque imprimis melancholici longam inediam impune saepius ferunt, quae in melancholicis tanta haud raro visa est, ut in miraculum veniret hominibus hujusce rei ignaris; quid quod fraudulenti homines coecaque superstitione ducti his longae inediae exemplis saepe usi sunt, ut singularem aliquam horum miserorum sanctimoniam ex tanta inedia demonstrarent aliisque male credulis astuti persuaderent. Similia longae inediae, quae impune fertur, exempla in feminis interdum observantur, quae ex nervorum vitio vix satis explicando per plures hebdomades, immo menses, omnia alimenta vomitu rejiciunt, vigente nihilominus corporis habitu, ex tam longo alimentorum vomitu notabiliori macie parum aut nihil vitiato. Itaque hi nervorum morbi ex numero longorum, qui tenuem victum non ferunt, expungendi sunt, dum de ceteris omnibus longioribus morbis omnino valet effatum Hippocraticum.

II. *Hippocrates* tenuiorem victum in acutis morbis rejicit, ubi non admittitur *οὐ μὴ ἐπιδέχεται*, id est, ut nunc loqui solemus, ubi non indicatur, quoniam natura horum morborum tenuiori victui repugnat. Hos morbos *Brownium* haud ita pridem asthenicos dixisse, nemo est, qui ignorat. Recte et sapienter omnino his aegrotis liberaliorem victum concessit vir acuto ingenio praeditus, si quis ullus, cujus tamen servi asseclae, sanae rationis et Hippocratici praecepti immemores, utinam non victu plenissimo, vino generosissimo affatim praebito et medicamentis calidioribus debiles aegrotos mirum in modum exstimulassent, et in viscerum inflammationes citamque virium consumtionem veluti incendio aliquo adduxissent. Profecto, qui ex aerumnosa vita, longa miseria, longo humorum nobiliorum aut sanguinis profluvio in acutum id genus morbum inciderunt, tenui victu utique laeduntur, ad pleniorem tamen paulatim ducendi sunt, plenissimoque victus genere vel magis laeduntur, et instar lucernae, cui nimium olei superinfuderis, prorsus exstinguuntur. Itaque medicorum maxime interest, ut in curandis aegrotis varia victus tum tenuioris tum plenioris genera internoscant.

III. Victum exquisite tenuissimum molestum et gravem dicit *Hippocrates*, graves autem etiam repletiones ad extremum perductas. Aegrotorum quidem molestiam non admodum attendet medicus, si in eorum salutem necessaria recte judicatur. Tamen quum morbus vires aegroti dejiciat, quibus ad vincendum morbum utique opus est, non solum molestus est aegrotis hic tenuissimus victus, verum etiam gravis, id est facile periculosus. Quod vero Princeps medicorum in eodem hoc Aphorismo repletiones etiam summas graves dixerit, id haud immerito scrupulum movit acutissimo *Coi* interpreti, *Lefeburio*. Etenim non videtur hujus loci esse haec observatio, siquidem de nimiae repletionis damnis in praecedente Aphorismo locutus est *Hippocrates*. Itaque textum aliter legendum esse putat *Lefeburius*, et his quidem verbis: E n i m v e r o i n a n i t a t e s, q u a e a d e x t r e m u m d e v e n i u n t, m o l e s t a e, omissis et deletis vulgatae lectionis: e t r u r s u s a d e x t r e m u m t e n u i t a t i s p r o g r e s s u s v i c t u s d i f f i c i l i s. Fateor, hanc lectionem mihi admodum probari, siquidem cum toto argumento hujus Aphorismi consonat. Attamen veterem et vulgatam lectionem, quam *Galenus* jam secutus est, defendi posse existimo, dummodo non intelligatur absolute, tunc enim huic observationi hic nullus locus est, sed ut explicui, respectu illorum aegrotorum, qui ex tenuiori victu, quo hactenus recte utebantur, ad pleniorem victum paulatim et circumspecte jam ducendi sunt.

Idem de victu ad morbos accommodando argumentum *Hippocrates* ultro persequitur in sequentibus Aphorismis, in quorum proximo, V^{to} nempe, explicando aqua haud parum haesit interpretibus ipsique, qui sibi semper lynceus fere visus est, *Galeno.*

Aphor. V.

In tenui victu delinquunt aegri: ob in magis laeduntur. Omne enim delictum, quod committitur, multo majus fit (in tenui) quam in paulo pleniore victu. Propterea etiam sanis periculosus est valde tenuis, et constitutus et exquisitus victus; quia delicta gravius ferunt. Ob hoc igitur tenuis et exquisitus victus periculosus magis quam paulo plenior.

Quum Aphorismum hujus Sectionis IV^{tum} Vobis nuper praelegerem, sensum hujus effati Hippocratici nonnullis difficultatibus implicitum atque impeditum esse dixi. Has ut, quantum a me fieri possit, explicem atque expediam, consultius duco, primo singulas enunciationes, quae in hoc Aphorismo continentur, exponere, ut deinde totum hujus Aphorismi argumentum et quem ego maxime probaverim sensum Vobis ante oculos ponam. Inverso igitur ordine utar, quem alias in explicandis his Aphorismis sequi mihi solenne est.

Prima propositio haec est: In tenui victu delinquunt aegri, sive peccant, ob quod magis laeduntur.

Secunda propositio, quae rationem affert prioris, his quidem verbis — Quicquid enim contingit, vel fit, gravius fit in tenuiori victu, quam in paulo pleniori.

Ex his binis propositionibus inter se collatis, elucet, *Hippocratem* generatim victum nimis tenuem magis nocivum habuisse, quam victum paulo pleniorem. Ex causa, quam addit, satis intelligitur, debilitatem aegroti ex tenui victu oriundam maxime timuisse *Hippocratem,* quippe quae efficiat, ut quicquid accidat aegrotis, id semper gravius ferant, qui tenuiori, quam qui paulo pleniori victu usi fuerint.

Quaenam vero sunt ea, quae aegrotis contingere possunt? Sunt certe aut ex morbo, aut ex iis, quae morbo, vel ex lucta virium naturae cum morbo, vel fortuito superveniunt. Utraque symptomata ex his fontibus oriunda Pathologi vocant supervenientia vel epigenomena. Quae autem aegroto propter morbum sive ex morbo eveniunt, symptomata morbi dicuntur. Jam si haec symptomata morbi aut plura sunt, aut graviora, viribus certe opus est, ut ab aegroto ferantur, isque tot tantosque dolores aequo et sat constante animo perferat. Haec animi autem constantia certaque spes rediturae salutis cum aegroti viribus conjunctissima est. Viribus enim majorem in modum fracti, tantum abest, ut animo constantes spem melioris sortis alere et tueri possint, ut potius pusillanimes infelicia quaeque timeant, atque de vita facile desperent. Enimvero in epigenomenis symptomatibus longe major metus est, sive eveniant naturae actuosae virtute contra morbum pugnantis, sive fortuito contingant.

Fac enim, morbum non nisi majore naturae efficacia vinci posse, unde hanc naturae efficacitatem haurire poterit aegrotus, cujus vires tenuiori victu antea pessundatae fuerint et fractae?

Fac porro, quod propter nimis tenerum nervorum sensum facile accidit, molimina illa naturae symptomata magna, v. c. spasmos et convulsiones provocare, quomodo tantis laboribus perferendis par esse potest aegrotus, viribus tenuiori victu exhaustis? Profecto in ipsa morbi crisi morbo succumbet. Funestiora etiam sunt symptomata epigenomena illa, quae aegroto fortuito eveniunt, saltem ex his longe plurima. Sunt inter haec praecipua animi perturbationes et affectus, qui imprudentia amicorum vel ministrorum ex improviso aegrotnm afficiunt, v. c. terror, vel iracundia, vel etiam gaudium magnum et minime exspectatum. Qui immoderati animi affectus quum tanti sint, ut sanos facile pessime afficiant, quam gravis eorundem effectus esse debet in aegrotis, imprimis si his propter victum nimis parcum parum virium superest. *Hippocrates* igitur victum tenuiorem minime rejicit, nec plenum laudat, sed totam victus rationem tum morbi vehementiae tum virium modulo accommodandam esse docet. Qua de re ad Aphor. IV[tum] satis me dixisse arbitror.

Sed recte quaeritis: Qui fieri potest, ut in victu tenui delinquant et peccent aegroti, quibus hic victus gratus esse minime possit. Si hoc modo peccant, certe ex consilio medici peccant, victum illum justo tenuiorem imprudenter jubentis. Ita etiam visum est doctissimo *Lefeburio*, qui non legit *οἱ νοσέοντες*, sed hoc delictum de medicis intelligendum esse putat, ex quo pejus se habeant aegroti. Medicos veteres vel *Hippocratis* tempore in praescribendo tenuiori victu modum excessisse, credi utique potest, quum longe post haec tempora *Asclepiades* summa abstinentia aegrotos ita exhauriret, ut, ex *Celsi* reprehensione, carnificem primis morbi diebus potius ageret, quam medicum (Lib. III. c. 4.). Sententia autem *Hippocratis* in hoc Aphor. semper eadem est et veritati semper consentanea, sive aegroti sponte peccarint, sive deliquerint ex medici imperiti jussu. Sed audiendus etiam est super hoc Aphorismo *Galenus*, quem nimiae praecipitantiae accusat *Lefeburius*, qua factum sit, ut alios inter Aphorismos et hunc corrumperet. At enimvero *Galenus* legit antiquissimos codices, ad quos si provocat, magnam attentionem utique meretur. Quod ad hunc Aphorismum, refert *Pergamenus*, initium Aphorismi aliter scriptum inveniri, ac legatur in communi tritaque editione, quae ad nostra usque pervenit tempora. Habuerunt nempe nonnulli codices, quos *Galenus* vidit, hoc Aphorismi initium: in tenui victu magna ex parte (*τὰ πολλὰ*), quod etiam restituit *Lefeburius*, duo peccant, qui aegrotant, quo fit, ut magis laedantur. Addit *Galenus*, hanc scripturam altera illa hodieque recepta magis probari. Explicat autem hoc modo: errare et peccare aegrotos modo duplici, primo, quando insciis medicis, propter nimis tenuem victum, quem hi praescripserint, clanculum cibari coguntur, severitatis medicorum impatientes, secundo autem delinquunt propter virium imbecillitatem, natam antea ex alimenti inopia. Errorem igitur in victu, quem admittere fere coguntur a medicis nimis severis, quamvis leviorem, gravius ferunt, ac si victu haud adeo tenui antea usi fuerint. Quae observatio utique experientiae respondet, ideoque *Hippocrate* minime indigna est. Memini medicos, me juvene, aegrotos febribus decumbentes ab omni fere carnium vinique usu interdixisse, putantes, ex carne et vino ingravescere febrem novumque veluti alimentum contrahere. Quo saepenumero factum esse vidi, ut aegroti hujus severitatis pertaesi atque, ut fieri solet, in vetitum nisi, medicorum leges transgrederentur, atque sic febre interdum jam liberati in recidivum morbum denuo inciderent, victus vel paulo plenioris, quam in se admitterent, culpa.

Mentem vero *Hippocratis* omnino fuisse, gravius damnum facile incurrere aegrotos ex victu justo tenuiori, quam ex paulo pleniori, his Aphorismi nostri verbis facile demonstratur: sanis etiam periculosa est valde tenuis et certo praescripta et exquisita victus ratio, quoniam errata gravius ferunt. Ad hanc *Hippocratis* observationem experientia confirmatam respexisse videtur *Celsus* Cap. 1. Libr. I. in quo, quem ad modum sanos agere conveniat, egregie docet. Exempla victus nimis curiosi saepe exhibent hypochondriaci, qui summam ventriculi intestinorumque sensilitatem ex victu tam curioso et timido saepe contrahunt.

Omnes vero erroris praecidendi caussa, et ut mentem suam prorsus declareret et nullo modo dubiam relinqueret, *Hippocra-*

tes extremis hujus Aphorismi verbis conclusionem format: idcirco, inquit, sive eam ob caussam tenuis et exquisita victus ratio, paulo pleniore, maxima ex parte periculosior est.

Itaque ex his omnibus bene perpensis et ponderatis colligemus ipsi, *Hippocratem* sibi minime contradixisse, nec generatim victum tenuem reprehendisse, nec pleniorem laudasse, sed in adornando aegrotorum victu eum modum commendasse, qui adcommodatus sit tum ad aegrotorum vires, tum imprimis ad morbi majorem minoremve vehementiam, ex ejus decursu aut celeriori aut tardiori haud difficulter deprehendendam. Sibi igitur omnino constat *divus Cous*, eademque in hoc Aphorismo docet, quae in praecedente IV[to] Aphorismo praecepit, atque in Aphorismis V[tum] proxime excipientibus accuratius etiam est expositurus.

Aphor. VI.

Ad extremos morbos, extrema remedia exquisite optima.

Ad extremos morbos i. e. summos, maxime peracutos, ut elucet ex Aphorismo hunc proxime excipiente VII[mo], extremas id est summas curationes cum exquisita cura et diligentia adhibitas laudat *Hippocrates*. Qui Aphorismus si solus spectatur, et non refertur ad Aphorismos priores eosque, qui hunc VI[tum] excipiunt, summa remedia quaecunque summis sive maximis morbis commendare videtur. Quem errorem etsi ipse non erraverit, aliis tamen, ut facile errent, ansam veluti subministravit *Lefeburius* eo, quod *θεραπεῖας* verteret remedia. Sed therapeiai potius sunt accurato verbi sensu curationes. Et verus interiorque hujus Aphorismi sensus iis demum accessus est et patet, qui meminerint praegressorum, et legerint atque meditati fuerint eos Aphorismos, qui hunc proxime sequuntur. Nempe in prioribus Aphorismis vel a secundo sermo est de evacuationibus atque imprimis de victu vel tenuissimo, vel tenuiori, vel paulo pleniori, morbis secundum eorum vehementiam et secundum aegrotorum vires perite adcommodando. Hic sextus igitur Aphorismus nil aliud praecipit, quam quod in summis acutissimisque morbis victus administrandus sit exquisite tenuissimus ad coercendam morbi vehementiam. Nil quoque obstat, quin de evacuationibus intelligatur in curatione vehementissimorum morborum necessariis, quae tunc diligentissime et, veluti in athletis, haud cunctanter et sine omni mora sint peragendae. Quem verum esse sensum hujus Aphorismi VI[ti], docet VII[mus], priorem vere continuans et pulcre illustrans.

Aphor. VII.

Ubi igitur peracutus est morbus, statim extremos habet labores, et extreme tenuissimo victu uti necesse est. Ubi vero non, sed plenius cibare licet, tantum a tenui recedendum, quantum morbus remissior extremis fuerit.

Habentur in hoc Aphorismo duae propositiones: altera, in peracuto morbo tenuissimo victu utendum esse, altera, in morbo minime peracuto, qui admittat victum aliquantisper pleniorem, hanc victus plenitudinem, aut tenuissimi potius victus subtractionem definiendam esse a morbi minori vehementia et impetu. Docet vero simul *Hippocrates*, ut omnem praecidat erroris ansam, quinam morbi acutissimi, peracuti illique sint, quos in praecedente Aphorismo extremos dixit. Deprehendere docet hos morbos symptomatibus magnis statim accedentibus; namque *πόνοι* sive labores dicuntur omnes molestiae, dolores omnes, perturbationes functionum omnes, quae aegroto ex morbo eveniunt. Is igitur certe est morbus magnus, extremus et peracutus, ad quem illico et dum se vix explicuerit, accedunt gravissima symptomata. In tali morbo tenuis et exquisita victus ratio, quam justis limitibus circumscripsit Aphor. IV^{to}, recte admittitur.

Sed ad hanc morbi vehementiam plures accedunt morbi, etsi non acutissimi et peracuti. Hos morbos dicimus acutos, qui ratione symptomatum plus minus accedunt ad morbos peracutos. In his curandis magnam prudentiam commendat *Hippocrates*. Etsi non sint peracuti, tamen victum pleniorem minime laudat, sed vult victus severitati et tenuitati tantum subduci et subtrahi, quantum sint a peracutis morbis plus minus remoti. Rationem cur hoc in victu temperamentum laudet, ipse afferet Aphor. quidem IX^{no}. Equidem Vobis laudo et etiam atque etiam, quem presso veluti pede sequamini, commendo sapientissimum magistrum, qui accurate docuit morborum curationes, non solum secundum genera, sed maxime prouti eveniunt singulis hominibus, certis pro morbi vehementia et virium modulo terminis circumscripti et definiti. Vel cathedrarius aliquis doctor, qui morbos tantum novit ex libris, immo ex doctrinae medicae compendiis, ut vocant, Vos facile docebit, morborum duas esse imprimis familias, vel debilitante, vel contraria incitante medela curandas. Sed quum legem continuitatis, quam, ut ubique, ita etiam in morbis sequitur natura, ignoret scholasticus ille, minime ipsos morbos curandos vos docet, sed morborum genera i. e. ideas et veluti umbras et spectra. Hinc necessario fiet, ut meliora non edocti ad ipsosque aegrotos curandos vocati prorsus nesciatis, quis vel debilitantis, vel contrariae incitantis medelae modus et finis esse debeat in singulis aegrotis curandis, quando vel solus potus sufficiat, vel tenuis sorbitio addenda sit, vel jusculum tenue ex carne alba vel paulo meracius ex carne bubula in usum vocandum, vel tantillum vini potui instillandum, vel vini sive meri unus alterve cyathus aegroto sit porrigendus.

Aphor. VIII.

Cum morbus in vigore fuerit, tunc vel tenuissimo victu uti necesse est.

Hactenus *Hippocrates* docuit, quaenam in morbis curandis victus ratio habenda sit, respectu eorundem vehementiae viriumque aegrotorum, atque haec fere generatim universimque proposuit. Jam ut totam rem omniaque curationis momenta accurate et diligentissime exponat, morborum acutorum, quae percurrunt, tempora et veluti stadia considerat, et quae secundum haec diversa stadia in victu totaque morbi curatione a medico attendenda sint, ut morbus vincatur aegrotique vires morbo debellando sufficiant, docet. Totam hanc rem persequitur ab VIII^{vo} hoc Aphorismo ad XII^{um} usque.

Veteres medici, naturae spectatores et observatores prorsus egregii, dum ad morbi imprimis acuti decursum ab initio ad finem usque attendebant, hunc in quinque maxime tempora, seu tot stadia, quae morbus percurrat, describi posse, invenerunt. Primum tempus principium sive initium morbi definit, ideoque vocatur ἀρχὴ, secundum, quo morbus increscit symptomatum numero et magnitudine, vocatur αὔξησις sive ἀνάβασις, tertium, quo morbus summum fastigium adeptus est, ita ut symptomata non augeantur, attamen persistant in magnitudine sua, vocatur ἀκμὴ sive vigor, sive status; quartum, in quo morbus decrescit, παρακμὴ decrementum, imminutis symptomatibus; quintum denique, in quo omnia morbi symptomata paulatim decedunt finiturque morbus, atque aegrotus a morbo convalescere incipit, dicitur τέλος, sive finis. Haec inter tempora illud ἀκμῆς sive vigoris morbi longe gravissimum est, summamque medicorum attentionem jubet, siquidem in hoc stadio, veluti in extremo certamine, aegrotus aut vincit morbum, aut vincitur. Ideoque *Hippocrates* de victus ratione in hoc stadio imprimis monet. Docet autem circa hunc morbi vigorem sive statum tenuissimo victu utendum esse. Quod omnino mirum videri potest consilium, quum viribus forte tunc maxime egeat aegrotus. Timuerunt autem veteres, ut ex *Galeni* commentario in hunc Aphorismum patet atque alias sat notum est, ne morbi coctio crisi praecedens, ideoque circa morbi statum exspectanda, turbetur cibi coctione, et veluti in alias contrariasque partes trahatur natura. Nec negandum est, oblato tempore instantis crisis alimento vel paulo copiosiori aut valentiori, periculosas congestiones facile fieri superiora versus, ad cerebrum et pulmones. Enimvero ut res examussim intelligatur, sciendum est, antiquum magistrum ante oculos habuisse illud morbi acuti genus, in quo propter magnam et exsuperantem vis vitalis actuositatem potius timendum est, ut aegrotus nimio stimulo pereat, quam ut propter vim vitae fatiscentem morbo succumbat; inflammatorium hoc morbi genus dicunt medici, *Brownius* ex hypersthenia explicuit. Hos morbos natura maxime vincere solet crisi per haemorrhagiam adducta, narium imprimis. Tunc certe omnia nocent, quae calcar calcari addunt, atque sic efficiunt, ut illa crisis per haemorrhagiam aut prorsus non fiat, occlusis veluti congestione sanguinis vasorum extremis, aut fiat immoderate cum enormi sanguinis profluentis viriumque jactura. In hoc morbi genere, si hodie nobis obvium datur, quod sat raro fit, quoniam methodo, quam dicunt antiphlogistica et maxime venae sectione, mature et sufficienter instituta cavemus aegroto, ne in tantum discrimen facile veniat, utimur medicina temperante et cibos quoque detrahimus. Sed est alterum morborum genus, huic, quod modo dixi, prorsus contrarium, in quo propter virium tenuitatem et exsolutionem crisis fieri non potest, quae in his morbis per sudores, lotium et sputa maxime exspectanda est; tunc utique opus est, ut vires sustineantur et excitentur victu paulo pleniore et imprimis vini pauxillo provide dato. In quo tamen semper cavendum, ne quid nimis! hac prudentia omissa, facile evenit, ut sudores laudabiles veluti suffocentur, novusque febrilis calor accendatur; vel si in pneumonia hac asthenica sputa movere conamur calidiori aliquo medicamento, novam pulmonis inflammationem adducamus. Hoc autem morborum acutorum genus minime praetervidit *Hippocrates*, qui morbi vehementiam quidem et magnitudinem spectare jussit medicos, sed hanc non solam et unice, verum virium simul rationem haberi voluit, explorarique a medico, utrum ad crisin perficiendam vires aegroti suffecturae sint, an facile succubiturae; qua de justa et perita virium aestimatione accurate praecipit Aphorismo sequente IX^{no}.

Aphor. IX.

Considerare oportet etiam aegrotantem, num ad morbi vigorem victu sufficiet, et an prius ille deficiet, et victu non sufficiet, vel morbus prius deficiet et obtundetur.

Omnis cujuscunque morbi curatio, maxime autem acuti, adcommodata esse debet primo morbi magnitudini et vehementiae, deinde aegroti viribus. De magnitudine et vehementia morbi statuendum esse, *divus Cous* in prioribus Aphorismis docuit, ex morbi decursu aut celeriori aut tardiori.

Addidit etiam, ex symptomatibus majoribus statim ad morbum accedentibus ad morbi magnitudinem concludi posse. Atque haec omnia, ut medicus intelligat, quanam victus ratione utendum sit κατὰ λόγον, id est secundum indicationem, utrum tenuissimo, an tenuiori, an pleniori paulo. Haec omnia ex morbi bene observati historia elucescunt. Jam addit alterum momentum hujusce rei, vires nempe aegroti; has nempe ingeniosa aliqua conjectura cum morbi vehementia conferre debet medicus, ut inveniat, utrum suffecerint ad morbi vigorem sive acmen, an minus. Si sufficiunt, aeger de morbo triumphum aget, sin minus, morbo succumbet. Priori in casu tenuis etiam victus sat idoneus erit, si autem metus est, aegroti vires non suffecturas esse, maturius et paulo plenius aegrotus alendus est.

Utitur autem *Cous* verbo συντεκμαίρεσθαι, quod quidem est, ex pluribus momentis conjecturari et colligere. Sed praeterea sciendum est, *Hippocratem* σημεῖον, signum distinxisse a τεκμήριον signo individuo (ἰδίως τὸ σημεῖον) signum proprium ideoque sat certum. Respondet igitur τεκμήριον, si de morbis dicitur, illi signo, quod nunc dicimus pathognomicum. In hac etymologia nobis jam pridem otium fecit *Foesius*, cujus oeconomiam evolvite voce τεκμάρσις. Igitur ex sat certis signis hanc virium aegroti aestimationem fieri jubet *Hippocrates*, ex signis nempe inter se diligenter collatis et cum magnitudine morbi comparatis.

Haec signa quidem unde petenda sint, non addidit *Hippocrates*, qui Aphorismos suos non adeo scripsit tyronibus, quam magistris. Atque his, si vere magistri sunt et in arte sua *Roscii*, non difficile fuerit, illa signa invenire ad aestimandas aegroti vires sat idonea certaque. Etenim de viribus aegroti sat certa conjectura fieri potest primo ex praegressis, deinde ex aegroti natura, denique ex praesenti aegroti conditione. Quali quidem victus ratione ante morbum aegrotus usus fuerit, quam vitae rationem fuerit secutus, utrum sobriam an luxuriosam, an vitae commodis carentem et miseram, scire in plerisque aegrotis licet. Aegroti naturam conjectamus ex habitu ejus et constitutione, aut satis laudabili, aut imbecilla et viribus inope. De viribus aegroti statuimus ex eo modo, quo morbum fert, utrum sat facile, an perquam moleste, ex moribus ejus sibi constantibus aut alienis, ex appetitu ciborum aut satis vigente, aut prorsus sublato et in fastidium verso, denique ex evacuationibus per alvum, per urinas, per cutim, utrum naturae sat conformes fiant, an modum excedant, an sint suppressae justoque parciores. In quibus enim aegrotis haec omnia adsunt, mentis constantia, mores consueti, morbi patientia, alimentorum nullum fastidium nec aversatio, evacuationum moderamen, hi viribus satis pollent, ut morbum vincant. Sed ut aegroti natura recte cognoscatur, pariter ac vitae genus, quod secutum fuerit, optandum certe est, ut sat notum et cognitum habeamus ante morbum. Quo *Celsus* *) respexisse videtur, quum amicum medicum praefert extraneo. Porro ut omnia illa signa recte cognoscantur, atque ex iis vera et legitima fiat conclusio, sive τεκμάρσις ad vires aegroti, summa certe diligentia opus est, atque observatione longe curatissima. Profecto non sufficit, salutasse aegrotum, pulsum explorasse, linguam inspexisse, ut hodie moris est. *Celsi* (Lib. III. c. 4.) potius consilium sequi debet medicus, cui salus aegroti curae cordique est.

Miramini forte auditores, et Vos veluti interrogantes audio, qui fiat, ut quum de

*) In praefatione sub fin.

aestimandis aegrotorum viribus dicerem, eaque veluti ex longinquo peterem, ea prorsus omitterem, quae hodie longe certissime ex functionibus, quas vitales dicunt propter excellentiam, atque inter has imprimis ex pulsu, desumere nobis videmur. Respondeo, *Hippocratem* pulsum non explorasse, saltem ejus nunquam meminit. Attendit quidem sollicite ad respirationem et calorem, atque ex his febrim ejusque magnitudinem deprehendit; sed de pulsu nullus apud *Hippocratem* sermo, nisi de ea pulsatione, quam in praecordiis et abdomine praeter naturam fieri observavit. Caruit igitur *Hippocrates* illis ex pulsu signis, quibus hodie utimur. Utinam haec pulsuum exploratio curiosior artem nostram sapientiorem certioremque efficiat illa *Hippocratis*. At enimvero ne dicam de longissimo usu, quo in pulsu explorando utique opus est, ut fere nisi veteranus medicus hoc signo recte uti possit; ne porro dicam de maximis hac in re fallaciis, quae *Celso* (Lib. III. Cap. 6.) bilem fere movisse videntur: hoc unum a Vobis quaero, si ex pulsu de viribus aegroti judicium ferre velitis, num facile deprehendetis ex pulsu vires suppressas tantum, et vere deficientes? Quae res peritissimo etiam magistro longe difficillima ad venae sectionem exploratoriam venire jubet, quae omni periculo haud penitus vacat. Itaque, ut in tota semiotica doctrina, uni signo nunquam fidendum, sed omnia, quot haberi possunt, quaerenda et diligenter inter se conferenda sunt. Atqne ut ad rem nostram redeamus, signa vis vitalis ex pulsu hodie non negligat medicus, sed non majoris faciat illis signis, quorum fontes antea indicavimus.

Aphor. X.

Quibus igitur statim vigor adest, statim tenuiter alendi. Quibus vero in posterum vigor, his ad illud et paulo ante illud tempus subtrahendum. Antea vero uberius alendum, ut sufficiat aeger.

In hoc Aphorismo idem argumentum persequitur *Hippocrates*, de quo praecedente dicebat Aphorismo. Vires aegroti explorare jubet, ut de victus ratione recte statuatur. Antea, VII^{mo} nempe Aphorismo, signa attulit, quibus deprehenditur celer morbi decursus ejusque vehementia. Aphorismo VIII^{vo} docuit, circa acmen morbi acuti tenuissimo victu utendum esse. Jam ex his omnibus colligit, in iis morbis, qui celeriter ad summum fastigium perveniunt, ab initio fere morbi tenui victu opus esse. Sunt enim, si morbos exceperitis majorem in modum malignos, satis robusta corporis constitutione vigentes homines, qui morbis tam celeriter ad acmen pervenientibus decumbere consuescunt; sunt morbi majorem in modum inflammatorii, quibus tam acutus est decursus. In his morbis aegrotis facile nocet nimia virium exsuperantia. Tenuiter igitur statim alendi sunt, ne pereant in acme, inflammationis aut convulsionis vehementia. In quibus autem tardior morbi decursus est, aegrotique serius ad morbi acmen perveniunt, ii certe, ut vires sufficiant ad morbum perferendum et crisin sustinendam, uberiori alimento egent, quod vero tantum concedit ante acmen, id est ante crisin. Si vero haec jam instat, et sub ea ipsa in acme morbi, cibum subtrahere jubet *Hippocrates*, ne a cibo dato morbus exasperetur, majore nempe exacerbatione, quam in acme morbi, paulo ante crisin et sub hac ipsa exspectare fas est. Maturius igitur alendi sunt tales aegroti, eorumque viribus ante morbi fastigium paulo pleniori cibo consulendum est. Haec omnia satis perspicua sunt atque experientiae et rationi consentanea. Sed ut de tota ratione horum praeceptorum Vobis accurate constet, sciendum est, veteres medicos praeeunte quidem ipso *Divo Coo*, et quidem Libro III^tio epidemic., morbos acutos, ratione decursus quem teneant, in tres ordines sive familias distinxisse. Primum genus est, si morbus acutus aucta quotidie ab ipso ejus initio symptomatum vehementia semper increscit, ideoque ad acmen properat; vocatur hic morbus epacmasticus, semper ad acmen usque increscens. Secundum genus est, si morbus, contrarium decursum observans, a vehementiori initio orsus, semper paulatim decrescit et imminuitur; vocatur paracmasticus. Tertium denique genus est, si morbus ab initio ad acmen usque eundem fere tenorem observans, nec auctis nec imminutis valde symptomatibus, aequabiliter decurrit; vocatur homotonus. Itaque in epacmastica febre aegrotus tenuiter quidem, sed satis mature alendus, in paracmastica parum alimenti sufficit, in homotonica, quippe tardiorem decursum habente, aegrotus eget paulo liberaliori victu per totum morbi decursum prudenter oblato, ut vires provide sustineantur. Atque haec pulcre etiam valent ad definiendas eas curationes, quae nobis hodie in usu sunt. Properandum est in morbo epacmastico auxiliis omnibus; naturae potius res committenda in morbo securiori paracmastico; sed in homotonica febre exspectatione aliqua opus est, ne naturae ordinem turbemus et pervertamus nimis cita et praepostera medicatione, sive debilitante sive incitante et roborante. Unde saepe evenit, ut nimis cita curatio minus tuta fiat.

Aphor. XI.

In exacerbationibus c i b u m *subtrahere oportet. Exhibere enim noxium est. Et quaecunque per circuitus exacerbantur, in exacerbationibus subtrahere oportet.*

Summa praeceptorum Hippocraticorum de ratione victus in acutis morbis haec est: in morbis p e r q u a m a c u t i s, in quibus illico adsit symptomatum multitudo et vehementia, t e n u i s s i m o t a n t u m v i c t u opus esse (Aphor. VII.). Ex quo sequitur, ut morbo in a c m e constituto s i m i l i t e n u i o r i v i c t u alendus sit aegrotus, quippe circa acmen omnia symptomata g r a v i o r a fiant (Aphor. VIII.). Minime tamen solum m o r b i t e m p u s e t s t a d i u m respiciendum esse in administrando victu, sed etiam ad v i r e s a e g r o t i magnopere attendendum atque verisimili aliqua conjectura morbi vehementiam cum aegroti viribus comparandam esse (Aphor. IX.). Si igitur praevideatur, morbum acutum ad acmen properare, tenui victu opus esse, contra in iis morbis, quos tardius ad acmen perventuros esse verisimile sit, paulo ante acmen et in ipsa tenuiori quidem victu utendum esse, aegrotos tamen, ut vires in tardiori morbi decursu sufficiant, ante duo illa tempora, nempe tempus vigoris et qnod proxime praecedat, paulo liberalius in victu habendos esse (Aphor. X).

In omnibus his Aphorismis *Divus Cous* ex toto morbi acuti decursu aut celeriori aut tardiori, inspectis simul aegroti viribus, de victus ratione statuendum esse docet. Jam in hoc XI^mo^ Aphorismo rationem haberi vult paroxysmorum sive accessionum aut exacerbationum, quas morbus in decursu suo observat. In his exacerbationibus aegrotum a cibis prorsus interdicit, quos sub ipsis exacerbationibus oblatos noxios declarat. Hoc praeceptum ex mea quidem sententia non solum explicatur e communi medicorum observatione, quam antiqui viri usu didicerant, sub febris exacerbatione ventriculum cibos non digerere, ab illis facile moleste affici, et sic morbum augeri atque ipsam exacerbationem et longiorem fieri et molestiorem; sed etiam, quum quaevis exacerbatio aemuletur totum febris decursum atque in tot stadia sive tempora describatur, quot sint febris generatim, putetis initii, incrementi, status et decrementi, eandem fere rationem, quam antea docuit de toto febris decursu, in his quoque ejus exacerbationibus sequitur *Hippocrates*. Etenim sat breve est et in horas tantum aut plures aut pauciores porrectum exacerbationis cujuscunque tempus, ideoque ad statum sive acmen semper properat. Brevi vero ante vigorem et sub ipso morbi vigore alimenta rejicit *Hippocrates*; itaque eandem medendi methodum in curandis exacerbationibus laudat, quam commendavit in totius morbi medelam. Sic sibi semper constat natura duce medicorum sapientissimus. Est symptomatica exacerbationis febrilis curatio, quam dilucide docuit alio in loco *Divus Cous*, nempe in *Libro* qui inscribitur *de victu acutor.* (Artic. X. p. 276. edit. Lind.). Illustrantur haec quoque egregie a *Celso* (imprimis Cap. 4to Lib. III.), ad quem disertum scriptorem, ut tempori parcam, Vos ablegare fas sit.

Sed alia hujus Aphorismi enunciatio adnotanda superest. Distinguit *Hippocrates*, dum de cibo sub morborum accessionibus denegando loquitur, a morborum paroxysmis eos morbos, qui periodice exacerbantur, κατὰ περιόδους παροξύνεται, iisque paroxysmorum tempore cibum quoque denegat. Distinguit igitur exacerbationes febrium acutarum, in quibus remissio tantum febris exacerbationem excipit, a febris intermittentis typum suum legitime observantis paroxysmo, quem plena et perfecta excipit febris intermissio, sive apyrexia. Atque in febris intermittentis paroxysmo comestos cibos graviter laedere aegrotos, dudum explorata res est. Curatio quoque paroxysmorum in febribus intermittentibus priscis medicis curae esse eo magis debuit, quominus iis expedita esset alia harum febrium curatio, quippe quos non nisi paroxysmos minuendo et paulatim arcendo tollere antiquioribus medicis liceret. Hactenus igitur nihil habet hoc praeceptum Hippocraticum, in quo haerere possit medicus. Sed quum praeter intermittentes febres alii morbi, iique haud adeo pauci, secundum certas periodos moveantur et exacerbentur, longioresque exacerbationes aegris afferre consuescant, quas hi sine alimentis nullo modo perferre queant: mirati sunt viri doctissimi, *Hippocratem* voluisse, ad hos etiam morbos suam in victu legem transferri. Quis enim exempli causa arthriticorum, quos statis temporibus atque maxime primo vere morbus suus exercet et per plures septimanas dolore excruciat, inediam tam longam perferre possit? Hinc factum est, ut criticorum nonnulli pronunciare non dubitarent, quin haec Aphorismi particula, absolute posita, falsa omnino sit. At enimvero, si quid recte video ego, salva utique manet *Hippocratis* auctoritas, cujus sententia contra sanam rationem detorquenda non est, sed potius ad hanc informanda et cum judicio accipienda. Vetuit *Hippocrates* cibum paroxysmorum tempore iis, quos febris intermittens male habet: recte omnino! Vetuit etiam illis, qui aliis morbis certis periodis redituris tenentur, accessionum tempore. Sed quis, nisi ineptire velit, ut ex summi medici oratione ineptias colligat, jure contendat, *Hippocratem* docere voluisse, ut per totum v. c. podagrae paroxysmum ab omni cibo sibi temperet aegrotus? Nil voluit, nisi ut cibus auferatur signis accessionis futurae praenunciis, vigente morbi accessione eaque crudeliter saeviente. Errorem in victu brevi ante morbi accessionem imprudenter commissum graviter luet podagricus: deliciis ciborum si se dederit sub gravi accessione, morbum experietur longiorem et saeviorem. Si vero morbus deferbuit et a sua vehementia se paulo remisit, quid est, quod jam impedire possit, quo minus alimentis aptis et provide datis se reficiat aegrotus, cujus vires ad longiorem morbum perferendum utique sustinendae sint. Verbo, quae hic statuit *Hippocrates*, prorsus consentanea sunt illis, quae in prioribus Aphorismis et imprimis VIII^vo et IX^no docuit. Profecto antiquus scriptor jure suo a lectoribus postulaverit, ut quae ratione atque experientia ducibus docuerit, sana etiam ratione accipiant atque intelligant.

Aphor. XII.

Exacerbationes autem et constitutiones indicabunt morbi, et anni tempora, et periodorum ad invicem collata incrementa, sive quotidie, sive alternis diebus, sive longiore fiant tempore. Sed etiam iis quae mox apparent eadem indicantur, velut in pleuriticis sputum, si statim appareat veniente morbo, abbreviat: si vero postea appareat, producit. Et urinae, et alvi excrementa et sudores, cum apparent, vel judicatu faciles, vel difficiles, vel breves, vel longos morbos fore indicant.

Quum in curandis morbis, maxime acutis, *Hippocrates* victus ratione usus sit, medicosque jusserit, naturae medicatricis aemulos, eandem viam legere et victu, tum ad morborum acutorum formas eorumdemque accessiones et remissiones adcommodato, tum ad vires aegrotorum regundas idoneo, tanquam praecipuis aegrotorum uti praesidiis: merito ex *Divo Coo* quaerimus, unde morborum formas cognoscamus atque paroxysmorum successiones et ordinem deprehendamus? quae utique praenosse necesse est, ut victus sive tenuior, sive plenior opportuno tempore concedatur aegrotis. Ad hanc quaestionem respondet XII^mo quidem Aphorismo medicorum Princeps.

Jam explicato hoc Aphorismo, operam dabimus, ut ad intelligendos interiores ejus sensus aditus nobis pateat.

I. Ut praenoscamus futuros morborum paroxysmos formasque, investigare nos jubet morbos ipsos. Male vertit, aut potius interpretatus est *Lefeburius αἱ νοῦσοι* ipsa morborum indoles; etenim morborum indoles, si a natura eorundem diversa est, de qua et *Hippocrati* parum constitit nobisque hodie parum constat, morbi mores benignos aut malignos, morborum eventum aut faustum aut detrimentosum indicat. Simpliciter et admodum perspicue dicit *Hippocrates:* Morbi ipsi indicabunt paroxysmos, quos habituri sunt, suasque formas. *Τὰς καταςάσιας* idem *Lefeburius* minus accurate vertit stata tempora; *Heurnius* bene vertit status morborum; *Bosquillonus* constitutiones recte interpretatus est. Est autem *καταςάσις* nil aliud, quam constitutio, utebanturque medici hoc verbo, tam ad significandum corporis statum et habitum in sanis, quam ad indicandum morborum habitum et formam. Posterioribus seculis medici eodem verbo usi sunt ad designandam morborum tum annuorum tum epidemicorum formam, immo etiam naturam, quatenus haec sola observatione deprehendere medicis licet. Qua in re recentioribus omnibus *Sydenhamum* praeivisse, satis constat. *Hippocrates* ipse Libro epidemic. III^{tio} *κατατάσιν λοιμόδεν* sive pestilentem descripsit, atque *Galenus* in singulari parvuloque libello de optima hominis *καταστάσει*, sive constitutione disseruit. Nil igitur in hoc verbo est, quod scrupulum moveat, praesertim quum *Foesius* in Oeconomia *Hippocratis* vel omnes hujus verbi significationes jam pridem explicuerit. Utique autem medicis ex formis sive constitutionibus morborum eorundem indolem eorumdemque naturam aliquo modo perspicere licet. Etenim qui legitime decurrunt, benignam, qui anomali et fere exleges in decursu suo observantur, malignam naturam prae se ferre solent.

Jubet igitur *Hippocrates*, morbos ipsos curiosius observare, ut inveniatur eorundem constitutio, sive forma, quae sane generatim universimque continetur paroxysmorum ordine et successione. Sic sane cognoscuntur praecipuae morborum acutorum formae, nempe febris continuae continentis, remittentis et intermittentis, nec non regularis et anomalae sive atactae. Qui igitur morbi formam sive constitutionem noverit, dummodo ille morbus non prorsus anomalus omni lege solutum sese exhibeat, is profecto paroxysmorum et remissionum tempora praenoscet. Sed quaeritis, et recte omnino, quid hoc medicum admodum juverit, quum, ut morbi constitutio inveniatur, plurium saltem dierum observatione opus sit? Apprime respondet praeceptor et Vos attendere jubet

II^{do} ad tempora anni. Est enim singulis anni temporibus sua quibusque constitutio, ex longissimo artis salutaris usu medicis jam pridem et vel ante *Hippocratem* nota. Hyeme adulta et primo vere forma febribus est continens, mox remittens, dum ver fere in aestatem transit, saepe intermittens. Eadem haec forma intermittens in autumno observatur, quae appropinquante hyeme iterum mutatur in remittentem. Aestas eandem remittentem formam aemulatur, pronam tamen haud adeo raro in formam continentem. Itaque si legitimus est secundum anni tempora morborum decursus, medicus constitutionem sive formam morborum praescire omnino poterit. Illustrat haec ipse *Hippocrates* et

Ill[tio] Vos jubet, comparare inter se periodorum incrementa, id est exacerbationes, sive fiant quotidie (febris amphimerina veterum), sive diebus alternis (febris tritaiophyia), sive longiori intervallo v. c. diebus quaternariis (febris tetartophyia). Nonne igitur ex his de opportuno victus tempore statuere poterit medicus? Enimvero non solus morbus respiciendus est in victu recte administrando, neque sufficit, morbi formam ejusque accessiones nosse, verum insuper aegroti vires aestimandae et cum morbi vehementia, impetu, magnitudine temporeque, quod decursurus est, perite comparandae sunt, ne praematuro victu morbo veluti alimentum subministremus novumque fomitem, nec tamen aegroti vires a morbo vinci patiamur. Cognita igitur nobis esse debent morbi decurrentis tempora, atque inter haec duo illa maxime stadia, quae cruditatis et coctionis nomine insignire solemus, ut cruditatem minuendo et coctionem promovendo aegrotorum saluti prospiciamus. Qua in re ne fallamur, *Divus Cous*

IV^to Nos attendere jubet ad symptomata supervenientia, sive epiphaenomena, quae quum ex duplici fonte aegroto accidere possint, dum alia fortuito eveniant, quae accuratior doctrina medica symptomata accidentalia nominat, alia autem eaque longe nobiliora naturae cum morbo efficaciter pugnantis viribus ortum suum debeant: sciendum est, haec posteriora symptomata, seu naturae ad morbum vincendum molimina, epiphaenomenorum nomine complexum esse *Hippocratem*. Docent vero haec, coctionis stadium morbum jam ingredi, morbumque, si mature apparuerint, celeriter decursurum, si tardius, longiorem futurum esse. Rem luculento ipse *Hippocrates* illustrat exemplo ex sputis eorum petito, qui pneumonia laborant; in his enim sputa mere sanguinolenta morbi cruditatem indicant, si postea rubore tantum aliquo leviter tincta adeoque flava rejiciuntur, coctionem morbi jam adesse, docent.

V^{do} denique, quum in pulmonum tantum morbis sputa de cruditate vel coctione edocere possint, dum anacatharsin moveant, (quod *Hippocratem* vix latere potuit) per se morbosam, qua sanus quisque careat: *Hippocrates* ad alias nos attendere jubet evacuationes, easque naturae maxime conformes, quibus eadem in morbis debellandis utitur. Has quoque *Divus Cous* ad epiphaemomena sive supervenientia symptomata refert, coctionis aut facilioris aut difficilioris, ideoque brevioris longiorisve morbi signa. Sunt urinae, alvi dejectiones et sudores naturae sueta epiphaenomena in morbis, praesertim acutis, ocyus vel serius evenientia, constantiora vel inconstantiora, raro singula, saepius conjuncta, ad certos in morbis dies, ut naturae de morbo judicium tum praenuncient, tum vere edicant et confirment, adstricta.

Sed jam instare Vos mihi videor: quid omnia haec ad nos? quem ex tota hac doctrina fructum sumus quaesituri, aut omnino percepturi? qui naturae difficilem, laboriosam dubiamque morborum solutionem minime committemus, sed morbos jugulemus et proscribamus arte multo certiori et vel sub primo morbi impetu. Profecto est omnino, quod nobis gratulemur de arte longe efficaciori in compescendis nonnullis maxime inflammatoriis morbis. Sed in his ipsis, imprimis quando nobis non licuit vix erumpentes profligare, naturae vias legere debemus, ut totos exstirpemus morbos. Quotiesne ad sputa, ad sudores movendos operam nostram adcommodare nos oportet? Sed in contrario morborum genere, in eo nempe, in quo naturae vires languent, aut si quando novus epidemicus pestilensve morbus terris incumbit, quid demum nobis praesidii superest, nisi quod in sagaci naturae moliminum observatione positum est. Judicent, qui nuper infelices medicorum conatus in vincendo pestilente morbo, teterrima belli sobole, contemplati fuerint et sat meditati!

Aphor. XIII.

Senes facillime jejunium ferunt: secundo aetate consistentes. Minime adolescentes. Omnium minime pueri: ex his autem, qui inter ipsos sunt alacriores.

In hoc Aphor. *Hippocrates* iterum revertitur ad leges, quas medicus sequatur in praescribendo victu, tum ad formas morborum eorumque paroxysmos, tum ad vires aegrotorum idoneo. Vires etenim aestimamus ex aegrotorum aetate. Viribus autem generatim praeest alimentorum concoctio, quae quo fit facilius, eo citius vires reparantur. Inde vero etiam fit ut, qui facile cibos concoquant, novorum appetentiam cito experiantur, impatientes omnino inediae, seu jejunii, sive plenariae nutrimentorum carentiae. Dum contra illi, quibus tarda est alimentorum concoctio, novi cibi desiderium tardius persentiunt, ideoque jejunium diutius absque noxa ferunt. Hanc adeo diversam aetatum rationem in adornando victu tenuissimo, et in imperanda abstinentia, medicos non minus attendere jubet, quam morborum paroxysmos et formas. Docet autem duce omnino experientia

I^{mo}, Senes facillime jejunium ferre, sive inedia non facile laedi. *Celsus* hunc Hippocraticum textum certe ante oculos habuit, dum scriberet, quae apud ipsum Lib. I^{mi} Cap. 3^{tio} leguntur. Hic autem medicorum disertissimus, fere *Hippocrati* praeceptori suo contrariam sententiam protulisse videtur, docens, *senectute confectos aeque ac pueros inediam minime ferre. Celsus* de senibus decrepitis loquitur, quos senectute confectos apprime dicit. Senes autem hi decrepiti longius absunt a senectute incipiente, quam viridem vocant. De hac senectute incipiente *Hippocratem* locutum esse, plurimi commentatorum existimant, *Celsum* autem de senio summo, et sic facile conciliari credunt utriusque magistri sententiam: nempe quae haec sit, senes virides adhuc et sat vegetos facillime jejunium ferre, minime autem senes decrepitos. Vereor autem valde, ne qui sic interpretantur vetustos illos scriptores, difficultates adeo non elevent, ut potius augeant. Etenim primo senes, quos intelligit *Hippocrates*, ipse depingit Aphorismo sequente XIV^to^. Senibus exiguum calorem tribuit, id est parum energiae vitalis, quae paucis alimentis egeat et sustineatur, dum multis alimentis facile exstinguatur. Itaque *Hippocrates* minime loquitur de senectute viridi, sed de provecta, de summo senio sive de iis, quos confectos senectute *Celsus* dixit. Deinde experientiae prorsus contrarium est, ne dicam absurdum, senes tales decrepitos jejunium facillime ferre, nec sanae rationi respondet, senes virides inediam facillime ferre, decrepitos autem omnium minime. Quae enim tam mirabilis differentiae et tam contrarii effectus vel excogitari potest ratio! Statuerimusne igitur, prorsus inconsulta natura hoc effatum protulisse *Hippocratem*? Quod de tanto viro, de sagacissimo naturae exploratore et interprete, temere credere equidem piaculum duxerim. Difficultatem hujus Aphor. primus enim perspexit et, nisi me omnia fallunt, solus ita expedivit *Galenus*, ut, servata naturae sua fide, intacta maneat *Hippocratis* auctoritas. Putat autem *Pergamenus*, non de perfecta inedia, sive omnis nutrimenti carentia, sed de pauciori cibo locutum esse *Divum Coum*. Cujus interpretationis veritas pulcre confirmatur verbis *Hippocratis* in Aphorismo sequente XIV^{to}, quae paucum calorem senibus tribuunt, ideoque paucis foculis eosdem egere docent, monentque, a multis alimentis eorum calorem exstingui, non secus, ac si lucernae exstingui proximae nimium olei cumulate affuderimus.

II^{do}. Post senes inediam sat facile ferre, qui sint aetate consistentes, καθεστηκότες, affirmat *Hippocrates*. Hos aetate consistentes, in media aetate, vertit *Galenus*, atque hanc hujus verbi significationem ex probatissimo Graecorum scriptorum *Thucydide* demonstrat. Sunt ii, quos et nos vernaculo sermone dicimus: *Menschen von stehendem*

Alter, von mittlerem Alter, quippe qui a summo vigore juventutis parum recedentes, a senectute tamen longe remoti sint, viribusque satis vigeant, ut ab aliqua inedia damnum haud facile experiantur.

III^tio^. Minime autem inediam ferre commemorat adolescentes et pueros. Pueros vero veteres dicebant ad pubertatem usque. Pubertatem excipiebat adolescentia ad annum aetatis fere vigesimum quintum. Iam juventus pulcherimam et viribus praestantissimam vitae humanae partem emetitur, ad annum circiter trigesimum quintum pertingens. Tunc virilis aetas ingruit, sive media illa aetas, viribus satis firmis, in morbos parum prona, ideoque constante sanitate maxime gaudens. Haec fere in sexagesimum annum porrecta, in senectutem paulatim declinat. Pueri autem et adolescentes nutrimento, eoque etiam liberaliori et saepius oblato valde egent, tum ad corporis perfectionem citamque virium reparationem, tum quia alimenta facile concoquunt. Quo magis autem vigent concoctionis viribus, eo saepius alimentis egent et inediam difficulter ferunt. Hinc recte omnino addidit *Hippocrates*, inter pueros omnium minime inediam ferre alacriores.

Hi enim in perpetuo motu fere versantur, unde illico virium jacturam persentiunt et, dum brevi tempore alimenta succosque ex iis elaboratos digerunt et dissipant, novi pabuli necessitatem breviori temporis intervallo sat acriter persentiunt.

Summa denique hujus Aphorismi haec est, medicos in adornando victu aegrotorum, imprimis febrientium, non solum considerare et contemplari debere morborum constitutionem formamque, ordinemque paroxysmorum, viriumque constantiam aut tenuitatem; verum etiam aetatis rationem a medicis habendam esse, ut nec victum liberaliorem concedant illis, quibus tenuiorem morbus suadet et aetatis ratio permittit, nec tenuiori victu eos exhauriant, qui, etsi morbus eorum vel longiorem inediam requirere videatur, tamen propter aetatis rationem paulo pleniori victu, alimentis subinde oblatis, haud sine virium detrimento diutius careant.

Aphor. XIV.

Quae cresunt, plurimum habent calidi innati: plurimo igitur egent alimento: sin minus, corpus consumitur. Senibus autem paucus calor: propterea paucis fomitibus indigent, a multis enim extinguitur. Idcirco etiam febres senibus non similiter acutae. Frigidum enim est corpus.

Meministis credo Auditores eorum, quae communis omnium medicorum praeceptor de diversa inediae, seu potius tenuioris victus tolerantia pro diversitate aetatis humanae Aphorismo XIII^tio^ docuit. Etenim de perfecta inedia, sive de omni alimentorum penuria *Hippocratem* non locutum esse, ex *Galeni* auctoritate, meam sententiam nuper professus sum. Jam hujus observationis: senes victus tenuioris esse patientiores, post hos eos, qui sint in media aetate, minus autem tenuiorem victum alimentorumque penuriam ferre adolescentes et pueros, atque inter pueros omnium minime, qui alacriores et fervidiori natura sint praediti — hujus inquam observationis rationes *Hippocrates* Aphorismo XIV^to^ affert, ex contemplatione naturae humanae petitas, sive ex doctrina, quae fuit *Hippocrati* physiologica, haustas.

I^mo^. Obfervat, omnia quae crescunt, plurimum habere caloris insiti sive connati. Crescunt autem accuratiori sermone ea tantum corpora, quae facultate pollent, alimenta oblata recipiendi, digerendi et in suam substantiam, sive in succum et sanguinem vertendi. Haec corpora, singularibus ad id officium praestandum instrumentis instructa et vi vitali praedita, organica hodie dicimus. De corporibus illis instrumentis nutritioni propriis destitutis, et vi vitali saltem excellentiori et luculentiori carentibus, ea nutriri et crescere, non nisi improprie et veluti per metaphoram dicimus, puta v. c. de lapidibus, quorum augmentum fit per partium accessionem, minime autem partium alienarum intussusceptione et deperditarum redintegratione. His corporibus, quae nunc dicimus inorganica, quod crescant, denegamus, sed plantas hominemque omniaque animantia crescere, dum ex seminibus suis evolvuntur, recte dicimus.

II^{do}. Hujus facultatis plantis animantibusque propriae rationes *Hippocrates* cum vetustissimis sapientiae professoribus scrutatus, dum sola, quae in generatione fierent, observatione duceretur vis acutissimus, sibi visus est invenisse in semine animalium tum humido tum calido. Hinc duo veluti principia vitae animalis posuit: *τὸ ὑγρὸν*, sive humorem, et *τὸ θερμὸν ἔμφυτον*, calorem insitum sive connatum, totum naturae animantium proprium, nullo modo adventitium seu alienum. Hic calor est, qui cum humore conjunctus embryonem formet, natum animal hominemque evolvat et nutriat, per totum vitae decursum alat atque sic, donec sat vigeat innatus ille igniculus, conservet et per sat longam annorum seriem perpetuet.

III^tio^. Hunc autem calorem insitum maxime vigere in infantibus, pueris, adolescentibus juvenibusque, decrescere autem paulatim et imminui in senibus, in quibus tandem penitus exstinguatur, observationi credidit *Hippocrates*, quae omnino has virium vitalium vicissitudines, quas ipsa natura statuit, docet. Tum aliam insuper rationem hujus caloris decrementi sibi deprehendisse visus est *Hippocrates*, dum videret, corpora juvenilia humidiora esse, senilia autem arida demum fieri, et veluti propter in dies deficientem humorem naturalem (*τὸ ὑγρὸν*) exsucca.

IV^to^. Habetis jam, Auditores, prima physiologiae Hippocraticae capita. Profecto nemini obscurum esse potest, *Hippocratis* calorem insitum sive *θερμὸν ἔμφυτον* esse ipsam vim vitae, cum vita animalium imprimis nobiliorum conjunctissimam, calore naturae animalium proprio sese prodentem et manifestantem. Qui calor, si fides habenda est nonnullorum recentiorum experimentis, in vita plantarum quoque interdum se exserit. Probabile utique est, *Hippocratem* hunc calorem nativum declarasse ex materia aliqua subtilissima aethereaque cum ipsis animalium primordiis conjuncta, ex qua veteres inter philosophos nobilissimi viri omnes vitae animaeque effectus declararunt. Haec est quinta illa, ut *Ciceronis* verbis utar, praeter quatuor elementa, natura, quam Entelechiam, sive complementum dixit *Aristoteles*. Longius foret, hunc illustrem physiologiae Hippocraticae locum uberius excutere. Adeatis, si haec veterum sapientia Vobis non sordet, *Galenum*, atque si interiores humidi illius et calidi sensus brevi sermone explicatos pernoscere cupitis, doctissimi *Foesii Oeconomiam Hippocratis* voce θερμὸν ἔμφυτον, et inclyti Hippocraticae doctrinae instauratoris *Gorraei* definitiones medicas voce ὑγρόν; ex eodem autem *Gorraeo* repetatis explicationem Hippocraticorum verborum τὰ ἐνορμοῦντα, sive impetum facientia, ut intelligatis harum rerum cupidi et quorum, ut in proverbio dicitur, hic piscis est, quomodo *Hippocrates* ex materia illa subtilissima aethereaque omnes vitae animalis impetus, motus, totamque vitae actuositatem, in morbis saluti hominum prospicientem, sibi explicare et declarare nisus est. Legatis librum, quem de hoc impetum faciente *Hippocratis* eruditissime scripsit *Kaau Boerhaavius*, magni *Boerhaavii* nepos. Nec dedignatus est *Gaubius*, pathologorum hodieque princeps, ad designandam vim vitae in morbis actuosam Hippocraticis illis verbis *τῶν ἐνορμοῦντων* uti. Quibus vero haec vilia videntur, et tanquam obsoleta oblivioni tradenda, sciant, nomina, quibus posterioribus seculis vim vitalem aut luculentius definiri visum fuit et hodiedum videtur, puta spirituum animalium, Archei, animae, fluidi nervei, vel electrici vel Galvanici vel magnetici, omnia, inquam, illa ingenii humani commenta et *Hippocraticae* physiologiae primam debere, ex qua cuncti hauserint, originem, et nomina illa omnia, quae serior aetas excudit, rem obscuram, de qua quaeritur, virium nempe vitalium naturam et indolem, nullo modo reddere evidentiorem. Sunt verba praetereaque nihil: manet profecto haec laus *Hippocratem*, quod antiquissimis illis temporibus constantissimo vitae effectu et phaenomeno ad declarandam occultam vim vitae ingeniose usus sit. Qua in re post tot secula nemo exstitit, qui *Hippocratis* superaret sagacitatem, praeter *Joannem Brownium*, qui magni popularis sui *Isaaci Newtoni* aemulus, ut hic omnes in universa rerum natura sive macrocosmo motus ex constantissimo attractionis phaenomeno explicuit, sic omnes in natura animali sive microcosmo effectus ad incitationis leges revocavit, usus tamen antecessorum et imprimis magni nostri *Halleri* pulcherrimis de irritabilitate experimentis, atque egregii praeceptoris *Guilelmi Culleni*, in quem, ut fieri solet, ingratissimum se praebuit, praeclara doctrina.

Ex hac virium vitalium actuositate in pueritia et juventute praestantissima, in senibus autem deficiente cetera, quae hic Aphorismus profert docetque satis intelliguntur, et ratio facile elucet, cur in Aphorismo XIII^{tio} senes in ferendo victu tenuiori faciliores, contra autem hujus victus impatientes dixerit juvenes puerosque.

V^{to}. Unum tamen superest, omnino explicandum. Affirmat *Hippocrates*, acutis febribus propter virium defectum non implicari senes, quorum corpus frigidum sit sive, ut nos hodie dicere consuevimus, torpidum. Haec, primo quidem intuitu, experientiae non consentanea videtur doctrina, dum senes haud adeo raro pneumonicis affectionibus corripi, iisque exstingui videmus. Pertinent tamen pneumoniae ad febres acutas. Sed primo Vos attendere velim ad justos terminos, quibus sententiam suam circumscripsit *Hippocrates*, docens senes non perinde, non similiter, *οὐκ ὁμοίως*, febribus acutis prehendi ac juvenes; quod utique experientiae respondet. Satis raro his febribus corripi videmus senes, et si quando fit, caussa gravissima subesse debet, quae in senili corpore febrim acutam accendat. Ita *Galenus*, recte omnino, qui tamen interiorem sensum Hippocratici illius effati ideo non assecutus esse videtur, quoniam experientiam minus consuluit. Etenim ut *Hippocrates* fidus naturae interpres est, ita vicissim natura, mode ejusdem voci attentas praebuerimus aures, magni interpretis verba optime explicat interioremque eorum recludit sensum. Qui enim sunt teste experientia illi acuti morbi, quibus senes affici et inevitabili fato exstingui haud raro videmus? certe febres pneumonicae; sed quodnam pneumoniae genus? illud profecto, quod catarrhi specie senibus insidias parat, in quo veluti sub cineribus ignis gliscit, febrisque haud adeo fervida reperitur, quodque ideo vel prudentiores et peritiores medicos facile fallat, peripneumoniae nothae nomine a *Sydenhamo* et *Boerhaavio* descriptum, et a *Morgagnio*, peritissimo funerum, quae morbis perierunt, incisore, egregiis nonnullis extispiciis declaratum.

Denique, ne in commentando hoc Aphorismo quid reliqui fecisse videar, addo, inter veteres medicos haud paucos hujus Aphorismi veritatem impugnasse; in quibus imprimis medicus quidam fuit, quem se refutasse *Galenus* commemorat. Hos ex *Asclepiadis* doctrina maxime prodiise equidem putaverim. Etenim *Asclepiades*, dum *Epicuri* dogmata sequeretur, hisque ad condeudum medicinae systema uteretur, ex atomis eorumque motu, ut omnes materiae qualitates, ita etiam calorem explicare, ideoque calorem corporibus insitum et innatum omnino negare debuit.

Aphor. XV.

Ventres hyeme et vere natura sunt calidissimi, et somni longissimi. In his igitur temporibus etiam alimenta plura exhibenda. Innatum enim calorem majorem habent. Nutrimento igitur co-

piosiore indigent. Indicium sunt, aetates et athletae.

Hoc in Aphorismo *Hippocrates* generatim quidem docet, in victu adornando non solum ad aetates respiciendum esse, qua de re in praecedente Aphor. locutus est, verum etiam ad anni tempora. Quemadmodum autem ea, quae de aetatum ratione circa victum observanda in priori illo Aphor. docebat, ex physiologia sua proposuit: ita, quae in hoc Aphorismo de anni temporibus afferuntur, ex iisdem physiologiae Hippocraticae principiis prorsus hausta sunt. Minime igitur hoc in Aphorismo sermo fit de victu aegrotorum, sed potius de eo, quo sanis opus sit, pro diversa vi, quam in sanos ratione alimenti plenioris aut tenuioris diversa anni tempora exerceant. De victus ratione in aegrotis respectu aetatis, anni temporis, regionis et consuetudinis, praecipit demum Aph. XVI^{to}, XVII^{mo}, XVIII^{vo}, XIX^{no}, uti facile patebit singulos inspicientibus. Hunc XV^{tum} Aphorismum praemisit, ut naturam ejus effectus declararet, quem secundum experientiam anni tempora in corpus animale, maxime quoad ejus nutritionem, edunt et exserunt.

Enimvero experientia utique docet, omnia

corporis animalis negotia expeditius et efficacius peragi hyeme, eaque veris parte, quae hyemi proxima eandem habere solet tempestatem frigidam, imprimis si hiberna illa tempestas minime pluvia humidaque, sed serena fuerit. Cerebri, mentis officinae, tunc major actuositas est; respirationis, dum pulmones majore aeris modice frigidi incitamento excitantur, celeritas major; imprimis autem ciborum appentia viget, eorumque digestio facile peragitur. Dum vero ad hunc auctum alimentorum appetitum eorumque facilem concoctionem longiores somni propter noctium longitudinem accedunt, alimenta cito in succum et sanguinem vertuntur, nutritio mirifice succedit, nasciturque facile ea sanguinis et succi laudabilis copia, quae, bene monente *Galeno*, homines impellere debuit, ut sanguinis missione, si ex vere jam adulto, majore calore excitato, vasa in rapidiores motus aguntur, sanguisque humoresque turgeant, hos motus in inflammationes et sanguinis profluvia pronos sedarent et compescerent. Haec omnia experientia utique docet; rationem autem, cur haec ita fiant, cur hyeme et primo vere haec major observetur, tum omnium animalis corporis functionum, tum imprimis eorum, quibus nutrimur, actuositas, hoc Aphorismo proposuit *Hippocrates*. Ventres, inquit, hyeme et vere natura calidissimi sunt. Ventres, *αἱ κοιλίαι*, ab *Hippocrate* dicuntur omnes majores capacioresque corporis animalis cavitates, quae denominatio diu apud medicos mansit, ut caput ventrem supremum, thoracem ventrem medium, abdomenque infimum ventrem dicerent. Nec negari potest, hiberno frigore sanguinem ad interiores corporis sedes veluti cogi et propelli, caloremque in visceribus majorem accendi. Quod vero tantum locum habere in corpore vivo, nemini dubium esse potest, quum ipsa illa animantia, quae in latebris recondita et veluti sepulta hibernum somnum dormiunt, exstincta demum vi vitali, quod in haud paucis accidit, paucum qui ipsis reliquus erat calorem cum anima mittant. Vis igitur vitae est, quae sub frigore internis sedibus propior, in easque veluti a corporis ambitu derivata, has majore incitamento ad majorem efficacitatem provocat. Hanc vim vitalem *Hippocrates* calorem insitum, nativum vel connatum dicit, qui illis anni temporibus circa viscera majorem se exserat. Hinc uberiori alimento hyeme et primo vere, hyemalis frigoris adhuc participe, corpora uti, recte censuit *Hippocrates*. Natura ipsa, aucto circa haec anni tempora ciborum appetitu, homines animantiaque ad victum largiorem invitat et compellit. Qua in re id unum mirum videtur et vix satis explicandum, qui fiat, ut illo anni tempore, quo minor omnino fit partium detritio et jactura, quo excretiones tantum non omnes imminutae sunt et torpent, quo partium detritarum et amissarum minus urget reparatio et instauratio, natura tamen uberius alimentum requirat, ejusque penuriam multo impatientius ferat, ac sub aestivis caloribus? Nescio, an hoc problema satis solverint ex recentioribus physiologis ii, qui a cutis perspiratione hyeme minori liberaliorem succi gastrici secretionem repetunt. Etenim si vere largior secernitur digestivus ille liquor, et huic secretioni vis vitae praeesse debet, quae sola efficere potest, ut haec secretio aucta in nostri corporis commodum cedat, nec perpetuam morbi illius, quem gastricum vulgo dicunt, materiam afferat. Nonne forte hyemem cum nocte, diemque cum vere adulto, aestate primoque autumno, oeconomiae etiam animalis respectu, comparare licet? Dies pretiosissimas vires consumit, nox instaurat; dies auctis omnibus excretionibus humorum jacturam adducit, nox novis optimeque paratis succis deperditos reparat. Nonne fortasse naturae fit providentia, ut hyeme illae colligantur vires, illa paretur sanguinis et alibilis succi copia, quae malignae resisteret aestivi caloris potentiae? Populi saltem illarum regionum incolae, quae a septentrionis frigoribus et austrinis caloribus aeque remotae, temperatas hyemis et aestatis vicissitudines definitis temporibus legitimoque ordine experiuntur, et mentis dotibus et corporis illo robore, quod labores longius ferat perduretque, aliis populis praestare videntur.

Sententiam suam, hyeme propter ventrem calidiorem liberaliori alimento opus esse, aliquot exemplis et illustrat et confirmat *Hippocrates*. Provocat ad aetates, et athletas. Aetates, *αἱ ἡλικίαι*, *Lefeburius* vertit juvenes, libertate, quae interpreti medico per me quidem liceat. Etenim certum est, juvenilem aetatem in exemplum proposuisse, de qua Aphor. XIII^{tio} dixerat, jejunium minime ferre, cuique aetati Aphor. XIV^{to} caloris innati plurimum tribuerat. Aetates autem simpliciter dixisse opinor

Hippocratem, quia, si omnes inter se comparemus, in eo consentiant omnes: esse virium vitalium actuositatem, quae in hominis diversa aetate, aut auctior aut decrescens, plus minusve nutrimenti corpori afferat. De athletis autem, quos *Hippocrates* ad firmandam suam sententiam in exemplum profert, non est, quod hujus exempli vim et efficaciam plurimis Vos edoceam verbis, siquidem ad tertium hujus sectionis Aphorismum de vitae genere athletarum satis disserui. Fuit vero athletarum vitae ratio ad augendam vim vitae prorsus comparata et instituta, quippe quae alimentis plurimis iisque validissimis, multoque somno et exercitatione efficacissima, corpora ad summam ideoque facile periculosam euexiam perduceret. Recte igitur *Hippocrates* ad illustrandam et firmandam suam sententiam athletarum exemplo, illis temporibus luculentissimo, usus est.

Aphor. XVI.

Victus humidus febricitantibus omnibus confert, maxime vero pueris, et aliis tali victu uti consuetis.

Jam in hoc Aphorismo Divus praeceptor ad qualitates victus venit, in morbis praecipue attendendas, postquam in prioribus Aphorismis de quantitate alimentorum ratione aetatis et anni temporum praeceperat.

Vere autem et sapienter humidum victum omnibus febricitantibus saluberrimum dicit. Cujus diluti victus salubritatem experientia ipsa homines docuisse videtur; quod bene observat *Celsus* in praefatione ad Librum I^{mum}, ex sententia quidem veterum medicorum empiricorum. Rationes autem, cur hic humidus victus febricitantibus maxime conferat, quisque facile perspiciet, qui secum reputaverit, in omni fere febre ventriculum, quia debilis sit, minus bene cibum concoquere; unde ipsa natura inappetentia ciborum, febrium comite, hominibus cavit, ne cibis morbum suum augerent, aegrotosque siti, quam febris accendit, monuit, largiori potu morbum levare. Atque solius aquae egelidae liberalior potus febres saepe feliciter exstinguit, easque hujus morbi solutiones per lotium sudoremque, immo adeo per motum alvum adducit, quas rerum usus reperit saluberrimas. Detrahit igitur non solum morbo materiam, ut cum antiquis viris loquar, victus ille humidior, sed etiam innocentissimi et non minus efficacissimi medicamenti vices gerit, et locum merito occupat; imprimis, si febris ex aliquo circa victum errore et ex aliqua corporis plenitudine ortum suum duxerit. Qualem vero humidiorem victum voluerit *Hippocrates*, et ex quanam materia humidam illam diaetam quaesiverit, a *Corn. Celso*, peritissimo in his *Hippocratis* commentatore, accipitote Auditores, qui Lib. III[tii] Cap. 6[to] habet: *Cibus autem febricitantibus humidus est aptissimus, aut humori certe quam proximus: utique ex materia quam levissima; maximeque sorbitio: eaque, si magnae febres fuerunt, quam tenuissima esse debet. Mel quoque despumatum huic recte adjicitur, quo corpus magis nutriatur: sed id, si stomachum offendit, supervacuum est; sicut ipsa quoque sorbitio. Dari vero in vicem ejus potest, vel intrita ex aqua calida, vel alica elota; si firmus est stomachus, et compressa alvus, ex aqua mulsa; si vel ille languet, vel haec profluit, ex posca.*

Porro hunc humidum victum *Hippocrates* imprimis commendavit infantibus puerisque febre affectis, nec non inter febricitantes adultorum etiam iis, qui huic victui essent assueti, quod nemini mirum videbitur. Etenim in hoc praecepto *Hippocrates* constitutionis, quae infantibus est, et consuetudinis rationem recte habuit. Ex *Galeni* in hunc Aphorismum commentario discimus, inter antiquos *Hippocratis* cavillatores et adversarios fuisse, qui hunc Aphorismum in dubium vocarent, immo falsitatis arguerent, hydropicorum febricitantium exemplo. Etenim quum hydropicis iste humidus cibus, ex horum adversariorum sententia, minime conferat, quibus non nisi contrarius siccior victus vel ex hydropis natura communique medicorum experientia utilis sit: concluserunt, hydropicis etiam febricitantibus *Hippocratem* male consuluisse victu illo humido, qui, auctis in hydropicis humoribus, laxatisque eorum corporibus, morbum non possit non augere pejoremque efficere. Valde operosus est *Galenus* in reprimenda hac calumnia; docet, ab adversariis male adferri hydropis exemplum, siquidem hic morbus, ut alii cuncti, singularem propriamque requirat curationem. Quod ut omnino verum est, atque morbus quicunque, praeter communia remedia, quae ordini morborum debentur, cujus singularem sistit formam et differentiam, singulari propriaque curatione opus habet: ita hydrops, si ad id genus morborum pertinere recte existimatur, quod plethoricum, sive inflammatorium, sive hypersthenicum dicunt medici, eadem, quae huic generi apta recte censetur, curatione oppugnandus est. Hydropis igitur exemplum adeo non refutat *Divi Coi* sententiam, ut eam potius mirifice confirmet. Profecto, si *Galenus* ea scire potuisset, quae secutis seculis primo Arabum nonnullorum diligentior observatio de refrigerante et debilitante hydropis inflammatorii curatione invenit, atque recentiori aetate *Menghini*, *Tissotii* et *Bacherii* pericula confirmarunt; ita quidem, ut *Bacherius* in libro suo de hydrope hanc medendi rationem antiphlogisticam, cum multo liberalique potu humidoque victu hydropicis imprimis commendaret: nae, inquam, si tempore suo haec praescire potuisset *Galenus*, *Hippocratis* hac in caussa adversarios, iis ostendendo, quam absurdum exemplum sit, ad quod provocant, recta et sine omnibus ambagibus redarguisset!

Aphor. XVII.

Et quibus semel, aut bis, et plura, vel pauciora, et per partes offerri conducat, videndum. Concedendum autem aliquid et consuetudini, et tempestati, et regioni, et aetati.

In Aphorismo, qui hunc XVII^um praegreditur, *Hippocrates* victum humidum laudavit in febribus; pueris febricitantibus imprimis commendavit; praeter hos vero etiam aliis, nempe adultis, si nunc febre vexati huic humido victui antea fuerint assueti. Consuetudini igitur, quam sani contraxerint, aliquid dandum esse in aegrotis, etiamsi febrili morbo nunc occupatis, recte censuit *Hippocrates.* Jam in hoc XVII^{mo} Aphorismo vim consuetudinis in aegrotis luculentius declarat, et quam ejus rationem habeant medici, tum in alimentorum copia, tum in cibandi quotidianis temporibus, docet. In qua re ita se gessit vir sapientissimus, ut, a rigore et austeritate nonnullorum medicorum, et a nimia indulgentia et adulatione aliorum aeque remotus, aliquid tantum dandum esse consuetudini hominum doceat, simulque justis terminis et finibus medicorum hac in re indulgentiam circumscribat. Namque jubet medicum aegri morem et consuetudinem non solum respicere, sed hanc conferre cum anni tempore et regione et aetate.

I^{mo}. Quae ad anni tempora ratione victus pertinent, *Hippocrates* partim jam docuit Aph. XV^{to}, partim mox docebit Aph. XVIII^{vo}. Hyeme imprimis viget calor vitalis, ideoque alimento pleniore homo indiget, quod propter longiores somnos cito etiam digerit. Idem repetit *Cous* Aphor. XVIII^{vo}, in quo recte addit, aestate et autumno alimenta difficillime ferri, id est aegre concoqui, haud facile digeri, nempe in succum laudabilem verti, sed in corruptionem vergere. Aestate, imprimis fervida, dejiciuntur vires, ventriculus et intestina labefactantur, unde prima febrium biliosarum et putridarum origo. In autumno eadem fere observatur virium et viscerum digestivorum imbecillitas, ita quidem, ut febres jam fiant refractariae v. g. quartanae; bili superadditur mucus, unde perniciosum illud febris mucosae genus, nervosis febribus valde affine, immo ab iis maligna natura vix distinctum. Tanta omnino est autumno virium imbecillitas, ut hoc anni tempore aegroti facile in morbos chronicos, hydropem nempe et tabem projiciantur.

II^{do}. Regione. Hujus utique tantum imperium est, ut vel in temperata orbi terrarum regione parcior cibus sufficiat Hispanis, Gallis, Italisve, qui nativum Germanorum robur facile frangat.

III^{tio}. Quod de aetate *Hippocrates* monet, ipse jam explicuit Aphor. XIII^{tio} et XIV^{to}.

His igitur finibus medicorum indulgentiam

erga aegrotos circumscripsit *Hippocrates*, ut, ad naturam morbi ejusque decursum viresque aegroti maxime attenti, parum tantum concedant consuetudini, quod nocere nullo modo possit. Itaque de modo sive mensura alimentorum hoc in Aphor. imprimis praecepit, postquam de alimentorum quantitate et qualitate nos antea edocuerat.

Verbum superest, sive locutio potius et phrasis in hujus Aphorismi illustratione minime praetermittenda. Distinguit *Hippocrates* illos, qui semel aut bis (intellige per diem), et plus aut minus cibandi sint, ab his, qui κατὰ μέρος. Hanc phrasin omnes interpretes verterunt: particulatim, ut sensus sit, qui partitis praebiis cibantur (*theilweise*). Solus *Joannes Heurnius*, vir doctissimus et medicus longo artis salutaris usu consummatus, verba κατὰ μέρος interpretatur: modo progressivo, atque his verbis indicari vult ordinem, quem medici observent in victu aegrotorum, quo a victu tenuiori, a ptisana colata, ad victum pleniorem, ad ptisanam nempe integram provide progrediantur.

Hunc sensum verbis illis utique inesse posse, docent exempla, quae attulit in Lexico suo *Schneiderus*, collega per plures annos conjunctissimus, et post fata mihi desideratissimus: vernaculo nostro sermone, *nach der Reihe, in der Ordnung, einer nach dem andern.* Haec interpretatio, etsi veteribus *Hippocratis* commentatoribus et in his *Galeno* in mentem non venerit, *Hippocratis* sagacitate longe dignissima videtur, quamque ideo et ego maxime probaverim, praesertim, quum *Divus Cous*, in hac sententia aphoristicam sermonis brevitatem sectatus, in medio reliquerit, utrum prima pars Aphorismi intelligenda sit de consuetudine aegrotorum, an potius de modo, quem medici in alendis aegrotis observent. Quae posterior interpretatio vel ideo priori praeferenda videtur, quum *Hippocrates* deinceps moris sive consuetudinis aegrotorum iterum meminerit; ut ideo, ex mea quidem sententia, hic sit hujus Aphorismi tenor et hoc ejus praeceptum: At vero, quibus convenit semel aut bis alimentum offerre, idque plenius aut parcius, et quo progressu, videndum est. Sed concedendum aliquid est mori, anni tempori et regioni et aetati.

Aphor. XVIII.

Aestate et autumno cibos difficillime ferunt: hyeme facillime, deinde vere.

Pertinet hic Aphorismus ad eam rem, quam in priori Aphorismo XVII^mo tractavit *Hippocrates*, in quo nempe sermo erat de modo et mensura alimenti aegrotis offerendi, in qua aliquid dandum esse consuetudini, anni tempori, regioni et aetati, monebat magister. Jam elucidat ea, quae de anni temporibus in modo et mensura victus observandis paucis tantum verbis indicabat illo priori Aphor. Enimvero affirmat, aestate et autumno cibos difficillime ferre, scilicet propter concoctionis languorem; hyeme autem facillime, quoniam hoc anni tempore, ut docuit Aphor. XV^to, ventres sunt in hominibus sanis calidissimi, id est, vi vitali egregie pollent ideoque ciborum concoctionem facillime praestant. Quod etiam de vernali tempore eodem Aphor. XV^to adfirmavit. Nunc autem in hoc Aphor. veri secundum locum adsignat, docetque, post hyemale anni tempus, ratione facultatis digestivae, veri secundum locum tribuendum esse. At enimvero scire expedit, *Hippocratem*, quem veteres medici propemodo omnes secuti sunt, in vere duo tempora distinguere, ver primum hyemen excipiens, ejusdem fere cum hyeme naturae, a vere adulto aestati proximo, in aestatis igitur naturam prono, atque in hanc totam mox transituro. Hinc de prima tantum veris parte recte affirmari potest, minime autem de toto vernali tempore, quod cibos in eo facillime, ut in hyeme, ferantur. Itaque veri secundus tantum locus hoc respectu tribui potest. Quo accedit, jam primo vere somnos breviores fieri, qui hyeme sint longissimi, et ad corporis facilem nutritionem egregie conferant. Sed interrogantes Vos audio: Quorsum haec omnia? Quid est, quod breviloquus ille *Hippocrates* eadem repetat, novisque verbis eadem agitet? Respondeo, *Hippocratem*, breviloquentiae suae minime oblitum, quae antea satis dilucide docuisset, minime repetere, nec crambem, ut agunt, bis coctam nobis offerre, sed potius explicare, quae in Aphor. priori, nempe XVII^{mo}, de anni tempore in modo sive mensura alimentorum aegrotis concedendorum observando breviter attigerat. Summa igitur sententiae haec est: Aegrotis hyeme et vere, si alias nihil obstat, paulo plus cibi simul concedi posse pro consuetudine eorum: huic consuetudini autem minus indulgendum esse aestate at autumno, quoniam his anni temporibus propter labefactatam digestionis officinam alimentum paulo copiosius, imprimis simul nec partitis praebiis oblatum, facile noceat. Quod utique experientia, si eam consulere velitis, Vos satis docebit superque.

Aphor. XIX.

His qui per circuitus exacerbantur, nihil dare oportet, neque cogere, sed auferre de appositionibus ante judicationes.

In hoc Aphorismo eadem omnino doceri videntur, quae Divus senex jam proposuit Aphor. XI^{mo}, scilicet in exacerbationibus cibum non dandum esse, auferendum etiam in iis morbis, qui periodice exacerbantur, exacerbationis tempore. Hinc *Lefeburius* hunc Aphor. XIX^{um} pro spurio habet, qui librariorum culpa aut oscitantia in codicibus irrepserit. Quod *Galeno* tamen adeo parum in mentem venit, ut potius subtiliori hujus Aphorismi sensu recluso, eum de modo et mensura ciborum intelligendum esse praecipiat. Secundum subtilissimi *Pergameni* medici sententiam hic est hujus Aphorismi interior sensus, ab eo, qui inest Aphor. XI^{mo}, omnino diversus: In morbis, qui per circuitus exacerbantur (quos hodie typicos vel periodicos dicimus), nihil cibi dato (i. e. parum), nec cogito, sed de cibis ante judicationes detrahito; ante judicationes, quod intelligi potest: 1) de singulis accessionibus, quoniam accessio sive exacerbatio semper praecedit judicationem; 2) de morbi acme sive vigore, quoniam hunc excipit judicatio sive crisis; 3) de crisi ipsa jam instante. Ita *Galenus*, qui tamen, quum primae significationi adstipuletur, ante singulas accessiones cibum subtrahendum esse, nil omnino attulisse videtur, quod in Aphor. XI[to] reperiretur. Itaque *Lefeburio* fere calculum meum adjecerim in ejusque sententiam iverim.

Aphor. XX.

Quae judicantur, et judicata sunt perfecte, neque movere oportet, neque innovare, sive purgantibus sive aliis irritamentis, sed sinere.

Hippocrates hactenus fere de vi medica victus satis idonei locutus, tempore opportuno, debita copia et viribus adcommodata aegrotis exhibiti, jam ad eam morborum mutationem progreditur considerandam, quae aegroto maxime exoptabilis, a medico per totum morbi decursum respicienda et veluti praeparanda, tandem a victrice natura in salutem aegroti adducitur. Hanc mutationem crisin sive judicium, vel judicationem dixit *Hippocrates*, quoniam in ea de vita et salute aegrotorum decernitur. Hanc judicationem certi dies pronunciare solent, qui inde dicuntur critici sive judicatorii, postquam de his jam praemonuerant dies praecedentes, qui ideo indices vocantur. Praecedit plerumque crisin in morbis acutis gravioribus febris exacerbatio major, cum symptomatum magnitudine et vehementia aucta, unde majores omnino fiunt turbae, aegroti summa inquiete conspicuae, et perturbationes eveniunt, interdum ingentes, quas criticas vocant. Has demum insignis aliqua excipit aegroti evacuatio, quam aliae etiam evacuationes subinde comitantur; hae criticae vocantur evacuationes. Cum his ipsis febris a vehementia sua illico se remittit, omnes motus sat subito componuntur et placantur, aegrotusque, etsi debilis, spe certa rediturae salutis potitur. Haec est crisis, quam hoc Aphorismo intellexit *Hippocrates*, perfecta illa, praenunciata haud dubie, prope instans, declarata luculenter, atque evacuationibus subsequis demonstrata;

quae ideo crisis audit evacuatoria, omnium saluberrima certissimaque. Jam *Hippocrates* ostendit, quomodo medicum se gerere oporteat, tum quando illa crisis prope instat, tum quando perfecta fuerit. Nihil omnino moveri, nihil innovari vult a medico, qui potius totam caussam naturae virtuti securus committat, atque eo tantum videat, ut naturae nil impedimenti objiciatur. Hortatur igitur medicos, ut nec purgante aliquo medicamento evacuationem, quam natura molitur, aut jam movet, aut adeo perfecit, ullo modo promoveant, nec aliis irritamentis, puta ex victu vel medicamentis, naturae vires incitet et exstimulet, ideoque salutiferum naturae opus ne minimum turbet. Φαρμακηείησι intelliguntur omnino purgationes sive remedia purgantia, ut recte vertit *Lefeburius*, minime simpliciter medicamenta, ut verterunt post ipsum *Galenum* interpretes tantum non omnes, praeter unum illum *J. Heurnium*, qui remedia purgantia recte habet, et totum hunc Aphorismum doctissime et peritissime commentatus est. Antiquioribus viris in mentem venire utique potuit, et ut ex nonnullis *Hippocratis* locis perspicimus, nonnullis eorum in mentem venit, ut evacuationem, quam natura faceret, quoniam ipsis non sufficere videretur, dato aliquo medicamento promovere, aut quoniam ipsis incongrua videretur, alio corrigere, aut derivare, aut revellere vellent. Haec omnia rejicit *Hippocrates* verbis μὴ κινέειν, nil movere, et μήτ' ἄλλοισιν ἐρεθισμοῖσιν, nullis aliis irritamentis uti. Recte omnino, immo longe sapientissime, si tali perfecta judicatione aegrotus a morbo vindicatur, qualem propter incorrupta hominum, quos nulla luxuria vitiaverat corpora, antiqui medici haud raro conspexerunt. Sed quid? num eidem otio sese committat medicus, num aegroto otiosus adstet spectator, si languentes naturae motus aut minime sufficere recte judicet, aut effrenes vitam aegroto erepturos praevideat, aut denique in loca agere deprehendat, ad morbi naturam et indolem minime adcommodata? Tunc utique partes suas peragere oportet medicum, ita quidem omnino, ut et languidas naturae vires provide excitet, et motus effrenes et justo impetuosiores moderetur atque componat, nec non naturae virtutem ad ea loca invitet, quae ad morbum proscribendum aptissima sunt. Quicquid autem est hujus medicorum officii, *Hippocra-*

tes iis Aphorismis docuit, qui hunc excipiunt, ad finem usque hujus primae sectionis. Quos antequam explicandos aggrediar, id a Vobis diligenter perpendi velim, et nobis concessa esse remedia plurima, quibus veteres medici carerent, et nostras morborum curationes tum illis remediis perfici, tum magnis doctrinae incrementis niti, quae serior aetas in hominum salutem attulit, et nemo prudentiorum in antiquis viris jure meritoque desideraverit.

Aphor. XXI.

Quae ducere oportet, quo maxime vergant, eo ducenda, per loca convenientia.

In eo, quem nuper commentatus sum Aphor. XX[mo] *Hippocrates* agit de crisi perfecta, sapienterque docet, in hac perfecta crisi nihil a medico agendum, nec quidquam innovandum esse. Etenim quum natura sibi sufficiat, medicus non nisi spectatorem agere debet. Sed quando natura impar est perfectae illi crisi, cum aliqua expulsione et evacuatione semper conjunctae, prorsus absolvendae et perficiendae, jam medici partes incipiunt, qui in his imperfectis naturae motibus ad morbi materiem eliminandam, minime adstet otiosus naturae spectator, sed eam potius evacuationem et purgationem, sive aegroti lustrationem, quam natura praestare et totam absolvere nequit, promoveat et perficiat. Qua tamen in re ita se gerat peritus medicus, ut primo videat, quo natura vergat, quam scilicet evacuationem natura moliatur. Hac enim, quam natura praemonstravit, via incedere, tantum non semper tutissimum est. Deinde tamen medicus considerare debet loca, quae natura affectat, num sint ad evacuationem materiae morbificae satis apta et congrua, nec ne. Etenim quum natura in his imperfectis judicationibus a vero tramite aberret, tum quoniam vires aegroti vacillent, tum quoniam impedimenta objiciantur naturae, aut ex materiae plenitudine et inepta qualitate, aut ex viarum angustia oriunda: jam medici erit, naturam revocare a via erronea, in veram ducere, id est vacillantes vires paulo incitare, plenitudinem nimis onerosam minuere, materiam morbi adhuc crudam coquere, vias ad evacuationem materiae morbificae adaptare, ut ex his demum commode et secure exitum suum habeat et e corpore proscribatur. Quae omnia exemplis nonnullis facile illustrantur atque ita omnino, ut doctrinae Hippocraticae veritas hodieque elucescat.

Materia morbi, quae, etsi illa verior et subtilior morbi caussa minime contineatur, adest tamen et ex corpore expellitur, si cum sanitate in gratiam redit aegrotus; aut circa primas vias collecta haeret, aut ad secundas vias translata in sanguine et humoribus oberrat, exitumque quaerit satis cocta sive assimilata per cutim, per renes, per sputa. Itaque in febribus, quas *Ballonius* primo dixit gastricas, morbi materies vomitu et alvi purgatione recte, tanquam per loca convenientia, eliminatur; in altero autem febrium genere, quod venosarum nomine complexus est *Ballonius*, materia morbi demum excutitur vehiculo haemorrhagiae, vel sudoris, vel urinae vel pustularum in cute, quae efflorescescentiae minus pertinent ad crisin illam maxime securam evacuatoriam, quam ad infidam illam metastaticam. At enimvero haud raro evenit, ut in febribus gastricis, maxime pituitosis, in neurosin pronis, et quidem ab harum febrium initio, sudoribus mere symptomaticis aegroti afficiantur, quae naturae, propter debiles naturae vires, aberratio in pessimum errorem medicos duxit, ut methodo, quam dicebant alexipharmacam, medicamentis calidis, sudorem moventibus, febrem multo pejorem cum internecino plerumque eventu efficerent. In aliis exemplis a sanguine circa praecordia accumulato ventriculus in vomitum excitatur, itidem naturae aliqua aberratione symptomaticum, quem naturae errorem si peritus medicus non corrigit, vomitoriumque praebet, fallaci symptomate deceptus, pessime nocebit aegroto, huncque in summum vitae discrimen adducet. Hae naturae a vero tramite aberrationes saepius atque luculentissime deprehenduntur in illis sanguinis profluviis, quibus ab aliqua plethora natura sese liberare contendit. Quotiesne sanguinem, quem uterus justo tempore non emitteret, ventriculo aut, quod fere pejus est, pulmonibus natura eliminat?

Itaque *Hippocratis* praeceptum et nobis hodieque scriptum est, ut in evacuationibus naturae quidem motus observemus, ita tamen, ut semper de loci, quem natura affectat, securitate et opportunitate simul dispiciamus, ratione habita morbi natura, quae nobis in plurimis saltem exemplis magis accessa est, ac quidem antiquis illis viris esse potuit.

Aphor. XXII.

Concocta purgare et movere oportet, non cruda, neque in principiis, nisi turgeant. Plurima vero non turgent.

In eo, quem modo explicabam Aphorismo, sermo erat de evacuationum viis, in quibus naturam sequi medicos jubebat *Hippocrates*, ita tamen, ut ad locorum, per quae fierent, convenientiam respicerent. Jam in hoc XXII^{do} Aphorismo aliam legem medicis scribit Divus senex, quam in evacuationibus sequantur, si quando his arte excitatis, in naturae minus actuosae supplementum, opus fuerit. Hac lege *Hippocrates* respici vult a medicis in evacuationibus: primo ad materiae evacuandae qualitatem, deinde ad ejusdem motum.

I^{mo}. Quoad qualitatem, cocta tantum moveri et expurgari praecipit, minime cruda. Jam videtis primum fere doctrinae Hippocraticae de cruditate et coctione fontem, ex quo deinde hauserunt omnia secula, nosque hodie haurimus, idea tantum et notione rei emendatiori subtiliorique. Minime ignoratis Commilitones, quod alio tempore Vos docui, veteres mutationem materiae morbi, qua habilis fiat, ut secure eliminetur e corpore, comparasse cum illa mutatione, quam in corporibus sanis experiantur alimenta, ut tandem in nostrum sanguinem et succum verti possint. Hanc alimentorum concoctionem dixerunt *πέψιν*, illam materiae morbificae coctionem, qua apta fieret ad evacuationem, *πεπασμόν*; alimenta dum assumuntur, fere cruda sunt et multa praeparatione in oeconomia animali subiguntur, ut tandem inquilinis nostris humoribus similes a vasis nervisque ferantur, jacturamque partium, quam quotidie facimus, reparent viresque nostras instaurent. Simili artificio natura utitur in materia morbi ita elaboranda, subigenda et veluti assimilanda — sit venia barbaro verbo ad exprimendum nostrum hodie hac de re mentis conceptum apprime idoneo — ut tandem secure, et sine viarum, per quas transit irritamento, e corpore proscribi queat. Hinc morbi materia cruda, hinc cocta dicitur. Quae cruda rejicitur, quod morbi fere initio fit, has qualitates sensibiles habet, ut tenuis sit, sincera, impermixta, minime aequabilis, ut deinde ejus excretio parum aut nihil levaminis aegroto afferat, locumque, per quem exitum quaerit, lacessat et majorem in modum irritet. Quod oculis nobis fere usurpare licet, dum lustramus cruda peripneumonicorum sputa, tenues aquososque sudores, limpidam aut jumentosam urinam, vomitum aut inanem, aut mere biliosum pituitosumve; pusque ipsum, quod primo ex ulcere prodit, tenue est et fere saniosum atque acre, vulnerisque dolores non mitigat, interdum adeo auget. Sed cocta in morbis materia naturae viribus spissior est, bene permixta, aequabilis, laudabili puri fere similis, facile rejicitur, doloremque omnem ex morbo cum ipso morbo aufert. Hanc quidem movere et expurgare docet *Hippocrates*, minime illam crudam.

Hinc facile elucet, cur *Hippocrates* addiderit, illas materiae purgationes non fieri debere per initia morbi. His enim initiis illa cruditas observatur, definitque omne illud temporis spatium, quod stadium cruditatis vocamus, in quo ex nostro rei conceptu magna adhuc adest irritatio fere inflammatoria, aut major erethismus spasmi vim et naturam habens.

Ergone omnem purgationem vetuit *Hippocrates*, quae initio morbi fieret? rejecit vomitoria, rejecit sanguinis missionem, quibus nos quidem tanquam praesentissimis contra ipsam illam cruditatem praesidiis in summum aegrotorum salutem vel quotidie utimur? Excusari omnino mereretur Divus senex, cui in ipsis illis artis salutaris incunabulis, ut certa arte demum potiretur, nihil aliud in proposito esse potuit, quam ut naturae spontaneas morborum curationes edoceretur, atque harum imitatione et aemulatione certas tandem inveniret morbis medendi leges, ex quibus rationalem medicinam primus omnium mortalium conderet.

Sed videamus et curiosius exploremus, num hac excusatione egeat medicorum Princeps? Legem suam ipse circumscripsit terminis sat definitis, his quidem verbis: nisi turgeant, multa autem non turgent. Itaque locum omnino fecit maturis evacuationibus, sed iis utique sub conditionibus, quas exponam.

II^{do}. Quoad alteram hujus legis partem, quae ad motum materiae in morbis pertinet; interdixit medicos a purgationibus *Hippocrates* in morborum initiis, siquidem cruda materia esse solet circa morborum initia, addidit tamen, ἢν μὴ ὀργᾷ, nisi vel dummodo non turgeant. Purgationes itaque institui jubet ab initiis etiam morborum materia turgente, id est impetuosius sese movente, exitumque quaerente. Utimur fere quotidie voce orgasmi, indicaturi sanguinis humorumque expansionem et veluti ebullitionem impetuosioremque motum. Sed hujus vocis ὀργή et quae ex illa derivatur, τοῦ ὀργασμοῦ interiorem sensum primo reclusit *Galenus*, in commentario ad hunc Aphorismum docens, hoc verbum proprie dici de animalibus oestro venereo percitis, quippe quae tunc a libidine ita titillentur et concitentur, ut stare loco nequeant, sed a saevo libidinis affectn agitata huc illucve coeco impetu ferantur, moveantur et discurrant. Similis interdum motus in morborum initiis locum habet, ut materia morbi veluti effervescens, cum magna aegroti inquiete, immo anxietate sonticisque symptomatibus plurimis, ex partium lacessitarum sympathia oriundis, huc illuc feratur et exitum quaerat. Quod quidem imprimis observatur in morbis biliosis, quando fervida bilis, vel circa ipsa febris biliosae initia in duodenum intestinum copiosius effusa, exitum suum supra vel infra molitur et urget. Tunc vero materiae coctionem non exspectare, sed eam illico eliminare, medicum jubet *Hippocrates*; quod quidem in bilioso humore eo expeditius fuerit, quo magis natura sua bilis per convenientia loca, nempe per ventriculum et intestina, exitum quaerat. Hinc medicorum illa doctrina, plurimis insecutis seculis celebrata, et certis experimentis confirmata, hisce in morbis medicum operam suam in eo maxime collocare debere, ut humorem biliosum ad turgorem ducat, quo securius possit eliminare. Est vero inter morbi materias fere una tantum bilis in hos tumultuarios motus prona, ut de omnibus materiis morbosis hoc Hippocraticum praeceptum intelligi nequeat, quamvis sic acceperit *Galenus*.

Praeterea duae aliae difficultates circa hanc rem perito medico scrupulum movebunt, in quas *Coi* commentatores non offendisse, saepe haud parum miratus sum, hodieque miror. Primam dubitationem habet effrenis bilis motus, cum morbis biliosis pessimis, qualem cholera morbus, qualem pestis Americana secum ferunt, conjunctissimus, qui certe omni opera compescendus est, et nullo modo promovendus. Ecquis medicorum, cui sanum est sinciput, homini cholera morbo affecto praebuerit vomitorium aut medicamentum, quod alvum ducat? De his igitur effrenatis bilis motibus, quos vehementissimus spasmus profert, quem pernitiosissima inflammatio presso pede sequitur, illud turgere intelligi nullo modo potest, quum letale fuerit, bili cum tanto impetu erumpenti dato vomitorio aut purgante aliquo medicamento, calcar addere. Alteram difficultatem circa hoc praeceptum Hippocraticum, si latissimo sensu accipitur, ut *Galenus* accepit et commentatores tantum non omnes acceperunt, *Galenum* secuti, in eo collocaverim, quod antiqui illi viri cum *Hippocrate* ipso omnibus mitioribus remediis ad vomitum ciendum alvumque ducendam prorsus carebant, non nisi vehementissimis id genus remediis potiti, qualia ex turgente bile aegrotis porrigere et commendare, sapientissimo medico ne in mentem quidem venire potuit. Loquitur autem in hoc Aphorismo minime de victu aut potu, qualis etiam his aegrotis, ad bilis temperamentum ejusque rejectionem faciliorem et securiorem, adcommodatus offerri utique poterit; sed manifesto de remediis purgantibus loquitur: φαρμακεύειν, quod verbum denotat: medicamentis purgantibus uti. Sed fortasse ipse *Cous* his a difficultatibus nos expediet, si perpendimus, quae adjecit, ut praeceptum suum justis limitibus circumscriberet; addidit: τὰ *δὲ πολλὰ οὐκ ὀργᾷ*, **multa autem non turgent.** Legit *Galenus*: *τὰ δὲ πλεῖστα οὐκ ὀργᾷ*, **plurima** autem non turgent. Sive vero hanc sive illam, quam *Lefeburius* sequitur ex plurimorum codicum fide, probaveris lectionem, certum semper est, rarum declarare *Hippocratem* illum turgorem, qui teste experientia in peracutis tantum febribus iisque biliosis interdum obvenit, quem tamen, si evenit, hodie saltem mitiori medicina excipimus atque ita moderamur, ut securiorem exitum habeat turgens bilis. Qua de re quae doctissimus *Grantius* habet in praeclaro libro de febribus, quae *Stollius* uberrime docet, legisse, puto poenitebit neminem.

Ceterum hunc Aphorismum, si solus legitur, ab omni difficultate vix expediendum, qui interpretum ingenia mire torsit, amplissime commentatus est *J. Hollerius*, humorali *Galeni* pathologia potissimum in usum vocata. Revertitur autem ad idem argumentum *Hippocrates* in Aphor. XXIV^{to}, ut ceteri duo hujus sectionis Aphorismi ad eandem rem collineant, mentemque *Hippocratis* haud parum illustrent. Quos tamen Aphorismos antequam aggrediar explicandos, de alio corporis nostri inquilino humore in morbis saepe mirum in modum turgente nonnulla subjungam, ad quem apprime valet praeceptum nostrum Hippocraticum, etsi de eo, dum legem hanc conderet, cogitasse *Hippocratem*, vix affirmaverim. Sanguis certe in morbis acutis, iisque tum inflammatoriis veris tum spasmo consociatis, vehementer turget, adeo quidem, ut aut per loca saepius incongrua exitum periculose quaerat aut, haud minori cum periculo circa viscera nobiliora congestus, inflammationem in his accendat. Quem sanguinis impetuosum motum sanguinis detractione haud cunctanter instituenda moderamur et componimus. Itaque illud turgere de bilioso humore potissimum quidem accipiendum est, ita tamen omnino, ut, quod veteres commentatores fere neglexerunt, discipiamus, quid mali aegrotis biliosus humor portendat exitum quaerens, sed non satis mature et opportune a medico e corpore proscriptus? Certe, si res soli naturae committitur, hic saepe non satis actuosae et, quo minus efficaciter contra hostem insurgat, spasmo impeditae, mox bilis ita erumpet, ut evacuatione enormi summaque inanitione vires aegroti illico prosternat, pessimasque convulsiones ipsamque mortem pedissequam adducat. Cujus funesti eventus exempla habemus in cholera morbo et in peste illa Americana: contra in aliis bilis, exitum frustra quaerens, inflammationes in visceribus accendet, easque non solum in iis, quae proxime occupat, aut quibus vicina est, puta in ventriculo, hepate intestinisque, verum etiam in remotioribus. Sunt enim febres biliosae, ad quas, neglecto vel sub ipso morbi impetu vomitoriorum opportuno usu, paucis interjectis diebus gravior accedit pulmonis ipsiusque adeo cerebri inflammatio. Sanguinis quoque profluvia, atque imprimis pestiferum illud, quod e pulmonibus fit, reclusa circa praecordia bile moventur, certisque periodis, febris tertianae aemula, revertuntur. Denique bilis est, quae pessimam illam et tantum non semper letiferam biliosam febrem accendit, apud majores nostros febris biliosae putridae nomine infamem, quam typhum biliosum hodie dicunt, ad quod genus pestis illa Americana utique pertinere videtur. Tot igitur tantaque sunt damna, quae bilis exitum frustra quaerens aegrotis minatur, in morbis biliosis haud adeo malignis, maxime saltem ex parte, nostris temporibus cavenda, quum nobis antiquis viris multo felicioribus praesto sint, tam ad vomitum ciendum, quam ad alvum movendam, remedia mitia et secura, quibus prorsus caruerunt veteres medici.

Superest Auditores, ut Vobis explicem, quos ex probabili quidem sententia morbos indicaverit *Hippocrates*, quorum magnam partem ab illo turgore alienam esse, in fine Aphorismi dixit. Sunt, quod saltem plurimis interpretum placuit, morbi diuturni, sive chronici. Etenim hos natura sua impetuosis illis motibus vacare, nemo est, qui nesciat. Sed in hac interpretatione facile obvia peritum interpretem subsistere minime oportet. Sunt diuturni morbi, quorum lentus decursus haud raro interpellatur subitanea humorum diu reclusorum aut nuper effusorum evacuatione, qua fieri solet, ut cum ingente aegrotorum periculo morbus subito in scenam prodeat perquam acutus. Quaeritis exemplum? Habetis luculentum in morbo, qui a materiae supra et infra rejectae colore niger dicitur, et propter egregiam Hippocratici scriptoris ejus picturam a magno *Coo* cognominatur. At enimvero, si ad diuturnos morbos accedit tam impetuosa materiae morbosae evacuatio, hanc ne nostris quidem mitissimis remediis promovere licet, propter labem, qua viscera jam affecta esse merito suspicamur: talem saepe, qualis, ne in inflammationem et gangraenam facile properet, magnus utique metus sit. Atque in hac morborum chronicorum accessione, si peritia medico non defuerit, interdum salutari, plerumque tamen pessima, magna certe consideratione et circumspectione, praesertim in adhibendis evacuantibus remediis opus est, quam adeo, quoad horum remediorum usum, in acutis etiam morbis medicis commendavit *Hippocrates*, Aphorismo quidem XXIVto. Quem commentaturus hac de re plura dicam; nunc tantum veluti praemoneo, inter doctissimos viros fuisse cum *Heurnio* haud paucos, qui verba illa nostri Aphorismi: multa autem non turgent, minime ad chronicos morbos adcommodanda, sed de plurima parte acutorum morborum intelligenda et accipienda esse, profiterentur. Quam sententiam, si ad Aphorismum modo laudatum venero, accuratius exponam et, quid in ea veri insit, explorabo.

Aphor. XXIV.

In acutis affectionibus raro, et in principiis, purgante utendum, atque hoc diligenti prius adhibita cautione faciendum.

Quem nuper commentatus sum Aphorismum XXII^um^, ordine quidam excipit XXIII^us^, cui tamen praemittere lubet XXIV^tum^, quoniam in hoc *Divus Cous* idem persequitur argumentum, de quo in Aphor. XXII^do^ sermo fuit.

Primo quidem adspectu, et re non satis perpensa, hic Aphorismus contraria fere docere videtur illis, quae Aphor. XXII^dus^ praecipit, siquidem in hoc purgationes initiis morbi vetat *Hippocrates*, quibus in ipsis morbi initiis utendum esse, in XXIV^to^ Aphorismo pronunciat. Enimvero in priori Aphorismo sermo est de iis morbis, in quibus coctionem exspectare oportet medicum materiaeque morbificae turgorem, qui non solum sub initiis morbi vix observatur, verum etiam a multis morborum acutorum natura alienus est. In hoc autem Aphorismo nec de cruditate et coctione, nec de turgore sermo fit, sed generatim universimque docentur medici, raro in acutis morbis purgationibus utendum esse; quod si tamen, re ante probe perpensa, e consilio esse videatur, id faciendum esse per acutorum morborum initia. Ita quidem contradictio duos illos inter Aphorismos omnino tollitur, doctrinae tamen ratio minime satis perspicitur. Quicquid autem a veteribus commentatoribus in hujus doctrinae illustrationem affertur de humoribus tenuioribus et ad exitum idoneis, quos igitur sub ipsis morborum initiis tuto eliminare liceat, ita quidem, ut stimuli a purgante medicamento morbo superadditi noxietas facile compensetur materiae morbificae evacuatione et corporis lustratione; quicquid contra a novissimis interpretibus veluti in excusationem hujus doctrinae dicitur de medicamentis purgantibus omnino securis, quibus hodie abundamus, antiqui autem viri caruerunt: id quidem omne non ab re esse facile concesserim, minime tamen sufficere puto ad recludendum interiorem hujus doctrinae sensum. Ad quem perspiciendum ipsam naturam, ex qua veteres medici omnia sua haurire consueverunt, intueri et consulere juvat. Docet autem curiosior morborum circa eorundem initia investigatio', esse inter acutos morbos alios, qui a principiis certam sedem occupent, et ex hac sede ad alias partes, immo satis celeriter ad totum corpus propagentur; aliosque prorsus, qui, post turbas toti corpori illatas, intra sat breve plerumque temporis spatium, manente totius corporis morbo, simul in certas partes, in certa viscera veluti incumbant, atque sic priori totius corporis morbo (universali) morbos partis singularis (topicos, locales) superaddant. Hujus distinctionis veritas medico curiosiori eorum, quae circa morborum initia fiunt, exploratori, inflammationis exemplo patere potest, dum saepius fere inflammatio partem aliquam corporis humani illico et primarie, ut vocant, occupat atque sic una secum febrim accendit et profert; in aliis autem exemplis primo febris sese explicat, ad quam deinde, vel aliquot subinde dierum spatio, inflammatio alicujus visceris veluti secundarie accedit, ut haud inepte, sed ad naturae potius veritatem, medicorum nonnulli dixerint, prioribus in exemplis ex inflammatione febrim prodire, quae in posterioribus demum subnascatur et prodeat ex febre. In his autem febribus epidemicis, plerumque biliosis mucosisve, rheumaticis saepe et catarrhalibus, maturo medicamentorum evacuantium usu inflammatio alias subsequa arcetur, aut, si prorsus arceri non potuit, multo tamen mitior accedit. Atque hi, ex mea quidem sententia, morbi acuti sunt, in quorum initiis purgantis medicinae usum *Hippocrates* admittit. Sed si acutus morbus, dum subito erupit, in primo ortu suo sedem jam stabiliret, atque inflammatio febre prior viscus aliquod occuparet, de medicamentis purgantibus parum plerumque commodi et auxilii sperandum est; hae inflammationes sanguinis potissimum missione oppugnandae sunt, ut inflammatio aut exstinguatur illico, aut saltem jam paulo adultior et pertinacior resolvatur, coctioneque et crisi a natura eliminetur, sicut fieri jussit Divus praeceptor Aphor. XXII^{do}. Quem igitur ipsa natura edoctum nec huic, nec sibi contradixisse existimaverim, dum in uno Aphorismo medicinae purgantis usum in febrium acutarum initio fere tolleret, in altero admitteret et fere commendaret.

Enimvero quum soli summorum virorum auctoritati fidem meam nunquam addixerim, amicum potius habuerim *Hippocratem*, amicum *Galenum*, sed experientiam longe amicissimam, hac in re iis quoque lubenter accedo, qui ipso rerum usu deprehenderunt, quod et me sat saepe expertum non fefellit, evacuantis medicinae beneficiis inflammationes febrium illarum pedissequas optime arceri, et nisi omnino arceantur, mansuetiores tamen reddi. Ad id inflammationis genus, ut rem exemplo confirmem, tantum non semper pertinere videtur angina, quam a concrementis mucosis, quibus infantes suffocat, membranaceam vulgo vocant, et quam subdolus catarrhus praecedere solet. In hac autem, si mature satis a medico deprehenditur, curationis initium vomitu excitato auspicato fieri, penes omnes peritos medicos in confesso est. Neque ullo modo negaverim, saluberrimum in febribus acutis et inflammatoriis medicamentorum usum, quae alvum blande ducunt. Haec antiqui viri certe non neglecturi fuissent, si novissent. Vera tamen et inconcussa manet *Hippocratis* doctrina, non in omnibus acutis febribus vix incipientibus purgantibus remediis locum esse, quippe quibus saluberrima coctio facile minus succedat, et haud sine periculo intercipiatur. Itaque et nobis illud occinuisse Divum praeceptorem putem, ut in acutis febribus non nisi prudenter et re antea bene expensa et perspecta illis remediis utamur. Quae quidem antequam in usum vocamus, profecto diligentissime nos explorare oportet, quae sit aegroti natura, quae virium conditio, quae canalis alimentarii sensilitas, quae forte humorum in eum effusorum acrimonia; maxime autem, quae febris natura, utrum naturae πεπασμῷ, sive coctioni secure committi possit, an potius febris epidemiae virulentia ingenium contraxerit asperum, malignum, refractarium, quod ad coercendum vel sub febris initiis purgantibus medicamentis omnino opus sit.

Aphor. XXIII.

Quae prodeunt, non copia sunt aestimanda, sed si prodeant, qualia oportet, et facile ferat. Et ubi ad animi deliquium ducere oportet, hoc etiam faciendum, si aeger sufficiat.

Pertinet hic Aphorismus ad judicium, quod medicus ferat de evacuationis, sive non tam sponte in morbis evenientis, quam medicamento provocatae, salubritate aut noxa. Atque haec est prima hujus Aphorismi enunciatio, cui in altera propositione subjungit praeceptum de evacuationibus efficacissimis, a medico interdum minime pertimescendis.

Quod ad primam propositionem attinet, monet praeceptor, quae prodeant, minime copia aestimanda esse, siquidem haec vel minori copia ad morbum coercendum saepe sufficiant, dum in aliis exemplis vel profusa provocari debeant, ut morbus juguletur. Sed duo alia proponit criteria satis certa et evidentia, ad quae judicium suum informet medicus: primo attentum medicum esse jubet ad qualitatem materiae, quae evacuatur, an talis sit, qualem eam esse oporteat, nec ne; deinde medicum intueri jubet aegrotum, quomodo hic evacuationem ferat, utrum bene et facile, an perperam et difficile? De duobus hisce signis sive criteriis nonnulla speciatim dicam.

Primo, quod ad materiae, quae evacuatur, qualitatem attinet, ad eam medicum attentum jam fecit, Aphor. hujus Sect. II[do] docens: in alvi profluviis et vomitibus sponte evenientibus, si qualia oportet purgari, purgentur, conducere et facile ferri ab aegrotis; sin minus, contra. At enim, qualia esse debeant, quae purgari oporteat, si quaeritis, experientia duce facile respondebo, talia, qualia respondeant morbi naturae: biliosa igitur in bilioso morbo, in pituitoso mucosa, in febre putredinis suspecta putrida, in hydrope aquosa. Has enim luculentas materiae evacuatae qualitates et hodie merito curamus, iisque tanquam signis recte utimur, etsi probe gnari, his qualitatibus minime morborum caussas, sed eorundem potius contineri effectus. Has evacuationes morbi naturae consonas, etsi paulo copiosiores, optime ferunt aegroti, ita quidem, ut se ex iis viribus minime infirmatos, sed potius recreatos et alacriores sentiant.

Quod ad secundum *Hippocratis* praeceptum attinet, quo ad animi etiam defectionem aegrotos evacuari jubet, miramini forte Auditores, quod evacuationes laudaverit ea copia prodeuntes, quam aegroti facile ferant, atque in eodem Aphor. evacuationes ad animi defectionem usque urgendas commendaverit, easque ideo, quas aegroti certe non bene ferant. Sed me vel non monente, ex ipso *Hippocratis* sermone facile colligitis, in prima Aphorismi enunciatione legem medicis scripsisse, quam generatim universimque sequerentur in purgantium remediorum usu, huic autem legi subjunxisse propositionem particularem, sive praeceptum aliquod singnlare, quo, ceu exceptione aliqua, legem illam certis in morbis abrogarit. Hi morbi non frequentissimi sunt; hinc dicit: ubi, vel si quando ad animi defectionem educere oporteat, id quoque faciendum, prudenterque addit, si aeger possit sufficere, vel ferendae tantae evacuationi par sit. Quinam igitur morbi sunt ii, quibus tam efficax purgantis medicinae usus aegrotantibus saluti esse possit? Primo illos morbos hac efficaci medicina oppugnare licet, qui magno sanguinis et humorum impetu grave periculum capiti colloque, quod ad caput retulerunt veteres, minantur, v. c. cerebro apoplexiam, collo perniciosam anginam. Deinde morbi hac efficaci medicina subinde expugnantur, in quibus aquosa colluvies in majores caveas, sive thoracis sive abdominis, incubuit. Sunt autem hi hydropes cum satis magno virium vitalium torpore conjuncti, quo fit, ut aegroti fortiorum etiam medicamentorum purgantium efficacitatem sat bene ferant, et ab his medicamentis non facile laedantur. Praeterea in his remediis talia seligere licet medico, quae sine majore et periculoso stimulo copiosissimas dejectiones efficiant: quo nomine scammonium imprimis laudari meretur, *Boerhaavio* totique summi hujus viri scholae usitatissimum; merito utique, si genuinum fuerit, quo hodie per mercatorum fraudes vix potimur. Medicis tamen vestigia Hippocraticae doctrinae legentibus minime defuit, quin invenirent remedia satis tuta et secura, quae copiosas evacuationes praestarent. Ut caput ab impetu majore sanguinis defendamus, dulci utimur mercurio; ut in hydrope torpido aquosum exhauriamus laticem, purgantia drastica plura conjungimus, eaque dosi porrigimus, quae alvum satis moveat, nec tamen vires frangat, quae ab aquosa colluvie liberatae tantum abesse solent, ut collabescant, ut potius instaurentur. Nec in torpidis his corporibus inflammationis ex remediis illis acrioribus provide datis subsecuturae metus esse debet. At enimvero ad lipothymiam, ad aliquam animi defectionem dari, praecepit *Hippocrates.* Ille quidem, qui in omnibus suis genuinis libris se a temerario fortiorum medicamentorum usu prorsus alienum profitetur, reprehenditque medicos e schola Cnidia progressos, quod remediis et nimis multis et fortissimis utantur, mitiorum praesidiorum ex victu et regimine petendorum justo negligentiores. Quomodo praeceptorem ab hac culpa liberabimus? quomodo efficiamus, ut praeceptum hoc Hippocraticum secuturi nec temere agamus nec timide? Praeceptor quidem, probe inspecta et expensa ejus oratione, ab omni culpa facile absolvitur. Etenim monuit, quandoque tantum hac efficacissima evacuatione utendum esse, si aeger sufficere queat. Nonne tamen sibi contradixisse existimandus est, quum supra Aphor. quidem III^{tio} doceret, ne in athleticis quidem corporibus evacuationes ad extremum ducendas esse. Quod vero in his corporibus sanguine plenis viribusque constantibus periculi caussa rejecit consilium, quomodo laudare et commendare potuit aegrotis, qui ab athletarum corporis habitu longe alieni sunt et morbo suo jam debilitati? Recte a commentatoribus respondetur, in III^{tio} illo Aphorismo sermonem fieri de prophylaxi morborum in athletis, in hoc de gravissimorum morborum curatione. Athletarum habitus haud cunctanter solvendus est, ne in periculosissimum morbum inopinato incidant, quod tamen eo moderamine fieri decet, ut nutritionis jam ad summam progressae novum beneficio evacuationis initium habeat athleticum corpus, nec tamen in contrarium magnae debilitatis vitium adducatur. Si autem ad morborum curationem evacuationibus utimur, praeter alia in iis jubendis observanda, scilicet de morbi natura, evacuationis cum hac convenientia, humoris evacuandi indole, loci, per quem evacuatio fieri debet, aptitudine temporisque opportunitate, de quibus singulis et cunctis optimis praeceptis nobis jam satis prospexit *Hippocrates*; praeter haec omnia, inquam, morbi consideranda sunt symptomata, quae si vehementissima fuerint taliaque, qualibus aegroti vires resistere nequeant, qualia locus affectus sine justo destructionis metu non ferat, ut igitur cito remedio opus fuerit, etsi forte ancipite: tunc demum, ut aegrotus morbo supersit, ad majores illas evacuationes veniendum est, dummodo his ferendis adhuc par aegrotus censeatur; quam ob caussam major illa evacuatio minime differenda, sed illico administranda est. Exempli loco esse possunt magna nobilissimi alicujus visceris inflammatio, sanguinisque vehementissimus in cerebrum raptus, febris ardens, nec non ex *Galeni* observatione saevus dolor, mitiori remedio non mulcendus, ne ob doloris saevitiem nervi aut convellantur, aut resolvantur, aut pessima inflammatio dolentem locum occupet. Superest ut explicem, quodnam animi deliquium *Hippocrates* intellexit, quo medico uti liceat tanquam modo et mensura in evacuationibus hisce, quae propter summam morborum saevitiem fiunt, recte instituendis. Sunt enim diversi animi deliquiorum veluti gradus, a medicis singularibus nominibus ideo distincti. Quin etiam *Hippocrates* in his Aphorismis diversis nominibus animi deliquia insignit, utiturque vocibus eclysis, lipothymiae et lipopsychiae, qua postrema voce graviorem virium defectionem, lipothymia autem minorem indicare videtur, in qua mens sibi constat, conscientia non turbatur admodum, atque membra voluntatis jussa exsequuntur; quorum omnium fere contraria in lipopsychia et syncope adsunt. Ex his elucet, *Hippocratem* non quidem minimam spuriamve, sed tamen mediocrem veramque animi defectionem, tanquam modum et mensuram evacuationis, medicis proposuisse. Spurium animi deliquium voco, quod non ex vera virium defectione provenit, sed ex majore aegroti sensibilitate, aut ex ingrato ventriculi sensu; quale videmus in aegroto nimis sensili, dum vix ex secta vena aliquot sanguinis unciae prodierunt, vel adeo ante immissum venae scalpellum propter metum aegroti; vel quale aegroti saepe experiuntur a bile ventriculum lacessente, saluberrimae vomitioni haud raro praevium. His animi deliquiis modus et mensura evacuationis minime continetur. Verum virium defectum, sed ejus initia tantum aegrotus percipere debet, attamen ad hunc perferendum, quod sapienter addit *Hippocrates*, viribus satis valens et robusto corpore instructus, sed nunquam, nisi in tanta morborum vehementia, aut periculosi alicujus symptomatis saevitie, ut justus metus sit, ne aegrotus sine hac efficaciori medicina morbo suo occumbat. Denique iterum moneo, in hoc Aphorismo sermonem esse de omnibus omnis generis exscreationibus seu evacuationibus, quas medicus in morborum molitur curatione, minus aut omnino non de iis, quas natura sponte perficit.

Aphor. XXV.

Si, qualia purgari oportet, purgentur, confert et facile ferunt: si vero contraria, difficulter.

Hoc Hippocraticum effatum si obiter inspicimus, ex Aph. II[do] repetitum et transcriptum esse videtur. Facile vero cogitatis, has repetitiones prorsus alienas esse a breviloqui *Hippocratis* ingenio. Inspicite igitur curiosius utrumque Aphorismum, alterum comparate cum altero, atque nisi ego abunde fallor, illico deprehensuri estis, singularem propriumque uniuscujusque sensum. Nempe in secundo Aphorismo loquitur praeceptor de evacuationibus per vomitum aut alvum sponte evenientibus, in Aphor. XXV[to] autem de iis, quae arte provocantur, additque notam, ex qua medicus colligat, evacuationem a se recte institutam esse. Hanc notam quidem in re eadem collocat, ex qua salubritatem evacuationis spontaneae in secundo illo Aphorismo definivit, nempe in qualitate materiae excretae, naturae morbi congrua. De omnibus aliis requisitis evacuationis, quam medicus moliatur, in quinque prioribus Aphorismis locutus: ut nihil reliqui faceret ad medicum in exsequendo hoc officio edocendum, hunc extremum Aphorismum in complementum priorum addidit, et doctrinam suam de morborum, imprimis acutorum, per victum et excretiones, tum spontaneas tum arte proritandas, curatione absolvit.

SECTIO SECUNDA.

Argumentum hujus Sectionis generatim.

Aphorismos totius hujus Sectionis perlustranti et vel fugitivo oculo inspicienti plurima occurrent praecepta, quae ad signa in morbis pertinent, eaque longe praestantissima. Sed praeterea morborum maxime acutorum curandorum ratio, quam *Divus Cous* prima Aphorismorum sectione proposuit, hac altera sectione continuari, immo absolvi et veluti ad umbilicum, ut ajunt, duci videtur. Quemadmodum enim in prima sectione morbos acutos victu potissimum exquisite adcommodato, et evacuationibus legitime institutis ad crisin perducere docuit: ita in hac secunda potissimum praecipit de cura, quam medici habeant a morbo convalescentium, subjungitque plurima de variis corporis affectionibus, quae aegrotis, vel quoniam eorum morbus crisi perfecta non terminaretur, vel propter debilitatem a morbo perpesso corpori alte impressam, evenire solent. In iis vero, qui a graviori morbo vix convaluerunt, quum, ut cum sanitate in gratiam perfecte redeant, incitamentorum, quae naturalium nomine veteres complexi sunt, rerum non naturalium nomine hodie insignire solemus, atque in his alimentorum ratio imprimis haberi debeat: ea, quae ad haec incitamenta naturalia pertinent, egregiis observationibus, quas longus rerum usus ipsum edocuit, illustrat. Qua in re id a Vobis adnotari velim, veteres medicos quidem morborum decursum in quatuor tempora descripsisse, puta principii, augmenti, status et decrementi, quibus recentiores recte addiderunt prodromorum et convalescentiae tempora, monueruntque egregie, opportunitatem ad morbum praecedere morbos tantum non omnes vel paulo graviores, eandemque opportunitatem relinqui et residere in corporibus aegrotorum post morbos superatos, atque ipso convalescentiae tempore contineri. Hanc vero opportunitatem sive proclivitatem in morbos horum residuam antiquis illis viris, immo antiquissimo medicinae magistro minime incognitam fuisse, sed potius exploratam non solum, verum etiam in usum diligentissime versam, vel haec Aphorismorum sectio Vos luculenter docebit.

Aphor. I.

Quo in morbo somnus laborem facit, lethale: si vero somnus juvet, non est lethale.

In hoc Aphorismo, ut totus ejus sensus accuratius perspiciatur, voces nonnullae explicandae veniunt.

Inseruit *Lefeburius* post vocem ὕπνος, τὰ πολλὰ, saepius, uncis inclusa, minime quidem codicum fide, nec conjectura, sed ea ratione ductus, quoniam, si aegroto febrienti vel semel unave aut altera vice somnus laborem faciat, id quidem nullo modo grave periculum aegro portendere possit; cui sententiae et ego adstipulor. Sed hoc, quod per se satis emergat, breviloquum *Hippocratem* recte omisisse puto, atque hanc sententiam *Coi* ita intelligendam esse, *Prosper Martianus* jam pridem docuit.

Πόνος, labor *Hippocrati* est, praeter corporis exercitationes et labores, quivis molestus et ingratus sensus ex morbo oriundus, ita ut ipsi dolores πόνοι dicantur, qua eadem significatione et Romanos verbo suo labore uti, *Cicero* profitetur. Molestus et ingratus sensus, quem aegroti ex somno febrili et morboso percipiunt, multifarius est. Somno minime refectos se sentiunt, immo debiliores; capitis dolor vel major post somnum urget; caput hebes est et veluti grave, interdum adeo conscientia turbatur, ut ex somno expergefacti vel delirent, vel memoria iis vacillet; accedunt saepe somnia terroris plena, quibus labores aegroti augentur.

Θανάσιμον, letale. *Lefeburius* vertit: mortale quid est. Sed tum hoc verbo *θανάσιμον*, tum alio *θανατώδης* *Hippocrates* ita usus est, ut indicaret his verbis sat magnum periculum, quod adeo mortem aegrotis minetur, minime autem illis vocibus eam vim tribuit, ut talia symptomata pro letalibus per se haberet. Et videtur quidem verbo *θανάσιμον* minus periculum indicari, verbo *δανατώδης* gravius, quod facile patere potest Aphor. 18^{vum} Sect. VI^{tae} inspicienti. Ceterum de horum Graecorum vocum usu apud *Hippocratem* consulendus est *Foesius* in *Oeconomia Hippocratis*, nec non *Erotianus*.

Venio ad illustrandam mentem *Hippocratis* in hoc Aphorismo, rationem succincte expositurus, cur hunc somnum laboriosum pessimum declaraverit *Cous*. Somno in sanis corporibus instaurantur vires diurno labore consumtae. Imprimis autem vis cerebri nervorumque reficitur, ut officina mentis alacriter functionem propriam iterum incipiat, novaque veluti aetherea aura ad musculos volunlati subjectos, immo ad totum corpus sese diffundat. Porro apud sanos, dum placide dormiunt, nutritio laete peragitur, materiesque animalis, cujus jacturam homo fecit, egregie reparatur, quoniam optime succedit sub somno placido subtilior illa coctio, quam veteres medici secundam vocant. Denique, ut placido somno fruatur sanus homo, et sanguinis pacatior cursus esse, et sanguinis minor copia advehi debet cerebro, quod insuper minime irritetur nocivo aliquo stimulo circa praecordia aut viscera haerente.

Videtis jam somni in sanis corporibus caussas et effectus. Haec si conferimus cum iis, quae in somno aegrotorum saepius fieri observatio docet, facile elucescet, quam perite et sapienter somnum laboriosum in morbis, maxime febribus, pro signo periculi pleno declaraverit *Cous*. Somno laborioso corporis vires adeo parum reficiuntur, ut aegrotus vel debiliorem post somnum se sentiat; conscientia expergefacti turbata est, ita quidem haud raro, ut vel nullam rerum suarum curam ostendat adiaphoros, vel memoriae impotens in nonnullis rebus etiam deliret. Cerebri nervorumque vis non instaurata, sed potius disjecta et fracta est: inde febris matutinis horis vix aut parum a vehementia sua se remittit. Cutis ardet, non perspirat, lotium limpidum est aut, quod fere pejus esse solet, turbidum, aut saturo colore infectum. Quae omnia cruditatis signa satis declarant, nullam sub somno coctionem naturam perfecisse, longe ab eo pepasmo aberrantem, cujus efficacitatem veteres recte compararunt cum pepsi, quae in sanis corporibus, somni imprimis tempore, novam nutritionis materiam, quam ex alimentis pararet prima coctio, hac in secunda coctione in succum et sanguinem vertere videtur.

Hi sunt praecipui somni laboriosi in aegrotis effectus. Jam attendite ad caussas somni laboriosi. Cerebrum irritatur sanguine, illud versus iniqua vi congesto, atque circa teneram medullam accumulato. Saepe adest, ut in nervosis febribus, summa cerebri sensilitas et debilitas, quae a motu suo cerebrum nec in somno feriari patitur. Interdum vi consensus jugiter lacessitur cerebrum ab irritamentis a sede sua perquam remotis. Tandem haud raro mens est, quae curis occupata, aut metu fracta cerebrum, officinam mentis, turbet et in pessimam provocet actuositatem, unde somnus interpellatur et somniis turbetur.

Jam si has laboriosi somni caussas et effectus apud animum vestrum reputatis, in partes *Hippocratis* facile Vos ituros esse crediderim, atque cum eo judicaturos, pessimi signi instar habendum esse somnum in febribus constanter et perpetuo laboriosum, taleque omnino morbi symptoma, quod de illaetabili morbi eventu sollicitum merito habeat medicum. Qui enim felix eventus vel sperari poterit, si disjecta est in morbo pretiosissima vis cerebri nervorumque, si hinc omnes totius oeconomiae animalis functiones aut languent aut mirifice turbantur, ideoque natura prorsus impar redditur coctioni perficiendae, et felici crisi adducendae? Sed hic infelix morbi eventus minime pertimescendus est, si vel semel vel aliquoties hunc laboriosum somnum perpetiatur aegrotus, quem acutus morbus male habet, sed tunc tantum, si fere per totum morbi decursum placido somno nunquam reficitur. Augeri enim omnia morbi symptomata, dum hic increscit et ad acmen progreditur, naturae conforme est. Itaque ut de somno laborioso ejusque eventu recte statuamus, perite monente ad hunc Aphorismum *Galeno*, morbi tempora, et quando exasperatur aut sese remittit, intueri nos oportet. Qui enim exacerbatione febris majore interdum adducitur somnus, natura sua non nisi laboriosus esse potest, terrere igitur non debet. Quem autem febris remissio adducere solet somnum, placidus utique esse debet. Itaque placido somno fere nunquam frui aegrotum acuta febre decumbentem, luculento indicio est, febrem nunquam aut parum a vehementia sua se remittere, morbumque in cruditate persistere, ideoque fractis in dies aegroti viribus, infelicissimum morbi eventum valde pertimescendum esse.

Superest explicanda altera hujus Aphorismi propositio: Si juvet somnus, in morbo nil funesti, nil mortale subest.

Haec Hippocratis observatio, quum ejus veritas vel e priori eluceat, otiosa forte videri possit, et tanto viro minus digna. Sed subnascuntur turbae in morbis, quas somnus mirifice componit. Porro omnes corporis evacuationes sub somno imminuuntur et fere restitant, praeter eam, cui cutis praeest. Ita saepe fit, ut immoderatum alvi profluvium somno cohibeatur. Sunt praeterea morbi cerebro nervisque proprii, qui a somno modo augentur, modo levantur; quarum morbosarum affectionum exemplum *Hippocrates* profert eo Aphorismo, qui hunc proxime excipit. Itaque haec enunciatio posterior pro otiosa seu pro pleonasmo habenda non est. Ab hac garrulitate et loquacitate totum abhorret *Divi Coi* ingenium. Totius igitur argumenti, quod in hoc Aphorismo tractat *Hippocrates*, summa et conclusio haec est: Somnus laboriosus, si in acutis morbis perpetuo aegrotum urget, pessimi augurii est, et fere letalis eventus praenuncius. Contra placidus somnus spem ostendit sat certam; atque hoc non solum generatim universimque, verum etiam, quoniam placidus somnus iis speciatim prodest, qui morbis aegrotant, puta cerebri nervorumque, ad quos tum augendos tum levandos somni praecipua vis est. Hanc veram posterioris effati hujus Aphorismi sententiam esse, eamque a me adulatione forte praeceptoris minime insinuatam, luculento exemplo Aphorismus docet, qui hunc proxime excipit.

Aphor. II.

Ubi delirium somnus sedat, bonum.

In praecedente Aphorismo *Hippocrates* generatim docuit: si somnus in morbo aliquo saepius laborem faciat, magnum periculum portendi, si vero juverit somnus, nil funesti adesse. Hanc observationem generaliorem illustrat particulari sive speciali; eamque perite depromit a labore in morbo sive symptomate admodum gravi, quod natura sua propter sedem affectam ex somno mox levatur, mox increscit et pessime augetur. Etenim ut delirii, ita somni sedes cerebro continetur; videmus autem in febribus acutis delirium saepe placari a somno placido, ex quo sui omnino conscii et mente constante evigilent aegroti, antequam saluberrimus ille somnus accederet, vehementer deliri. Quem somnum igitur ex eventu suo merito bonum dicimus et instar boni augurii habemus. Experientia autem medicos docuit hodieque docet, delirium interdum somno adeo non sedari nec compesci, ut ex eo expergefacti conscientiam valde turbatam, memoriae vim magnopere debilitatam, mentemque sui prorsus non compotem, ideoque omnes gravioris delirii notas ostendant. Atque solent hi miseri mox in soporem relabi, ex quo paulatim semper aegrius excutiantur, donec tandem perpetuo sopore exstinguantur. Hanc affectionem ex somno et delirio mixtam typhomaniam dixit *Galenus*, hoc nomine furiosum delirium somno junctum fere indicans. Quod quidem interdum fieri posse, etsi haud negaverim, longe frequentius tamen accidit, ut miti et mussitante tantum delirio ii afficiantur, quos gravior sopor, sive coma hypnodes occupat. In his igitur somnus delirium non sedat, sed auget, ideoque merito terret. Quodsi perniciosi hujus effectus, quem somnus in aegrotos exercet, vel nulla nobis pateret caussa, observatio tamen experientiae respondet, et medicum egregie monet, ut valde attentum se praebeat in observando somni effectu, imprimis ne fallatur, dum pro salubri habet, delusus speciosa aegroti tranquillitate, de quo fere jam conclamatum sit. Sed effati Hippocratici veritas caussis delirii in febribus et evidentior fit, et confirmatur. Etenim etsi non accurate perspicimus, quae mutentur in cerebro, mentis officina, dum haec delirat, caussae tamen, quae in morbis delirium adducunt, medicis per experientiam satis innotuerunt. Rerum usus ostendit, in majore febre, sanguine ad cerebrum impetuose delato, delirium facile accedere, quod quum non nisi symptomatis vim habeat, una cum febris vehementia se remittat. Ita vel in febris intermittentis graviori accessione aegrotus delirat, qui post aliquot horas, febre declinante, jam fere delirii expers blando somno reficitur, atque ex hoc expergefiens perfecta mentis constantia fruitur. Atque in omnibus febribus, quae vehementia sua delirium adducunt, ex febris remissione et delirium sedatur et somnus accedit, qui ipse haud obscuro indicio est, febrim a vehementia sua sese remisisse. In his igitur somnus delirium sedans caussae vim proprie non habet, sed effectus est febris remissioris. Longe secus res se habet, si caussae vim habent et somnus et delirium aegroti, si ad symptomata morbi referendus non est uterque affectus, si potius uterque nascitur ex graviori offensa ipsi cerebro illata, vel, ut verbo rem elucidem dudum in medicorum scholis recepto, si ex idiopathica cerebri affectione et somnus morbosus et delirium subnascuntur. Sive enim tenera cerebri textura sanguine, aut sero, aut morboso aliquo humore comprimatur et vehementer irritetur, sive propter exhaustam cerebri actuositatem vitalem, hoc muneri suo praeesse non possit, et laboriosus somnus aegrotos male habeat, sopor gravis deliriaque facile adduntur. Hi aegroti somno non juvantur, sed majorem in modum laeduntur; in his somnus delirium non sedat, sed pessime auget, mentisque vires adeo cohibet, ut rerum suarum prorsus incuriosi aut morbi sui nullum sensum prodant, aut, quod longe pessimum est et tantum non semper certae mortis indicium, medico de valetudine percontanti inter soporem et deliria horrendum illud respondeant, optime se valere nulloque jam morbo affici. Videtis igitur Aphorismi hujus veritatem non solum experientia declarari, verum etiam rationibus e deliriorum caussis recte derivatis confirmari; atque ex mea hujus Aphorismi illustratione facile collecturi estis: medico, qui de somni effectu in morbis, eoque imprimis, quem in deliria habeat, hodie haud inepte statuere et pronunciare velit, ad caussas semper respiciendum esse, et curiosius explorandum, utrum delirium ad morbi symptomata tantum referendum sit, an pessimo omine vim caussae morbi habeat, ipsi cerebro inhaerentis.

Ceterum *Lefeburius* adnotavit, nonnullos codices addere huic Aphorismo haec verba: *ὅκου δὲ παρέχει, θανατῶδες*, ubi vero perstat, letale, nempe si post somnum delirium persistit. Quibus tamen verbis facile carere hunc Aphorismum puto, quum et sine illis satis evidens sit.

Aphor. III.

Somnus, vigilia, utraque, si modum excesserint, malum.

Alio loco, Aph. 51[mo] Sect. II[dae], Hippocrates professus est, omne nimium naturae inimicum esse. Hic autem speciatim sermo fit de somno et vigiliis in morbis, maxime febribus, nimiis iisdemque detrimentosis. Optime vero ex Hippocraticis fontibus mala ex somno et vigiliis nimiis signa repetiit *Celsus*, qui utique legendus Lib. XI[mi] cap. 4[to]. Ceterum de pravis somni effectibus sermo jam fuit. Vigiliae nimis protractae damna certe non minora sunt. Vigiliis protractis vel in sanissimis hominibus cerebrum turbatur; in febribus autem vigiliis cerebrum ita et irritatur et labefactatur, ut tantum non semper vigiliae deliriis praecedant, quibus sopor se tandem adjungit. Vires autem ita debilitantur, ut morbus in cruditate sua persistens vel ideo letalem eventum habere debeat. Agrypnia sanos interdum, maxime juvenes, male habens, diuturna si fuerit, maniam adducit; de quo valde periculoso cerebri nervorumque morbo ejusque curatione longe difficillima, *Weikardus* in enchiridio suo multa adnotavit, quae legisse neminem ponitebit.

Aphor. IV.

Non satietas, non fames, non aliud quidquam bonum est, quod naturae vires excesserit.

Dum hunc Aphorismum illustrandum aggredior, dubius fere haereo, anne Vobis persuadeam Auditores, *Hippocratem* hoc effato nil aliud docere voluisse, quam quod professus est Aph. hujus Sect. LI^{mo}, scilicet omne nimium naturae inimicum esse, quae sententia in proverbium dudum abiit. Nec profecto haec sententia, etsi forte plurimis longo usu detrita, vulgaris et obsoleta videatur, sensu caret notabiliori omnino, quo edocemur, omnia, quae ad hominem pertinent, tum ad corpus humanum, tum ad ingenii humani vires animique indolem, temperamento aliquo contineri, ab eo, quod nimium est et nimis parum, aeque remoto, certisque veluti finibus circumscribi et coerceri, quos ultra citraque nec humani corporis sanitas, nec ingenii virtus, nec in animo rectum sive bonum illud et pulcrum consistere queat. Sed haec apud veteres sapientiae professores quaerite! Medicorum Princeps ad medicos locutus est, ut doceret, quae eorum scire maxime interest. Loquitur autem de naturae humanae modo viribusque non tam generatim universimque, quam potius de illis naturae viribus, quae sunt propriae singulorum hominum, ut barbare dicam, de naturae modo et viribus in individuis. Ad has singulis hominibus tributas vires, ad hunc singularem vitae modum et mensuram, in aliis aliam, medicos sedulo attendere jubet; quippe his viribus cuique propriis definitur, quod cuique aut nimium sit, aut parum sufficiat. Ex his medici optime et aegritudinum initia deprehendent, et morborum caussas intelligent. Exemplo satietatis, exemplo famis utitur *Hippocrates*, ut effatum suum veluti in apricum collocet. In satietate, in fame jam morbus inest, saltem incipiens, si, ut fieri solet, homo illam persentit nondum sueta alimenti copia pastus, aut hanc experitur post alimentum vix ingestum iterum famelicus. Voracitate autem et ingluvie plurimorum morborum caussam contineri, aliosque morbos eosque longe pessimos ex rerum penuria nasci, quis est, qui nesciat? Morborum, quos luxuries peperit, exempla nemo profecto desideraverit, aut quin inveniat, longe quaesiverit. Fames autem quot pestilentes morbos humano generi intulit, individuos caritatis annonae comites!

Aphor. V.

Gravitates et lassitudines spontaneae morbum portendunt sive praenunciant.

Pertinet hic Aphorismus ad semeioticen, quorum plurimos in hac Sectione occurrere, in introductione ad hanc Sectionem monui. Exhibet vero hic Aphorismus signum morbi praenuncium valde memorabile, taleque omnino, quale hominem hactenus sanum moneat de morbo jam instante, medicum autem doceat, morbum aut magnum et satis gravem, aut malignioris adeo indolis esse pertimescendum.

Quid vero hoc sibi vult, lassitudines sponte evenientes, *κόποι αὐτόματοι*, morbum praenunciare? Lassitudo et gravitas corporis spontanea ei opposita est, quam homo post labores, corporis motum et exercitationes, imprimis quas aut ferre non consueverit, aut supra modum pertulerit, naturae lege experitur: haec lassitudo laboris effectus est, sponte minime nata. Sed quid? si homo sine ullo praegresso labore ita fatigatum lassatumque se sentit, ac si magnum laborem subiisset, et vehementiori motu corpus ultra modum exercuisset? in hoc homine nullae lassitudinis caussae praegressae sunt; sponte igitur et veluti per se lassitudo nata est. Hominem autem labore defatigatum lassitudo premit propter detritas et imminutas labore vitales vires; e nervis progreditur, musculosque occupat. Simili modo nervi et musculi in lassitudine spontanea afficiuntur. Morbus igitur levis profecto esse non poterit, qui vix vim noxiam suam explicans, et nondum in scenam prodiens, hunc lassitudinis sensum nervis infert, et cum sensu totius corporis communicat. Palam igitur est, morbos non solum, verum etiam facile periculosiores praenunciari gravitate et lassitudine sponte evenientibus.

Sed longius processit veterum medicorum sagacitas: ex singulari gravitatis et lassitudinis sensu, in aliis alio, morbi imminentis naturam hariolati sunt. Nec sane frustra deprehenderunt autem curiosissima observatione tres singulares in hoc lassitudinis spontaneae sensu modos.

Primi generis lassitudo spontanea cum sensu tensionis in musculis conjuncta est, atque hinc dicitur tensiva. Tribuitur plenitudini, soletque morbos ex hac provenientes, febres synochicas et sanguinis profluvia praecedere. Feminarum plurimae ante singulas catameniorum eruptiones in lumbis femoribusque experiri solent, sciuntque ex his tensivis doloribus, menstruam sibi instare purgationem.

Altera spontanea lassitudo cum sensu aliquo ulceris conjuncta est, diciturque hinc ulcerosa, tribuiturque a veteribus vitiatis humoribus sive cacochymiae. Nec negari potest, singularem hunc veluti exulcerati corporis sensum experiri, qui in graviores morbos id genus dilapsuri sunt. Nostrates perquam apposite dicunt: *Es ist mir, als wenn mir der ganze Leib voller Schwären wäre.*

Tertium lassitudinis spontaneae genus utriusque, et tensionis et ulceris sensum habet, ideoque a veteribus tum ex plenitudine, tum ex vitiatis humoribus explicatur. Solet cum insigni aestu esse et ardore, sensuque totius corporis ineffabiliter ingrato et dolorifico, quem aegroti eo declarant, quod sibi videri dicunt, quasi totum corpus fustibus esset percussum: dedolationem dixit egregius *Stollius*. Nunciat certe morbos acutos pessimi moris, putridos, nervosos quos dixerunt antiquiores viri, nunc typhoidearum febrium nomine complectuntur.

Jam satis Vos intelligere Auditores puto, quantum huic Aphorismo pretium merito statuendum sit, dum signum afferat sat certum et evidens, ex quo imminens non solum gravior morbus praenosci, verum imminentis etiam natura deprehendi queat.

Aphor. VI.

Quicunque aliqua parte corporis dolent, et dolorem fere non sentiunt, iis mens aegrotat.

Dolent, πονέοντές, proprie laborant, ut πόνος dicitur pro dolore; sed his verbis semper indicatur sat gravis affectio; igitur in hoc Aphorismo πονέοντές sunt sat gravi dolore vel molestia affecti.

Τὰ πολλὰ οὐκ αἰσθάνονται male vertunt plerique interpretes: et dolorem omnino non sentiunt. Propter verbum τὰ πολλὰ potius vertendum est: et dolores ut plurimum, vel magna ex parte, vel fere non sentiunt. Vera paraphrasi illustravit *Lefeburius* his verbis: vix unquam laborum sunt conscii.

Ἡ γνώμη, mens: indicat hic nec facultatem judicandi, sive intellectum, nec proprie animum, sed facultatem percipiendi seu sensum communem in sensorio communi et phantasia.

Celsus, brevitatis *Hippocratis* aemulus, Lib. XI[mi] cap. 7[mo] vertit: *Quibus caussa doloris, neque sensus ejus est, his mens laborat.* Sensus accuratior igitur hujus Aphor. hic est: quibus aliqua in parte corporis caussa gravioris doloris seu molestiae inest, et hunc dolorem seu molestiam, nec magna ex parte, nec sat vivide sentiunt, his aegrotat, id est, non percipit mens vel communis sensus. Revocant interpretes ad inflammationes, maxime partium internarum v. c. cerebri pulmonumve, in quibus dolorem, ceu rectius laborem suum homo non sentit: minus apte, ut nobis quidem videtur, namque in cerebri inflammatione delirium modo furiosum et vere phreniticum, modo mussitans et cum sopore conjunctum, mentem aegrotare haud obscure prodit; in pneumonia autem graviori, etsi affectus pulmo parum sentiat, ineffabilem tamen laborem, summam nempe anxietatem ita experiuntur aegroti, ut non nisi erecto thorace spiritum ducentes, prae summa anxietate situm corporis continuo mutent et vix lecto contineantur. Veritati quidem utique respondet, inflammationes viscerum, maxime ventriculi et intestinorum, si ad febrem typhodem accedunt, ab aegrotis non persentiri, immo adeo parum sentiri, ut nisi paulo rudiori manu abdomen exploraverit medicus, vix doloris sensum faciei aliqua contractione et mutatione significent aegroti. Sed praeterea quod in his aegrotis mentem affici et conscientiam deesse, minime obscurum sit, Aphorismus autem noster de occulto delirio medicum moneat, inflammationis praesentiam sola conjectura arguit medicus, ut saltem nil certi de inflammatione occulta statuere possit. Aphorismus simpliciter dicit: Quicunque parte aliqua corporis dolent, aut laborant: partem autem aliquam dolere et laborare, si aegrotus ipse non significaverit, medicus nunquam scire poterit, nisi ex functione partis, si quae hujus notabilior est, minus expedita, atque imprimis ex comperta doloris caussa. Quibus caussa doloris est, vertit *Celsus*; quod etiam *Galeno* in mentem venisse videtur, dum inter exempla, quibus Aphorismum illustrat, refert fracturam, vulnus, rupturam, quibus omnibus manifestae doloris caussae continentur. Haec observatio tanti utique mihi videtur, ut praeeunte *Celso*, Aphor. libenter legerim et explicaverim his verbis: Quicunque doloris in parte aliqua corporis caussam habent et dolorem fere non sentiunt, his mens aegrotat. Sed hanc doloris caussam manifestam et evidentem esse oportere, minime tantum conjecturalem, puto. Rem illustrabo exemplo, quod interiorem et penitiorem Aphorismi sensum certe recludet totumque Aphorismum illustrabit. Febribus nervosis graviter decumbentes, qui per plurimos dies in summo vitae discrimine versabantur, mente emota, delira et sui prorsus non conscia, nulla praegressa notabili crisi sat subito meliorem spem ostendunt; et febre a vehementia sua se multum remittente, et mente iterum redeunte, cujus conscientiam jam restitutam sat aptis ad quaesita responsionibus profitentur. Sub hac rerum conditione, et nulla alia rediturae salutis caussa in aegroto evidente, de metastasi alicubi clanculum facta peritus medicus cogitabit, eamque, etsi vel nullum notabilem dolorem aegrotus ostenderit, in coxendice, vel in femoris loco ab hujus articulo parum remoto deteget medicus, tumore sat magno, inflammato, in pus verso, immo interdum gangraenoso. Quod imprimis factum accidisse vidi aegrotis, quorum, an ex cubitu partes circa coxendicem et femur aliquem contraherent ruborem tumoremque, negligentiores ministri curam parum haberent. Immo periisse aegrotum post febrem nervosam, insigni naturae efficacitate hac metastasi victam, indignabundus vidi, dum ulcus gangraenosum demum detegebatur, postquam sanies in musculos longe lateque sese insinuasset, ipsaque ossa nudasset.

Ex hocce exemplo profecto haud pauca discetis, Auditores! primum, manifestam et evidentem doloris caussam in aegroto locum subinde habere, quam hic parum sentiat; deinde, mentem in his aegrotis aegrotare, et sui prorsus consciam non esse, etsi vix delirent et ad omnes quaestiones satis apte respondeant; tum, febre majore, imprimis e nervearum genere, sine caussa et sat constanter sese remittente, de metastasi alicubi forte facta medico cogitandum esse; denique, aegrotorum ministros cogendos esse, ut in curandis aegrotis munditiei studiosissimos se praebeant, aegroti corpore quotidie lustrando, ruboremque aliquem in dorso, vel coxendice, vel circa femur visum medico protinus indicent. Hunc autem non pigeat, ut aegroto ab hac perniciosa ministrorum negligentia caveat, loca, quae ex cubitu livorem et cuticulae secessum facile admittant, ipse curiosius subinde inspicere.

Aphor. VII.

Extenuata per longum tempus lente refice, quae autem brevi, breviter.

Jam pridem *Galenus* in hunc Aphorismum observavit, in fine ejus duplicem scripturam inveniri, quae tamen utraque idem significet, sive ὀλίγῳ, casu ablativo, brevi tempore, sive ὀλίγως, breviter, adverbialiter scriptum sit. *Lefeburius* legit: ὀλίγον ὡς, rejicit vulgatam lectionem ὀλίγως, tanquam barbaram, Ionesque Latinorum elegantiae aemulos scripsisse contendit, quam breviter, quam minutatim, ὀλίγον ὡς. Quam lectionem etsi probaverim, quippe elegantiorem, quum tamen in sensu Aphorismi nil mutet, Grammaticis expendendam relinquo.

Sed ad rem utique faciunt, quae de vi et significatione verbi ἐπανατρέφειν attulit *Lefeburius*, nempe idem significare, quod ἀνατρέφεσθαι ἐκ νουσοῦ, convalescere ex morbo, et ex praescripta victus ratione nutriri et confirmari; idem, quod ex *Foesii* observatione apud *Hippocratem* dicitur ἀναφέρειν, se ex morbo recolligere, recreare, se reficere, vires resumere; idem omnino, quod nostri in iis laudant, qui a morbis gravioribus convalescunt, *sich erholen.* Hanc observationem lucem affundere effato *Hippocratis*, plenius intellecturi estis, sensu Aphorismi accuratius eruto et perspecto.

Totus Aphorismus ad victum adornandum eorum pertinet, qui a morbis convalescunt: docet, lente, id est majore temporis intervallo, mitioribusque alimentis nutriendos esse eos, qui longioribus morbis extenuati sunt, breviori autem tempore, et paulo copiosiori lautiorique victus genere eos reficiendos esse, qui breviori morbo viribus exhausti fuerunt. Quam diversam victus administrationem rei natura, immo vel sana ratio medicos docet, dum, qui longiori morbo emaciati fuerunt, carnes et vires cito recipere non possunt; illi antem, qui breviori eodemque majore morbo virium jacturam fecerunt, amissas vires idoneo victu breviter et facile recuperant.

Sed ut in quoque *Divi Coi* Aphor. praeter veritatem de qua monet evidentem, interior aliquis sensus inest, et veluti arcana doctrina latet: ita quoque in hac *Hippocratis* sententia. Etenim aegroti, qui longiori morbo emaciati sunt, propter insignem nutritionis instrumentorum debilitatem, quam longior morbus attulit, alimentum vel paulo copiosius, vel justo valentius illico oblatum minime ferunt. Tale alimentum nec concoquunt, nec in sanguinem vertere possunt; ventriculo molestum erit, aut alvi profluvium movebit, atque tantum abest, ut copiosiori et lautiori victu horum vires instaurentur, ut potius vel ex hoc victu majorem in modum quotidie detritis digestionis viribus, ad immedicabilem tabem celeriter perveniant. Sed iidem haud minorem noxam ex victu nimis parco et tenui experiuntur, quippe qui nec ventriculi intestinorumque vires grate excitat et confirmat, nec ad reparandam partium morbo longo detritarum jacturam, materiam suppeditat sanguini idoneam. Alendi igitur sunt victu minoribus praebiis subinde dato, et eupepto, quem sine incommodo ventriculus facile digerat, et euchylo, cujus alibilis materia in nutrimentum corporis cito cedat. Ex quo victus genere praeter juscula, e carne juniorum animalium cocta, non nimis meraca, ostreae sunt et ova sorbilia; in valde emaciatis autem lac, imprimis asininum, summum illud tabidorum praesidium, maxime commendari meretur. Sed huic victui prudenter addenda sunt omnia ex regimine vitae incitamenta, ad confirmandum morbo diuturno debilitatum aegroti corpus apta et accommodata, eo quidem ordine, quem docuit singulari capite *Cornelius Celsus* Lib. III^{tii} cap. 25to.

Transeamus ad contrarium aegrotorum genus, qui a morbis convalescunt, illorum nempe, qui morbo breviori, sed satis magno et vehemente attenuati fuerunt. Hos breviter, id est haud longiori temporis intervallo, reficere jubet *Hippocrates*. Recte omnino, ne in morbum diuturnum, hydropem maxime, propter longiorem debilitatem incidant. Cibo igitur alendi sunt et pleniori et, ut cum *Celso* loquar, ex media materia desumto, quem mox excipiat alimentum valentioris generis. Brevis et vehementior morbus aegrotum quidem sanguine et humoribus exhaurit, viresque consumit, sed instrumenta digestionis et nutritionis magnopere non laedit. Cibum igitur pleniorem et valentiorem non solum optime ferunt, verum etiam, si tenuiori victui longius adstringuntur, perit ventriculi vigor, et morbosae hujus visceris sensilitati locus datur, ex qua ad nervorum graviores morbos, ad spasmorum omne genus, ad hypochondriasis teterrimum malum, facilis transitus est. At enimvero et in his alendis prudentia opus est. Considerare medicum oportet morbi perpessi naturam: qui si in juvenili aetate, ex plenitudine natus fuerit, et aut spasmorum saeviorum aut haemorrhagiarum aegritudinibus hominem male habuit, aut pulmonibus aliquam vim intulisse judicatur, ex nimis cita aegroti refectione utique magnus metus esse debet, ne debilitata vasa labefactique nervi sanguinis copiam, vel paulo majorem celeriter refectam inique ferant; ita quidem omnino, ut qui vix a morbo convaleret, in eundem recidivum ideoque multo pejorem relabatur.

Aphor. VIII.

Si ex morbo cibum capiens (post morbum appetens) *non convalescat* (vires non recipiat), *in-*

dicat, quod pluri cibo (nimis multo) *utatur. Si vero cibum non capienti* (non appetenti) *id contingat, scias,* (sciendum est, scire licet vel oportet), *quod is inanitione* (purgatione) *indigeat.*

Pergit *Hippocrates* in praeceptis diaeteticis, quae scripsit iis, qui a morbo convalescunt. In priori Aphorismo, quem hic excipit, legem condidit veluti generalem, qua statuit, lente eos reficiendos esse, qui longioribus morbis, celeriter autem, qui acutioribus brevioribusque morbis vires amiserint. Hanc generalem legem veluti exemplo illustrat et confirmat medicis cognitu utilissimo, ex quo nempe discant, quo modo recte definiant et moderentur victum eorum, qui a morbis convalescunt. Horum duplex genus idque contrarium et oppositum ante oculos ponit: primum eorum, qui post morbos vix perpessos cibum valde appetunt, ideoque liberaliter sumunt, nec tamen ex victu illo liberaliori vires recipiunt; alterum eorum, qui post morbos cibum non appetunt, ideoque parum alimenti sumunt et viribus non reficiuntur. Hoc contrarium genus a morbis convalescentium medicos jubet observare *Hippocrates,* ut sciant, primum genus peccare victu nimio, atque propter hunc vires recipere non posse; alterum autem genus, quod cibos non appetit nec sumit, ideo vires recipere non posse, quoniam materia morbosa, a morbo praegresso in corpore relicta, appetentia ciborum in his cohibetur. In his quidem materiam morbosam purgatione proscribere e corpore jubet: illorum autem liberaliorem victum circumcidi vult. Ita profecto in utrisque justa virium refectio jam succedet, dum priores parciori victu ventriculi et viscerum digestivorum vires instaurant, et morbosam ciborum appetentiam sive famem, saepe ex aegrotorum phantasia et praejudicata opinione natam, exstinguunt: posteriores autem, purgato corpore, justam ciborum appetentiam demum experiuntur.

Ita rem prorsus se habere, medici vel ex quotidiana experientia discunt. Qui a febribus gravioribus, aut intermittentibus diuturnis, maxime quartanis, convalescunt, tanta saepe fame urgentur, cui resistere prorsus nequeant; ita omnino, ut homines alias prudentissimos viderim, qui avidissime, immo vel nocturno tempore cibos devorarent, quos sibi clanculum et inscio medico et insciis interdum ministris comparassent. Cujus intemperantiae suae mox poenas dederunt, aut febre intermittente recidiva, aut viribus ventriculi majorem in modum fractis, cum insigni totius corporis languore, deletaque nunc prorsus ciborum appetentia. Quid? quod, qui a febribus continuis iisque vehementioribus vix convaluerunt, si gulae mox nimis indulgent, atque cibi alicujus dyspepti majorem vim ingurgitant, praeter omnem exspectationem subinde subito e medio tolluntur, apoplexia rapiuntur, et sic vel in portu naufragium faciunt, sua culpa et intemperantia. Cujus funesti eventus exempla haud paucissima et ego vidi et alii viderunt procul dubio medici, satis longum artis salutaris usum habentes. Hinc *Hippocrates* noster in eadem hac Sectione Aphor. XXXI^{mo} recte professus est: a morbo belle comedenti, nihil proficere corpus, malum.

Monendi igitur hi sunt, ut ad satietatem cibos nunquam sumant, ut alimentis eupeptis et euchylis parva copia et partitis vicibus sumendis fruantur. Imprimis autem vini generosi haustus subinde iis concedendus, aut panis biscoctus ex vino porrigendus. Sapienter enim *Hippocrates* noster Aphor. h. Sect. XXI^mo: Famem vini potus solvit, vel sedat.

Sed consideranda jam venit eorum ratio, qui a morbis convaluerunt, cibum tamen non appetunt, ideoque parum cibi sumunt. Explorandum, num vera docuerit praeceptor, dum hos purgatione uti praeciperet. Et primo quidem insecurae salutis signum est, si a morbis convalescentes nullam ciborum appetentiam produnt, immo adeo oblatos cibos fastidiunt. Quod certe docet, febrim non perfecte judicatam esse, novamque iterum materiam colligi circa praecordia, quae ciborum appetentiam arceat, immo alimentorum fastidium pariat; unde praesens febris recidivae metus esse debet. Exempla saepe occurrunt in iis febribus, quas *Ballonius* primo dixit gastricas, tum biliosis, tum maxime mucosis. Alius signi hujus cruditatis, post febres etiam conspicui, *Hippocrates* meminit, quod rerum usus ipsum docuit, docereque facile poterit omnes ad hanc rem satis attentos: legitur Sect. IV^tae Aph. 41mo: Sudor multus a somno citra manifestam caussam factus, corpus uberiori alimento uti significat. Si vero cibum non capienti hoc fiat, evacuatione uti significat.

Enimvero idem observamus in iis, qui a gravioribus morbis, maxime febribus, vix convalescunt, ut vel paulo liberalius pasti non solum noctu, verum etiam interdiu post cibum vix assumtum, multo sudore madeant; dum aliis, debilibus quidem, sed propter aliquam cruditatem cibum parum appetentibus, vix assumto tenui jusculo, largissimo sudore cutis manat. Hos etiam purgatione indigere, scire vult medicum summus Praeceptor.

Hinc forte abusum olim natum esse puto, quo medici sine ullo corporum discrimine iis, qui a morbis acutis gravioribus vix convalescerent, remedium aliquod purgans praescribere solebant, firmiter persuasi, se omnes partes curationis dato aliquoties medicamento purgante penitus et veluti rite absolvisse. Sed, ut hujus abusus culpam vix hodie admittimus: sic haud sine curiosiori rerum omnium exploratione de remediis alvum moventibus statuimus, iis ad tollendas morbi reliquias dandis, qui, morbo nondum penitus ablato, insecuram alunt convalescentiam, quoniam omnino habent, quod vel de recidiva febre sibi metuant, vel aliam pejoris indolis, hecticam nempe, pertimescant.

Fames circa praecordia et primas vias plerumque haeret; in aliis autem sanguinis viae in visceribus abdominis nondum satis expeditae sunt, ut in venis veluti accumuletur et longiorem moram faciat; in aliis denique tum febris, tum rudior forte quam medicus perageret evacuatio, ventriculum intestinaque hominis ita collabefactarunt, ut humorem secernere pergant, vel ipsa nimia secretione morbosum molestumque. Ex his, si recte pensitetis, de varia eorum curatione, qui a febribus convalescunt viresque non reficiunt, quoniam cibos non appetunt, et de vero rectoque evacuantis medicinae in his usu facile judicabitis, ipsique apud Vos statuetis: quando vomitorio, etiam aliquoties dato, expellendus sit biliosus fomes circa ventriculum et duodenum intestinum haerens; quando praestiterit, mitiori via per alvum exturbare humorem, qui morbose secerni pergit, maxime tamarindorum vel tartari depurati usu; quando longior kali acetici usus, superbibito etiam lactis sero, saluberrimus sit ad expediendum sanguinis in vena portae iter; quando benignae rhei virtuti et remediis amaris mitissimis res committenda sit; quando denique remedia roborantia efficaciora, aromata, omniumque metallorum saluberrimum, ferrum, in horum aegrotorum auxilium vocanda sint.

Aphor. IX.

Corpora, quando volueris (ea) *purgare, facile fluentia fac* (facere oportet).

In VIII^{vo} hujus Sectionis Aphor. quem nuper explícui, sermo fuit de cura convalescentium a morbis, maxime ratione alimenti, quo vires restituant et confirment. Notabatur eorum culpa, qui cibos bene appetentes, quoniam nimia quantitate assumunt, vires recipere nequeunt. Sed longe alia erat notante eodem Aphorismo eorum ratio, qui ciborum parum appetentes, ab iis modice sumtis viribus tamen non confirmabantur: hos inanitione seu purgatione opus habere, monuit *Hippocrates*. Ad hanc purgationem quum spectent duo imprimis Aphorismi, qui VIII^{vum} excipiunt, factum est, ut in antiquissimis etiam codicibus, modo X^{mus} qui nunc est, modo IX^{nus}, post VIII^{vum} scriberetur; cujus transpositionis horum Aphorismorum jam meminit *Galenus*. Si ordinem rerum respicimus, quae in his Aphorismis tractantur, IX^{no} utique praemittendus videtur X^{mus}; siquidem hic particulam posteriorem Aphorismi VIII^vi explicat, caussamque adfert, quare, qui a morbis imperfecte judicatis convalescunt et cibos non appetunt, minime nutriendi sint, sed potius purgandi; quod quomodo recte fieri debeat, IX^nus Aphorismus subjungit. Sed sic praemonstrato rei pertractatae tenore, in explicandis his Aphorismis ordinem sequamur, quo ab antiquissimis temporibus hos Aphorismos scribere placuit editoribus.

Itaque IX^nus Aphorismus purgationem ita instituere jubet, ut corpus ad purgationem praeparetur, atque haec fiat facilis et sine incommodo, omnique prorsus caveatur damno, alias ex purgatione vel paulo efficaciori, maxime in corpore morbo antea debilitato, utique pertimescendo. Corpus antea fluens efficiendum est, id est laxandum, maxime in illis meatibus, per quos excretio, sive evacuatio fieri debet. Sermo quidem imprimis est de remediis alvum purgantibus, sed nil obstat, quominus de remediis vomitum cientibus, immo de toto remediorum evacuantium genere intelligatur. Intestina praeparari debent ad purgationem, ventriculus ad vomitum, renes ad diuresin, cutis ad sudorem; scilicet ut evacuatio quaecunque ad lustrationem corporis instituta et satis copiose sufficienterque fiat, et sine omni irritatione partium, in quae medicamentum potissimum agit, absque periculo peragatur. *Hippocrates* imprimis loca respexit, per quae evacuatio fieri debeat; instrumenta igitur excretionum naturalium ad has ferendas et praestandas adcommodari a medico voluit. Quod postea *Galenus* ad multiplex humorum vitium revocavit: propter vitiosos humores putat ciborum appetentia carere, qui a morbis convalescant. Hos vitiosos humores, biliosos, pituitosos et atrabiliarios exturbari volunt *Galeni* asseclae, ut appetentia ciborum redeat, et corporis nutritio sua iterum ducat initia. Hinc excogitarunt medicamenta sua praeparantia, digestiva, resolventia et minorativa, quibus addiderunt ad singulos vitiosos humores, pro vitiositate, quam illis inesse credebant, expurgandos, purgantia chologoga, phlegmagoga et melanagoga. Quanto simplicior medicorum Princeps! qui morbosae secretionis, in primis viis post superatum morbum interdum pergentis, minime quidem ignarus, quod luculenter docebit Aphorismus X^{imus}, tamen excretionum instrumenta praecipue respexit, atque horum vim vitalem ita moderari docuit, ut se praebeant εὔροα, sive facile fluentia. Hac via hodieque incedunt medici satis periti et a praejudicatis opinionibus liberi, quod quidem exemplis nonnullis in apricum collocasse, minime pigebit.

Ad vomitionem cogendus est aegrotus, ciborum non appetens. In hoc certe, si naturae impetu non vomiturit, vel inani vexatur vomituritione, aut ventriculi torpor inerit, aut nimia hujus visceris sensilitas, nauseam afferens et vomituritionem non solum inanes, verum etiam valde molestas, quippe cum doloris et insignis languoris sensu conjunctas. Priores medicus ad vomitum praeparabit salibus neutris haud facile solubilibus, qualis est tartarus vitriolatus, addito aromate nonnihil acri, olim ex radice ari, hodie ex calami radice recte petito. Posterioribus, nimia ventriculi sensilitate affectis, ante vomitorium medicamentum offerimus jusculum, ne jejuni cum dolore vomant; vel in majore ventriculi sensilitate aetheris vel opii pauxillum praebemus, et post pacatum ventriculi sensum demum vomitorium propinamus. Eandem medendi rationem sequimur in alvo expurganda: intestina veluti sicca, et propter majorem sanguinis affluentiam calida fovemus decoctionibus stirpium mucilaginosarum, fructibus horaeis, sive recentibus, sive aridis excoctisque, maxime prunorum vel tamarindorum pulpa, decoctione tartari depurati; addimus enemata sive, ut *Celsus* nominat, alvi ductionem, atque tunc demum remedium purgans subjungimus. Intestina torpida excitamus victu aromatico, sale magnesiae sulphuricae, addito tartaro interdum stibiato; alias rhei vel aloes minoribus praebiis, addita etiam myrrhae et ferri particula, utimur: atque, quando compertum habemus, alvi pigritiem fere sublatam esse, si adhuc ex usu esse videtur, medicamentum purgans praebemus. Eadem ratione cutim ad sudores, renes ad largiorem lotii secretionem invitamus et accommodamus, semper respicientes ad actuositatem vitalem instrumentorum excretionis, aut sensilem nimis, aut torpentem, aut aliquo modo impeditam. Hoc quidem, Auditores, ex mea sententia est: corpora εὔροα efficere, in gravissimorum morborum auxilium atque medelam aeque certam atque securam.

Aphor. X.

Non pura (sive impura) *corpora, quo plus nutriveris, eo magis laedes.*

Vertit *Lefeburius:* quaecunque nutries, rejiciens tanquam soloecismum ὁκόσον, et scribens ὁκόσα. *Bosquillonius* habet ὁκόσων, scilicet σωμάτων. Est annotante *Schneidero* vox Ionica respondens verbo ὁπόσος, quot, *wie viel.* Sensus tamen fere eodem redit, sive dicas quot corpora, aut quaecunque corpora, aut ὁκόσον, quo plus nutriveris. Interim, cui *Lefeburii* aures Graecae desunt, ad sensum orationis attentus magis probaverit illud, quod ceterae editiones habent ὁκόσον, vel ὁκόσων, vertetque, quo plus, vel etiam quorumcunque corpora nutriveris.

Sensus Aphorismi obscurus minime est. Loquitur de iis, quorum morbi acuti seu febres non perfecte judicatae fuerunt, in quibus igitur materies aliqua morbi relinquebatur. Hi si a febre tali imperfecte judicata convalescunt, ciborum appetentia carere solent, immo cibos fastidiunt. Hos frustra et inepte nutriri, affirmat *Hippocrates,* quum propter relictam morbi materiam alimenta non concoquant, ideoque ab iis vel gravius laedantur. Hi igitur illi sunt a morbis convalescentes, de quibus Aphorismo VIIIvo dixerat, eos inanitione seu purgatione indigere. Quae *Hippocratis* sententia, ut valde olim placuit *Galeni* scholae, hodieque admodum probabitur illis, qui ubique in morbis rudiores materias quaerunt, quas moveant, promoveant et e corpore eliminent: ita iis, qui nuper in morborum solutionibus et curationibus, quas natura perficit, ad virium synergiam potissimum respiciebant, his in aegrotis non perfecte restitutam, unde nec omnium functionum concentus et harmonia restitui potuit, parum satis faciet. Sed fidi naturae interpretis sententias, ut de veritate earum recte statuamus, semper cum ipsa natura conferre et comparare debemus, ab omnibus praejudicatis scholarum opinionibus liberi.

Imo. Sunt certe febres, quae ab omni morbo ita vindicant hominem, ut vix a febre convalescens integerrima valetudine gaudeat; ita omnino, ut non solum omnes omnium partium functiones facile perficiat, vires morbo deperditas ocyus reparet, verum etiam ex morbo se multo alacriorem ac antea, ideoque sanitatem ex morbo suo emendatiorem et longe perfectiorem sentiat, quam qua ante morbum fuerat gavisus. Has febres, post quas feliciter superatas, praeter victus et regiminis curam, certe nil movendum est medico, ex felicissimo earum in corpora aegrotorum effectu, depuratorias febres *Sydenhamus* dixit. Hasce febres, ex intermittentium maxime genere, vidit vir immortalis ita mites et benignas, ut placidis sudoribus, immo sola perspiratione paulo auctiori potius blande solverentur, quam majore aliqua naturae actuositate judicarentur.

II^{do}. Sunt febres, quas haud sine majore pugna vincit natura, vincere ars contendit, quae ideo magnam totius corporis debilitatem post se relinquunt. Qui ab his febribus vindicati fuerunt, languorem ex morbo suo non solum sat diu sentiunt, verum etiam functionum aliquam perturbationem, convalescentiae tempore, plus minus experiuntur. Aliis stomachus languet, ut non nisi minora alimentorum mitioris indolis praebia ferat. Alii veluti aliqua laevitate intestinorum vexantur, dum aliis alvus immorigera est. Alios a somno molestissimus sudor occupat, viresque reficere non sinit. Alii somnum frustra quaerunt, et pessima agrypnia propter majorem sensilitatem, quam cerebro morbus intulerit, male habentur. Tot aegritudinibus, quippe quarum caussa una eademque corporis debilitate contineatur, medicina roborans medetur, ex Quassia et Peruano cortice imprimis petita.

III^{tio}. Sunt denique febres, maxime ex gastricarum, sive biliosarum sive mucosarum numero, in quibus, praeter insignem debilitatem, vitiosa relinquitur ad secretiones propensio, ipseque sanguis humoresque justam mixtionem et debitum temperamentum non tuentur. De his febribus loquitur *Hippocrates*. Sunt vel eo imperfecte judicatae, quoniam labem aliquam in omnibus nutritionis instrumentis relinquunt, ita ut sanguinem satis efficacem et vitalem ex alimentis non parent ab his febribus convalescentes. Prodit corporis color luridus sanguinem et humores parum laudabiles: hinc cacochymici dicuntur a veteribus. Interdum haec cacochymia circa infimi ventris viscera fere consistit; linguam aliqua spurcities semper habet, sapor amarus est, vel veluti ex glutine mucosus, cibos fastidiunt, sumtos aegre concoquunt, ideoque ciborum minus appetentes quotidie fiunt, seseque ex alimentis non refectos, sed laesos potius sentiunt. Haud adeo raro tamen illa cacochymia instrumenta tantum non omnia, quae chylum et sanguinem parant, occupat, venosam dixerunt veteres, cutim vitians totumque habitum; unde ad tabem et hydropem facilis transitus. Necesse autem est, in toto hoc morbi genere et ciborum appetentia carere homines, et prorsus nutriri non posse, nisi lustratis in cacochymia gastrica primis viis; in ea autem, quae sese penitius insinuavit, viscera expedienda sunt, atque ex his maxime hepar; systema lymphaticum remediis ad id accommodatis incitandum, incitanda cutis, ut leniter perspiret, incitandi renes, ut et hi corpus repurgent. Denique visceribus totique corpori robur pristinum conciliandum est. Quod curationis negotium si satis prudenter peragitur, appetentia ciborum paulatim redit, nutritio iterum initium habere incipit, atque felici progressu, reparatis in diem viribus, cuti suus nitor totique corpori decor et bonus habitus redit.

Haec est illa inanitio sive purgatio, quam *Hippocrates* Aphorismo VIII[vo] jussit, quam qui omiserit medicus, aegrotisque suis alimentorum multitudine vires reddere studet, non solum frustra laborabit, verum etiam morbum augebit, pejorem in dies, immo prorsus insanabilem efficiet. Hinc illa damna, quae ex praepostero corticis Peruviani et ferri usu peritissimi medici adnotarunt, quos inter *Marcardum* et *Kaempfium* imprimis nominasse, est laudasse. Ceterum hujus curationis praesidia hodie medicis accessa sunt longe plurima praestantissimaque, ex recensu materiae medicamentariae nomine remediorum evacuantium, resolventium et roborantium mitiorum generatim universimque cognita.

Aphor. XI.

Facilius est repleri potu, quam cibo.

Ad intelligendum hunc Aphorismum vocum nonnullarum, quibus utitur, significatio exponenda est. Qua in re otium nobis jam fecerunt commentatores, atque inter hos *Galenus* imprimis atque *Heurnius*. Vocem πληροῦσθαι, repleri, metaphorice intelligendam esse, non proprie, nemo non videt. Minime repleri vult corpora *Hippocrates*, sed ali et refici. Ποτοῦ, latine potu, non tam significatur potus, quam alimentum humidum et veluti potulentum, quod sic distinguitur a cibo firmiori, σιτίον; ut itaque hic sit hujus Aphorismi sensus: si cito vires reficiendae sunt, hoc melius fit alimento liquidiori et fere potulento, quam cibo firmiori.

Loquitur autem et in hoc Aphorismo de victu eorum, qui a gravioribus morbis, maxime acutis convalescunt. His vero morbus vel perfecte judicatus fuit, vel imperfecte. De posterioribus docuerat Praeceptor Aph. VIII^{vo}, IX^{no} et X^{mo}, non alimentis, sed potius purgatione indigere. Qui contra perfecte judicati et vindicati fuerunt a graviori acutoque morbo, cita virium refectione eo minus carere possunt, quo majorem virium jacturam fecerunt evacuationibus, cum manifesta tali perfectaque crisi conjunctis. In his enim convalescentibus magnus metus esse debet, ne propter magnam debilitatem viriumque exsolutionem aut in novum morbum incidant, eumque secundarium, aut saltem diutius langueant. Quae cita virium refectio optime utique succedit alimentis fluidioribus et fere potulentis, quippe quae cito digerantur et in sanguinem vertantur; longe secus ac fit in cibis firmioribus, qui majorem instrumentorum concoctionis actuositatem requirunt, in secundas coctionis vias non tam facile transeunt, immo minus bene tum a ventriculo et intestinis, tum a vasis feruntur; ita ut non solum instrumenta concoctionis et nutritionis facile et sat graviter offendant, verum etiam congestionibus nobiliora versus viscera locum haud raro praebeant. Hinc hodieque jusculis, primo minus meracis, paulatim meracioribus ex carne excoctis, eorum vires reficimus, qui a vehementiori morbo majorem in modum debilitati, jam convalescentes citam virium refectionem requirunt.

Hanc in hoc Aphorismo mentem *Hippocratis* esse, perspicitur ex *Libro*, qui inscribitur *de alimento*, περὶ τρόφης, ex quo sumtus esse videtur hic Aphorismus (vid. edit. Lieden. T. I. p. 598.). Ceterum ad antiquissimos quidem libros pertinet, qui *Hippocrati* tribuuntur, hic *de alimento Liber*. Auctor tamen, certe ingeniosus, ita ingenio suo indulget, et contrariis enunciationibus sive antithesibus argutis ita delectatur, ut hunc librum ab *Hippocrate* scriptum vix crediderim, meritoque ante me dubitarint doctissimi viri. Enimvero hujus praecepti Hippocratici de alimentorum humidorum in debilitatis corporibus praestantia usus tam longe lateque patet, ut ad reficiendos eos non minus valeat et accommodatus sit, quibus propter diuturnum aliquem morbum cita virium instauratione opus est. Quibus enim tabes exitium minatur, sive ex pulmonis labe oriunda, sive propter nervorum vires a nervosis febribus longiorique hysterismo vehementer collabefactatas pertimescenda: hi omnes in victu humido certum praesidium quaerunt. Praeter juscula ex carne, oryza, granis sago, radicibus saleb additis, lacte recte utuntur, quod affirmante *Celso* (Lib. III^{tii} cap. 22do) in phthisi, sicut in omnibus longis difficilibusque febriculis, recte dari potest. Utimur his in morbis lacte, tum ut alimento tum ut medicamento uno saepe securo, medicamentorumque efficaciorum vires ex affuso lacte temperamus. Sic mitem acorem carbonis, vel ferrum in aquis medicatis, qualis Selterana est, vel Fachingensis, vel Tungrorum fons, vulgo Spadanus, lacte moderamur, ut medicamina illa vim suam remedialem blande exserant, atque his aegrotis secure concedantur. Alimentum medicamentum, et vice versa medicamentum alimentum haud inepte dixit auctor *Libri de alimento.* Genus aliquod medicamentorum est, quod alimentosum dicimus, quoniam tenuioris alimenti materia non prorsus caret; qualis in lactis sero inest, qualem tamarindorum fructus, qualem manna continent, quibus in contrario morbi genere, in quo sanguinis nimius fervor, vel bilis exsuperantia est, puta in diuturnis inflammationibus, in sanguinis profluviis, in biliosis morbis recte utimur.

Aphor. XII.

Quae in morbis relinquuntur (intus relinquuntur vel residuae sunt) *post crisin, recidivas facere solent.*

Sententia eadem est, sive cum antiquioribus editoribus posteriorem Aphorismi particulam legas, *ὑποστροφὰς ποιέειν εἴωθεν*, recidivas facere solent, sive cum recentissimis editoribus *Bosquillonio* et *Lefeburio* *ὑποστροφώδεα*, recidivatoria sunt; quae quidem lectio ex optimis codicibus repetita omnino antiquior, et glossae sive interpretationi, *ὑποστροφὰς ποιέειν εἴωθεν*, recidivas facere solent aut facere amant, facere consueverunt, locum dedisse videtur.

Sententiae tenor satis evidens est, nempe hic: in morbis non perfecte judicatis recidivas fieri solere. Etenim morbi acuti, maxime febres perfecte judicatae, nil morbosi relinquunt. Loquitur de illis morbis, quos indicavit particula extrema Aphorismi VIII^{vi}, *si cibum non appetenti id contigerit, ut non convalescat*, et quorum curationem purgantibus remediis instruendam adornavit et illustravit Aphorismis IX^{no} et X^{mo}. Quaenam vero sunt illa, quae in corpore aegroti post crisin relinquantur?

I^{mo}. Morbus vehemens et magnus, copiosis evacuationibus vel a natura judicatus, vel artis efficacitate sanatus, magnam quidem debilitatem, nil vero proprie morbosi in corpore aegroti relinquit. Hac ex debilitate morbi propullulant, quos secundarios dicimus, maxime tabes vel hydrops, quibus longe alia forma est, ac fuit primarii morbi, nempe febris. Minime autem in his debilibus morbus cum eadem sive pristina forma reverti consuescit; quae vera et accurata est morbi recidivi ratio, quippe qui, ut in febribus intermittentibus videmus, eadem fere forma semper revertitur.

II^{do}. In morbis autem imperfecte judicatis saepe aliquid relinquitur, quod ipsum vel per se morbosum dicere possimus, saepissime in primis viis obvium; unde aegroti inappetentia, languor et dysphoria. *Celsus* bene illustravit Lib. II^{di} cap. 14to his verbis: *Potest enim morbus minus gravis esse, quam fuerit: neque ideo tamen solvi: sed reliquiis quibusdam inhaerere, quas admotum aliquod auxilium discutit.* Habetis veram morbi recidivi ideam, in quo febris aut eadem forma hominem repetit, ut in febribus intermittentibus fieri videmus periodo critica, tertia post febrem silentem hebdomade in tertianis, quarta in quartanis; aut febris, post fallaces aliquot dierum inducias, die proximo critico aegrotum novis auctioribusque accessionibus iterum prehendit, donec tandem novis evacuationibus penitus solvatur; ut fieri videmus in febribus acutis deciduis sive recidivis, de quarum febrium decursu imprimis legendus *Kloeckhoff* in *Commentatione,* quam inscripsit, *de morbis acutis recidivis,* quae exstat in egregii viri *Opusculis medicis.* De toto hoc febrium genere veteres medici, curiosi naturae scrutatores, judicare omnino debuerunt, aliquam morbosae materiae particulam in corpore aegroti relinqui, quum viderent, non nisi iteratis evacuationibus hominem a febre sua prorsus liberari et penitus vindicari.

Hanc materiam autem, sive habeamus pro ipsa morbi materia et caussa, post febrem imperfecte judicatam in corpore aegroti residua; sive repetamus a motibus et secretionibus perversis, post superatam febrem in corpore aegroti adhuc pergentibus, ideoque effectus potius vim et rationem huic materiae tribuamus, quam caussae, quoad saluberrimum serioris evacuantis medicinae his in febribus usum, perinde erit. Febres, quae imperfecte judicari et pededentim tantum solvi consueverunt, natura sua ad gastricas pertinent, tum biliosas tum pituitosas sive mucosas, nervosis febribus haud raro vicinae et affines. Serioris resolventis et evacuantis medicinae usum non solum optime ferunt, verum etiam requirunt; ita tamen omnino, ut et virium aegroti, et singularis epidemiae naturae et indolis ratio habeatur. Etenim fere unicuique epidemicae febri, respectu salutarium excretionum, singulare veluti ingenium esse solet, ut mox vomitionibus prudenter repetitis, mox alvi ductioni et purgantibus remediis, interdum largiori, quem natura movit, salivae fluxui, tandem morem gerant. Naturae igitur motus in his febribus scrutetur et religiose observet medicus, et invita inconsultaque natura nil temere agat. Manet igitur veterem illam medicinam sua laus, sua virtus, etsi pathologiae antiquiorum virorum dudum recteque miserimus nuncium. Sed recentiorum hominum ingenia haud frustra laborarunt in eo, ut penitiorem morbi et materiae ejus cognitionem sibi compararent; certum satis est et exploratum, materiam febris a perversis in morbo motibus, maxima saltem ex parte, demum produci. Atque ex hoc recentioris pathologiae invento veterum medendi ratio justis terminis circumscribitur, multoque redditur securior. Etenim simulac in iis praesertim, qui a his febribus convalescunt, curiosiori observatione deprehendimus, morbi materiam non nisi pergentibus perversis deberi motibus, hos componere studemus cortice Peruano, additis medicamentis nervinis, et sic occluso fonte, novam materiam febris arcemus et cohibemus; eo utique cum eventu longe saluberrimo, ut longe citius quam veteres magistri, et multo cum minori virium dispendio, aegrotos ab his febribus imperfecte judicatis liberemus et vindicemus.

Aphor. XIII.

Quibus fit (sive instat) *crisis*, *iis nox ante exacerbationem* (paroxysmum) *laboriosa* (sive gravior), *quae autem subsequitur* (paroxysmum), *tolerabilior plerumque.*

Legit *Lefeburius* τὰ πολλά, veluti ἐν τοῖς πολλοῖς, in multis, quod est plerumque. Legunt ceterae editiones ὡς ἐπὶ τὸ πολύ, quam lectionem *Galenus* quoque habet, simul observans, hanc posteriorem Aphorismi particulam in multis exemplaribus non haberi. Nec necesse putem, ut addatur haec orationis particula, quum satis evidens sit enunciatio simplex, noctem, quae crisin antecedat, laboriosam esse, et in adjecta particula, noctem post crisin tolerabiliorem esse, alicui dubitationi omnino locus esse possit. Sed hac de re penes Vos ipsi haud difficulter statueritis, primo Aphorismi sensum edocti.

Nititur Aphor. simplici observatione, noctem exacerbationem, quae crisin allatura sit, praecedentem plus minus laboriosam esse. Huic observationi experientia utique respondet; solet enim in iis, qui morbis acutis, maxime febribus continuis ex remittentium genere decumbunt, generatim universimque fieri, ut graviorem accessionem praecedat nox laboriosior, eandemque graviorem exacerbationem nox minus molesta subsequatur. Aemulantur autem hae febres tertianae plerumque, minus frequenter quartanae typum; unde veteribus tritaeophyiae vel tetartophyiae audiunt. Quae igitur ex his febribus tertio quovis die maxime exacerbantur, in iis nox graviorem exacerbationem antecedens semper molestior et laboriosior esse solet, nox autem graviorem exacerbationem excipiens multo minus molestior, atque utcunque tolerabilior. Cujus observationis veritatem ipsi facile explorare potestis, dummodo attentos Vos praebueritis ad alternas noctium vicissitudines in iis, qui febribus intermittentibus, maxime tertianis iisque paulo gravioribus laborant. Semper fere deprehendetis, noctem, quae paroxysmum praecedit, parum quietam agere aegrotum, qui, paroxymo absoluto, placido plerumque reficitur somno; quod *Celsus* quoque adnotavit Lib. III^{tii} cap. 5to his verbis: *Fere vero graviorem accessionem levior nox sequitur; quo fit, ut graviorem accessionem nox quoque tristior antecedat;* etsi ad quotidianas febres hoc loco retulisse videatur *Celsus*, quae ad tertianas duplices vere pertinent. In singulis enim febris intermittentis paroxysmis, quoad stadia quae percurrunt, febrium continuarum aemulis, quaevis accessio veluti aliqua crisi, per sudorem potissimum et urinam, terminatur. Quamvis vero haec noctium et accessionum ratio in febribus etiam intermittentibus satis conspicua sit, evidentior tamen longe est in febribus continuis, quae luculenta crisi per majorem aliquam evacuationem finiuntur. Atque ad has febres imprimis respexit *Cous*, dum hunc Aphorismum scriberet. Hoc judicationis perfectae genus tantum non semper praecedit accessio sive exacerbatio multo gravior, quae in perfectam crisin felicem exitum habet. Ad extremam illam accessionem judicatoriam symptomata accedunt haud raro graviora, quae insignem perturbationem aegroto adferunt, quamque ab eventu suo criticam vocant, ita quidem, ut judicatoria haec accessio naturae demum victricis cum morbo certamen luculenter referat. Has post judicationes omnino perfectas aegrotos tanta lucta collabefactatos blandus somnus reficere solet, placidaque quiete per noctem fruuntur, qui a toto suo morbo extremis illis laboribus fuerunt vindicati. Quae quum ita sint, ratio satis elucet, cur in posteriori Aphor. particula affirmetur, noctem leviorem plerumque subsequi graviorem accessionem, eamque judicatoriam; etsi Aphor. hoc additamento facile careat, sufficiatque omnino effatum Hippocraticum: noctem gravem et laboriosam praecedere accessionem, quae decretoria futura sit. Sic enim vel hac laboriosa nocte medicus docetur, vehementiorem accessionem instare, eamque de salute aut exitio aegroti facile decretoriam. Itaque fieri omnino potuit, ut in vetustissimis exemplaribus omitteretur posterior Aphorismi particula, quae tamen nec veritati nec Hippocraticae doctrinae repugnat; sunt enim crises imperfectae eaedemque saepius repetitae demum salutiferae; quae febrim quidem imminuunt, ejusque vehementiae semper aliquid demunt, sed non uno certamine morbum vincunt, quem potius iterata pugna adoriuntur. In his igitur nox multo levior accessionem imperfecte tantum judicatoriam minime sequitur. Recte igitur pronunciat Aphorismus τὰ πολλὰ, sive ὥς ἐπὶ τὸ πολὺ, plerumque sive utplurimum noctem tolerabiliorem excipere accessionem gravem, eamque judicatoriam. Enimvero, ut dicam, quod res est, febres, quae imperfecte judicantur, illas graviores accessiones, quae symptomatum numero et vehementia terrent, habere non solent; unde nec noctes admodum laboriosae accessiones, quippe in his febribus minus graves, saltem parum inter se dispares, praecedunt, nec alterna illa noctium laboriosiorum et tolerabiliorum vicissitudo facile locum habet.

Aphor. XIV.

In alvi profluviis mutationes dejectionum proficuae vel utiles sunt, nisi (vel dummodo) *non in prava fiat mutatio.*

Doctissimi *Hippocratis* interpretes, non in verborum significatione curiosissime eruenda anxie totique occupati, sed longo artis salutaris usu ad sapientiam veterum medicorum informati, cujus eximiae laudis *Prospero Martiano* et *Heurnio* nulla unquam aetas quidquam detrahet, persuasi sunt, et hunc Aphorismum et, qui hunc ex ordine sequitur, XV^um^ ad doctrinam Hippocraticam de crisi sive judicatione pertinere, quam *Divus Cous* attigit Aphorismo praecedente XIII^tio^. Putant, in Aphorismo XIV^to^ exemplum proponi crisis evacuatoriae, in XV^to^ autem judicationis translatoriae sive metastaticae, quae fit per abscessum. Adsentior viris peritissimis, nihilominus tamen de alvi profluvio generatim et intelligi posse et vera edicere putaverim.

Quod ad diarrhoeas criticas attinet, dejectiones meracas, sinceras, id est impermixtas, ut omnes id genus evacuationes,

sive per vomitum fiant, sive per dejectionem sive per sputa eveniant, sive biliosae fuerint sive mucosae, damnarunt veteres. Sinceras illas evacuationes pro symptomaticis habuerunt, a stimulo morboso oriundis, aut ex iis pessimam morbi naturam, victis naturae viribus, declararunt. Recte omnino, siquidem aut inflammatio est et erethismus in loco affecto, qui hanc meracam, sinceram et impermixtam materiam profert; aut summa debilitas loci affecti efficit, ut materies, quae excernitur, vitalem efficacitatem instrumentorum egerentium non experta, ea qua vix secerneretur mixtione et indole foras prodeat; quod hodie dicere solemus, materiam secretam, organico influxu jam carentem, meri chemismi legibus sese adcommodare. Evacuatio igitur quaecunque, ut critica sit et salutaris, non proferre debet materiam crudam, meracam nempe et impermixtam, sed aut coctam, aut coctioni saltem proximam; id est, eas mutationes passam, quas actuositas vitalis in materia excernenda efficit. Sputa pneumonicorum has mutationes luculenter declarant. Sunt primo tenuia, spumosa, non levantia; fiunt deinde sanguinolenta; haec in mixta abeunt, donec tandem flavescentia et bono demum puri simillima atque prorsus aequabilia, cum summo aegroti solamine rejiciantur. Eaedem mutationes materiae excretae in omnibus aliis evacuationibus, ut salutiferae sint, locum habent. In alvi profluviis, maxime diuturnis, haec alvi recrementorum mutatio salutem praedicit. Si enim aut merus mucus aut sincera bilis per alvum descendere pergunt; si imprimis in lientericis, vel in coeliaco et hepatico fluxu, nulla in alvi excrementis mutatio deprehenditur, parum aut nihil spei aegroto relinquitur. Sed scite *Cous* addidit, has mutationes non in prava fieri debere; tunc enim periculum aegroti vehementer augetur. Prava autem sunt et ea, quae, antea jam cocta, cruditatis notas nunc denuo habent, et ea, ex quibus, quippe evacuata materies colore, odore et qualitate putredinem spiret, aut partis alicujus destructionem, aut cum humorum colliquatione virium vitalium exsolutionem recte arguimus.

Aphor. XV.

Ubi fauces aegrotant, aut tubercula in corpore exoriuntur, excretiones inspicere oportet: si enim biliosae fuerint, corpus una aegro-

tat: si vero similes sanis fiant, tutum est, corpus nutrire.

In hoc Aphorismo notanda venit aliqua lectionis diversitas. Post *Galenum* tantum non omnes legunt ἐν τῷ σώματι, in corpore, nonnulli autem, et in his *Lefeburius*, ἐν τῷ στόματι, in ore. Facillimam esse hanc literarum commutationem, *Lefeburio* quisque dabit; sed intellectu faciliorem hunc Aphorismum esse, si legatur ἐν τῷ στόματι, quam si legeris cum *Galeno* ceterisque, qui eum secuti sunt, ἐν τῷ σώματι, ego saltem negaverim. Etenim profecto non sufficit, *Hippocratem* primo loqui de morbo faucium sive pharyngis, ut ex hoc efficiatur, tubercula sive φύματα in ore sive in oris cavitate enascentia, dixisse *Hippocratem*. Quae enim fuerint illa φύματα in ore? quae haec tubercula? Oris ulcuscula, etiam serpentia et maligna, bene novit *Hippocrates*, sed ἄφθας dixit, hocque vitii genus, a tuberculis adspectu adeo distinctum, tubercula dicere sane non potuit. Enimvero prorsus non esse putaverim, quod nos medicos moretur, aut scrupulum nobis moveat haec philologi morosa subtilitas. Si totum Aphorismum lego et relego, semper video, *Hippocratem* loqui de morbo aliquo ad certum locum adstricto, certo aliquo spatio circumscripto, quem hodie dicimus localem sive topicum, quaesivisseque *Divum Coum*, quando in tali vitio corpus nutrire tuto liceat. At profecto licet, si non nisi locale vitium est; minime autem licet, ex doctrina saltem Hippocratica, si in totius corporis morbo radices egerit illa localis affectio, si, ut *Cous* dicit, *τὸ σῶμα ξυννοσέει*, corpus simul aegrotat, sive compatitur. Haec genuina mens est hujus effati Hippocratici, cujus tenor semper idem est, cujus veritas semper aeque certa et intacta manet, sive illa phymata cum morbo faucium in ore, sive in cute externoque corporis habitu enata statuantur. Semper eadem docetur a *Coo* distinctio aegritudinem inter mere localem, eamque, quae ad totius corporis morbum simul pertinet. Sed medicum scire utique magni refert, quid vitii aegrotus patiatur, utrum salvo corpore non nisi localem adfectionem, an cum hac ipsa aliquam totius corporis labem vel dyscrasiam. Ut de hoc recte statuat medicus, notam ipsi suppeditat *Cous*. Excretiones accurate considerare, *σκέπτεσται*, jubet. Hae si biliosae fuerint, totum corpus adfici docet, illudque alimentis nutrire non licere medico; si autem nullam morbi suspicionem habeant excretiones, sintque quales sanorum: tunc illum morbum faucium, vel tubercula illa, sive faucium sive in corpore extrinsecus enata, non nisi locales affectiones esse; in quibus igitur, insonte toto corpore, alimentis tuto locus concedi possit. Etenim, quod Aphor. II^do^ hujus Sectionis monuit *Hippocrates*: *Impura corpora, quanto magis nutriveris, eo magis laedes:* quae quum doctrinae Hippocraticae generatim consona sint, minime absonum fuerit, cum *Galeno* doctissimoque *Heurnio* ad eos etiam hunc Aphorismum referre, qui a morbo aliquo per abscessum sive metastasin, decubitu aliquo materiae morbosae vindicati fuerint. Etenim si excretiones in his docent, morbum hoc decubitu non nisi imperfecte judicatum esse, ideoque aliquam materiae morbosae partem residuam esse in corpore, satius certe fuerit, purgando et lustrando corpori studere, quam alendo. Atque hic hodieque locus erit purgantis medicinae in iis, qui ab acutis morbis ita vindicati fuerunt, ut in biliosis excretionibus oris spurcitie, gustu depravato, appetitu ciborum non redeunte vel ciborum fastidio, haud obscura reperiantur indicia, secretiones omnes nondum ad naturae leges accurate rediisse.

Si vero ex me quaeritis, quemnam illum pharyngis morbum, quaenam haec tubercula accurate fuisse putem, de quibus hic Aphorismus loquitur, quid examussim respondeam, me non habere, fateor. Si conjectura Vobis facit satis, quam meus mihi suppeditat rerum usus, longum et mucosum, quem vocant, faucium catarrhum, atque in cute furunculos *Hippocratem* denotasse, puto.

Aphor. XVI.

Ubi fames, non oportet laborare.

Hunc Aphorismum *Celsus* Lib. I^mi cap. 2do non solum latinis verbis reddidit, verum etiam verum et genuinum sensum interpretatus est, his quidem verbis: *Si quibus de causis futura inedia est, labor omnis vitandus est.* Etenim quos fames jam debilitaverit, ii certe ad labores perferendos prorsus inepti sunt, et fere ridiculum foret, hos a laboribus interdicere. Qui autem praevident, sibi inediam sive abstinentiam a cibis futuram esse, hi dum vel ante inediam viribus parcant et quieti se dedant, collectis veluti viribus inediam cum minori damno perferent. Ceterum hic labores cum satis vehemente motu conjuncti intelligendi sunt, qui in sanis quidem cibum recte antecedant, sed omittendi omnino sunt, si praevideatur, mox inediam futuram esse, vel alicujus negotii, vel itineris, vel etiam, si quando metuitur, valetudinis adversae caussa. Peritissime hunc Aphorismum ad aegrotorum etiam curationes *Galenus* applicuit, monuitque, motum vehementiorem simul cum inedia in aegris adhibendum non esse, neque in iis, quos inedia debilitaverit, sanguinem mittere oportere, neque vomitum citare, neque purgare, neque multa uti frictione. Verissime laudat studium *Hippocratis*, quod in eo ubique collocavit, ut fortem conservet eam, quae animalia regit potentiam, id est vitalem.

Aphor. XVII.

Ubi cibus praeter naturam copiosior ingestus fuerit, morbum facit. Ostendit autem sanatio.

Ita post *Galenum* tantum non omnes hunc Aphorismum legunt. Ast *Lefeburius* legit: *τοῦτο ναυσίην ποιέει, δηλοῖ δὲ καὶ ἡ ἴνησις* — nauseam parit. Ostendit quoque inanitas, sive inanitio. *Galeni* doctrina de hoc Aphorismo haec est: *Hip-*

pocratem, quae in alio Aphorismo universaliter praeceperit, in hoc de una specie docere. Universaliter autem Aphorismo IV^{to} hujus Sectionis docuit: *Non satietatem, non famem, neque aliud quicquam bonum esse, quod naturae modum excedat;* et Aph. LI^{mo} ejusdem Sect., *omne nimium naturae inimicum esse*, dixit. Priorem Aphorismum *Celsus* in mente certe habuit, dum Lib. I^{mi} cap. 2do profitetur, *nunquam utilem esse nimiam satietatem, saepe inutilem nimiam abstinentiam*; atque cap. 3^{tio} ejusdem libri affirmat, *neque ex multa fame satietatem, neque ex nimia satietate famem idoneam esse. Galenus* igitur putat, *Hippocratem* in hoc Aphorismo nimiae satietatis exemplo uti, ut ostendat, quam inimicum naturae omne nimium sit. Morbum autem inferre docet cibum praeter naturam copiosiorem ingestum; atque, ex nimia ingluvie morbum vere natum esse, satis elucere ex hujus morbi sanatione, quae fit nempe evacuatione, medicamento, quod vomitum cieat aut alvum moveat, in magna plenitudine interdum sanguinis missione. Quae omnia simplici observationi, cui *Divus Cous* per totam vitam studuit, et cujus effata veluti pretiosissimum aliquem thesaurum in Aphorismorum hunc librum senex reposuit, ita respondent, ut ad *Galenum* hujus Aphorismi interpretem ego facile accedam. Sed audiendi etiam illi sunt, qui in alias partes eunt. In his *Heurnius* et *Lefeburius* sunt, doctissimi viri, quorum uterque aliam rationem in explicando hoc Aphorismo secutus est.

Prior quidem, *Joannes Heurnius*, hunc Aphorismum, uti priorem XVI[tum], ad curationem eorum, qui a morbis convalescunt, ingeniose revocavit, credid itque, periculum in hoc Aphorismo ostendi, quod illi ineant, qui a morbo convalescentes cibo et potu liberalius se incitant et replent. Quamvis vero *Heurnio* facile dederim, de iis etiam hunc Aphorismum valere, qui a morbis convalescentes gulae indulgent, atque hos ipsos intemperantiae suae acerbissimas poenas dare; adeo quidem, ut morte saepe luant, qui jam in vado constituti esse viderentur; qualia exempla et ego vidi, et nemo est medicorum artis salutaris usum satis longum habentium, qui non viderit: tamen hunc Aphorismum de sanis hominibus proprie dicere puto. Quam sententiam meam, praeter extremam Aphorismi particulam: d o c e t a u t e m s a n a t i o, quae certe minus ad eos quadrat, qui a morbo convalescentes intemperantiae vitium in se admiserunt, imprimis confirmant verba παρὰ φύσιν, praeter naturam, plura alimenta, quam fert natura. Etenim de aegrotis atque de iis, qui vix a morbo convalescunt, omnino constat, plura alimenta ab iis non ferri; in hos igitur non quadrat illud παρὰ φύσιν, quod de sanis tantum hominibus, si in alimentis naturae suae modum excedunt, dici potest. Qui autem accuratius scire voluerit, quomodo vomitu, purgante medicina, inedia et exercitatione *Hippocrates* eos curaverit, qui id culpae in se admiserunt, ut cibi labores superarent, adeat *Coi Librum de salubri diaeta.*

Denique audiendus est *Lefeburius*, qui, rejecta communi hujus Aphorismi lectione, non legit νοῦσον ποιέει, sed ναυσίην ποιέει, nauseam facit vel parit, et loco verbi ἴησις, sanatio, ἴνησις, inanitas. Putat autem vir ingeniosus, signa hic proponi medico, ex quibus deprehendat aegroti in victu nimio culpam: nauseabit nempe aegrotus, vomet, alvi dejectiones sequentur, et his evacuationibus, hac ἰνήσι, hac inanitate, de culpa admissa certo constabit medico. Mutatio illarum vocum, quam urget *Lefeburius*, a librariis facile committi potuit, sunt enim voces simillimae. Minime tamen *Lefeburii* emendationem admitto, quoniam sensum *Hippocrati* commodat et longius petitum, et magni *Coi* ingenio vix satis dignum. Male etiam provocat *Lefeburius* ad locum in *Prorrheticis*, Lib. II[di] cap. 7[mo], ubi *Hippocrates* admodum copiose signa recenset, e quibus medicus culpam aegroti in victu admissam deprehendat. Locus utique egregius est et lectu dignissimus, qui tamen luculenter docet, paucis illis verbis, quibus *Lefeburius* hunc Aphorismum emendare sibi saltem videtur, id indicare nequivisse *Hippocratem*, quod tam copiose exponendum esse ratus est. Sed cuique, per me quidem, sensu suo uti, jus et fas esto!

Aphor. XVIII.

Eorum, quae confertim (affatim, copiose) *et celeriter nutriunt, celeres sunt* (vel fiunt) *excretiones.*

Alimenta, quae copiose, affatim et celeriter nutriunt, talia esse certe oportet, qualia a ventriculo facile concoquuntur, hinc *εὔπεπτα* dicuntur, et in succum et sanguinem facile vertuntur, quae *εὔχυλα* vocamus. Evacuationes autem omnes, quae secundum oeconomiae animalis leges concoctionem alimentorum et chyli distributionem sequuntur, in iis, qui alimento hoc eupepto et euchylo utuntur, celeres fient sive celeriter succedent ingestui alimentorum. Alvi dejectio, urinae missio, ipsaque cutis perspiratio brevi post concoctionem ciborum succedent. Contrarium fiet in his, qui contrario alimentorum genere, nempe dyspepto, dyslypo et dyschylo utuntur. In his propter concoctionem difficiliorem et tardiorem, longioremque chyli distributionem, omnia primae et secundae coctionis recrementa sive excrementa, per alvum, per lotium, per cutis spiracula, tardius longiorique post cibum assumtum intervallo secedent et excernentur. Simplicem observationem, cujus videndae vel quotidie omnibus copia datur, medicis proponit *Hippocates*; qua quidem observatione medici in definiendis aegrotorum alimentis haud sine insigni fructu utantur. Etenim si morbi natura talis est, tantaque aegroti debilitas, ut cita ejus refectione opus sit, medicus nutrimentum seliget eupeptum, eulypum et euchylum; quale vinum est in majore virium inopia; quale lac est in illis, quibus a valentiori alimento venae facile nimis concitantur; qualia juscula sunt e carne juniorum animalium excocta in illis, qui celeriter quidem nutriendi sunt, valentiorem cibum tamen propter ventriculi languorem nondum ferunt. Sed est quoque morborum genus, quod eo potissimum nocet, quod in eo nimis cita sit post cibos sumtos excretionum successio. Reputetis Vobiscum morbos, quos profluviorum nomine medici complexi sunt, alvi profluvia diuturna, lotii veluti per syphonem transmissionem, sudores, quibus corpus conficitur. Hisce in morbis prudentiores medici aegrotum ab eo alimento interdicunt, quod nimis celeriter et veluti festinanter nutrit; quod quoniam ab alimentis fluidis et liquidis praecipue fieri videmus, his aegrotis juscula et potum vel paulo copiosiorem recte denegamus, jubemusque eos alimento uti sicciori et veluti firmiori et solidiori, quod moram aliquam trahat in ventriculo et intestinis, nec tam cito in sanguinem vertatur. Quae alimenta imprimis petimus ex carne majorum animalium v. c. bovina et vervecina, eaque elixa, maxime autem assa. Atque si quando his in morbis cita virium refectione opus est, quam ex vino tantum habere possit aegrotus, huic minime tenue vinum porrigimus, quale Rhenanum est, quod aetatem non tulit illudve, quod a Mosella fluvio nomen habet, sed veterrimi alicujus vini, vel Gallici generosi, vel Hungarici, vel Hispanici tantillum, ut vires reficiant, sorbillandum porrigimus.

Itaque et hujus effati Hippocratici, quod multis forte propter simplicitatem sordet, utilitas facile sese commendaverit genuinis *Magni Coi* discipulis. Venit mihi in mentem ex *Hippocratis* successoribus *Petron* quidam, quem historia commemorat, quod multos persanaverit, quos *Hippocratis* discipuli sanare non potuissent; sanavit autem potissimum carne suilla. Certe horum morbi ex iis fuerunt, qui tenuiori et fluidiori victu, quem *Hippocratis* discipuli commendarent, exasperantur, sanantur autem valentiori, sicciori, immo duriori victus genere. Dum recolo temporis illius, a quo parum absumus, memoriam, quo medici, qui *Joannis Brunonis* Scoti praecepta sequerentur, in magna apud omnes essent admiratione, quod, a tenuiori victu in morbis curandis vehementer abhorrentes, vinum liberalius indulgerent aegris, eosque liberaliori et pleniori victu, ex carne etiam suilla fumo condita nutrirent, atque hac medicina, quod nemo negaverit veritatis studiosus, permultos a gravissimis diuturnisque morbis, quos ceteri medici incassum oppugnassent, vindicarent; hujus felicitatis rationes et magnae existimationis, quam sibi inde pepererunt, caussas et facile intelligo, ut olim facile perspexi, et Vos Auditores ex iis, quae modo disputavi, haud difficulter assecuturos esse, persuasum habeo.

Profecto nil est, quod ad illustrandum hunc *Hippocratis* locum commentariolo meo addam, in quo forte longior fui et patientia Vestra aliquantisper abusus sum; nisi aurem mihi iterum vellet *Lefeburius*. Hic quidem textum Graecum eundem habet, quem ceterae editiones, sed his latinis verbis exposuit: Eorum, qui copiose et celeriter edunt, celeres sunt secessus. Quae igitur de alimentis, τῶν τρεφόντων, omnes interpretes intelligunt, *Lefeburius* ad eos retulit, qui nutriuntur, motus grammaticis rationibus, quas ego forte non satis acriter sentio. Neque tamen emunctioris nasi fuit *Galenus*, neque fuerunt ceteri interpretes, qui omnes τῶν τρεφόντων de alimentis, minime de iis, qui aluntur, intellexerunt. Praeterea cuinam haec observatio, celeres evacuationes habere, qui celeriter et copiose aluntur, *Hippocratis* ingenio et sagacitate satis digna videri possit? Sed rem expendamus juxta experientiae lancem. Verum utique est, quod *Brandeisius*, novissimus inter Germaniae medicos Aphorismorum *Hippocratis* interpres, exempli caussa affert, infantium, quoniam celeriter et copiose nutriantur, celeres esse tum per urinas tum per alvum excretiones; quod tamen huic aetati propter facilem et celerem assimilationem (veniam precor barbaro verbo, quo ut rem breviter et lucide dicam utor) proprium est. Sed quis non viderit, quis non quotidie videat inter adultos, qui copiose, saepius et celeriter edunt, nec tamen celeres excretiones experiuntur. Est potius, saltem inter adultos, haec nimia voracitas et ingluvies frequentissima tardiorum excretionum, maxime alvinae, caussa. Itaque nec experientiae respondet haec hujus Aphorismi interpretatio, nec *Coi* sapientia satis digna videtur, quippe qui in Aphorismis non nisi ea experientiae suae effata consignasse existimandus est, e quibus in artem salutarem et medicos haud parum utilitatis et commodi redundaturum esse, sapienter intelligeret.

Aphor. XIX.

Acutorum morborum non omnino tutae (certae) *sunt praedictiones, neque mortis, neque salutis* (sive sanationis).

Si *Lefeburii* lectionem sequimur, extrema verba vertenda sunt: sive circa mortem, sive circa sanitatem. Ast *C. Celsus* vulgarem lectionem ante oculos habuit, dum verteret Lib. II^{di} cap. 6to: *Neque tamen ignorare oportet, in acutis morbis fallaces magis notas esse et salutis, et mortis.* Quod ita omnino se habere, profecto nemo mirabitur, qui secum reputaverit, non nisi conjecturalem artem medicinam esse posse, quippe quae, interioris humanae naturae prorsus ignara, de eventu morborum non nisi externis notis sive signis, quae longior usus docuerit, judicare possit; veram scientiam, sive cognitionem ejus, quod semper et ubique certum sit, injuria desiderari in arte, quae, soli experientiae adstricta, non nisi probabile sectetur. Qui insuper cogitaverit, in acutis morbis propter celerem eorum decursum observationem satis accuratam perquam difficilem esse, et facile praetervideri signum admodum momentosum; longe difficillimam esse hisce in morbis virium vitalium justam aestimationem, quum hae vires, si prorsus deficere videntur, subito interdum se recolligant, in aliis, proh dolor! exemplis hactenus majorem in modum actuosae illico concidant; denique magnum esse saepe rerum fortuitarum, tum in naturam morborum, tum in actuositatem vitalem influxum, interdum salutarem, saepius detrimentosum, de quo nemo recte statuerit, quum mortalium nullus ea praevidere possit, quae mere fortuito eventura sint. Sed in eo operam meam frustra collocare mihi videor, ut Vobis persuadeam, et falli nos posse et justam habere, si erraverimus, erroris excusationem. Erroris a nobis commissi culpam ut raro admittamus, sedulo caveamus, tum doctrina, tum diligentissima assiduaque aegrotorum cura. Si quando nos falli passi simus, nunquam tamen fallamus alios. Quantum exemplum, quod imitemur, nobis proposuit *Divus Cous*, tum ubique in genuinis suis libris, tum in hoc ipso Aphorismo! Quamvis enim certe in praedictione medica sagacitate omnes antecelluerit, tamen subinde fallere praedictiones ipse ingenue fassus est, ab omni vaniloquentia, ostentatione et scientiae inani affectatione prorsus alienus, quae, charlataneriae nomine infames, utinam semper falso imputarentur medicis! Horum fraudes et malas artes contemnamus, et ad magni praeceptoris exemplum animos nostros informemus, qui quanta modestia fuerit, quanto studio famae suae nihil, veritati autem omnia dederit, quum summum virum nemo disertius laudare possit, a *Corn. Celso* accipitote Auditores! Hic quidem de Principe medicorum Lib. VIII^vi^ cap. 4to haec habet cedro utique digna: *A suturis se deceptum esse, Hippocrates memoriae tradidit, more scilicet magnorum virorum, et fiduciam magnarum rerum habentium. Nam levia ingenia, quia nihil habent, nihil sibi detrahunt. Magno ingenio, multaque nihilominus habituro, convenit etiam simplex veri erroris confessio, praecipue in eo ministerio, quod utilitatis causa posteris traditur; ne qui decipiantur eadem ratione, qua quis ante deceptus est.*

Aphor. XX.

Quibus juvenibus (dum juvenes sunt) *alvi sunt humidae, iis senescentibus siccae fiunt. Quibus vero, dum sunt juvenes, alvi sunt siccae, iis senescentibus humectantur.*

Duae sunt enunciationes sive propositiones in hoc Aphorismo, quarum prior natu rae utique respondet, posterior autem naturae fere contraria et experientiae minime consona videtur. Etenim pueris et adolescentibus alvus utique humida esse solet, alvum nempe laxiorem habent, cujus caussa ex laxa humidaque junioris aetatis constitutione facile repetitur; et quum sub progrediente aetate haec corporum juvenilium constitutio naturae lege paulatim vertatur in contrariam, sicciorem nempe et firmiorem, alvum quoque sicciorem et tardiorem experiri debent, qui aetatis sunt provectioris. In hac observatione nil dubii inest, quippe quam quotidiana experientia satis confirmet. Quomodo autem secundum easdem oeconomiae animalis leges fieri possit, ut, quod posterior hujus Aphorismi sententia profert, sicca infantium juvenumque constitutio, in iisdem senescentibus in humidam et laxam mutetur et vertatur, profecto nemo facile dixerit. Nec lubet ingenium torquere cum interpretibus, ut rationes fingamus rei, quae, generatim quidem asserta, naturae repugnat. Si hanc posteriorem sententiam vere professus est *Hippocrates*, vel errorem errasse videtur, vel specialem observationem pro generali protulisse, vel denique in hac posteriori enuntiatione subintelligendum erit, interdum fieri, ut, qui juvenes alvum siccam haberent, eandem humidam senescentes experirentur. Error autem hic foret talis, qualem ne rudior quidem observatio admittat, quum vel ex mulierculis nulla sit, quae nesciat, tenellae et puerilis aetatis alvum laxiorem humidioremque paulatim adstringi et sicciorem fieri. Esse autem interdum homines, qui progrediente aetate naturam suam, et quod temperamentum medici dicunt, mirifice mutent, observatio utique docet. In his paucioribus fieri potest, ut, dum pueri et juvenes natura sua torpidi alvum semper pigram, segnem et siccam sunt experti, in provectiori aetate, auctis vitae viribus et sub meliori corporis constitutione, quam serior aetas adduxit, alvum jam morigeram satisque humidam experiantur. Sed hanc specialem observationem, ab exemplis paucioribus ductam et petitam, hanc exceptionem a naturae lege et norma, tanquam generalem legem, vim axiomatis habentem, *Hippocrates* proponere vix potuit; quem igitur aut turpiter in re minima errasse, aut logicae doctrinae praecepta egregie vapulasse, haud pauci forte contendent.

Haec similisve argumentatio *Lefeburium*

fortasse movit, ut totum hunc Aphorismum, quippe qui *Hippocratis* auctoritate ipsi non satis dignus videretur, omitteret. Et mihi omittendus videretur, nisi veterum codicum fides, et *Celsi*, qui certe legit, obstaret auctoritas; quamquam in *Divo Coo*, dum senex hos Aphorismos scriberet, ut in iis sapientiae et peritiae suae veluti summam posteris traderet, hanc vel illam particulam, sensum orationis limitantem, minime desideraverim. Etenim optimo seni, dum praecepta sua literis mandaret, in mentem venire non potuit, inter seros nepotes plura post secula futuros esse, qui in praecepti alicujus clare et lucide propositi sensu, propter orationis aliquam particulam forte omissam dubii haereant, et sic veluti in meridiano sole caecutiant.

Sed antequam tabulam dimittamus, ut cum Romanis jureconsultis loquar, inspicere juvabit alium Aphorismum, ad quem *Lefeburius* lectores recte ablegavit. Est is LIII[tius] hujus secundae Sectionis, in quo haec leguntur: *Quicunque alvos humidas* seu solutas *habent, dum quidem juvenes sunt, melius liberantur,* melius degunt, *quam qui siccam* sive firmam *habent. Si vero id permanet,* sive perseverat *ad usque senium,* scilicet, si in senio etiam alvum humidam habent, *pejus liberantur*, pejus degunt; *siccari enim senibus alvum*, *utplurimum melius* vel utilius *est*. Habetis jam, Auditores, Aphorismum *Divi Coi* sapientia longe dignissimum, quippe ex intima oeconomiae animalis cognitione petitum. Prodest juvenibus alvus laxa et humida, cujus beneficio ab omni plenitudine, frequentissima morborum in ea aetate genitrice, ipsis cavetur. Est in iis alvus laxa vera morborum prophylaxis. Securius igitur degunt et morbis minus implicantur, quam illi, qui juvenes propter alvum duriorem et strictiorem morbis ex plenitudine utique obnoxii sunt, et artis auxilio carere non possunt, ut ab illa plenitudine liberentur et vindicentur. Si vero alvus solutior et citatior, quae proderat juveni, perseverat in eodem jam senescente, ubi non plenitudinis, sed inopiae virium et humorum penuriae justus metus est, alvusque semper humida fluxaque manet: insecurius omnino degunt illis, quibus senescentibus alvus strictior et firmior fit, quoniam alvo laxa et citata debilitati senio propriae nova quotidie caussa superadditur. Itaque generatim universimque, τὰ πολλὰ, senibus utilius est, ventrem ipsis firmari et adstringi.

Haec est genuina hujus Aphorismi interpretatio, atque ipse Aphorismus rem proponit medicis scitu utilissimam, ut nempe de excretionis alvinae in valetudinem influxu secundum aetatis differentiam recte statuant. Eandem horum Aphorismorum, XX^{mi} et LIII^{tii}, interpretationem dedit *Celsus*, paucis quidem verbis sed, ut solet, ad mentem *Hippocratis* prorsus adcommodatis et accuratis: leguntur Lib. I^{mi} cap. 3^{tio}, eo loco, quo de varietate aetatum sermo fit.

Aphor. XXI.

Famem meraci vini potio solvit (i. e. lenit sive sedat).

Θώρηξιν Hippocrati esse vini meraci, id est aqua minime temperati ejusque generosioris et veluti potentioris, potionem, *Galenus* demonstravit, adnotavitque *Heurnius*, *θώρηξιν* proprie denotare armaturam quandam thoracis, quam quoniam vinum generosum praestet, hocque suo effectu thoracem veluti armare et calefacere videatur, de vini meraci potione dixisse *Hippocratem*. Ceterum hac de voce *Foesium* consuli suaserim in *Oeconomia Hipp.* Fames autem est tum sanorum, sive naturalis, quae naturae instinctu homines sanos monet, ut virium jacturam alimentis reparent, tum morbosa, non tam proveniens ex virium jactura, quam labores attulerint, nec ex penuria alimentorum, sed ex morbosa ventriculi affectione, in qua naturalis ille ciborum appetendorum instinctus immanem in modum augetur; ita quidem, ut vel in animi deliquium incidant aegroti, nisi iis illico alimento succurratur: famem bovillam sive bulimiam medici dicunt. Accedit interdum subitanea vix ingesti alimenti excretio, sive per vomitum, sive per alvum: prius vitium cynorexiam sive famem caninam; posterius lycorexiam sive famem lupinam medici dicunt. In utraque affectione morbosa fames perpetuo urget aegrotum et misere torquet. Omnis vero fames, sive in sanis sive in aegrotis, a nervis ventriculi oritur; in sanis quidem alimenti necessitatem acute sentientibus, in aegrotis autem, interdum praeter modum sensibilibus, forte etiam acriter lacessitis a liquoribus digestivis naturali blanditie destitutis. Sanorum famem haustu vini generosi compesci, et ad tempus saltem sedari, dudum exploratum est. Docet quoque abusus vini, qui in iis, qui hanc intemperantiae culpam in se admittant, demum ciborum fastidium adducit. De vini autem usu ad fallendam sanorum famem certe *Hippocrates* non loquitur, siquidem sanis esurientibus cibum afferre satius fuerit. Loquitur potius de fame morbosa, sive de fame nonnullorum morborum acerbo comite, quo aegroti valde male habentur, et viribus fere exhauriuntur. Hisce in morbis cibum fere non fert ventriculus majorem in modum debilitatus, atque adeo teneri et acuti sensus, ut aut ingestum firmiorem cibum illico rejiciat, aut acerbo dolore a cibo statim excitato hominem male habeat. Reficiendi igitur sunt hi homines remedio, alimenti materiae non omnino experte, quod simul acutum ventriculi sensum sopiat, motusque in eo perversos potenter componat et sedet. Tale remedium vinum sistit generosum oleosumque, quod nutrit, atque inter omnia remedia nervina, analeptica et cardiaca merito principatum obtinet, et modica copia, iteratis etiam praebiis, secure aegrotis conceditur. Ex his verus usus facile declaratur, quem medici in solamen aegrotorum ex vino faciant.

Quamvis autem fames morbosa, cujus modo indicavi genera, sat raro medici curam exigat; pertinent enim ad affectiones morbosas rariores: tamen in aliis exemplis, vel quotidie medico obviis, vino tanquam optimo et securissimo adversus famem praesidio carere non poterit. Quam rem paucis declarasse exemplis, abunde sufficiet. Eos, qui a febribus convalescunt, maxime intermittentibus, atque ex his quartana febre, perpetua fames torquere solet. Pleniorem et copiosiorem cibum nondum ferunt: his quidem temporibus a cibo vacuis subinde porrigimus vini cyathum, vel panis similaginei ejusque bis cocti tantillum ex vino generoso oleosoque. Hypochondriacorum hominum et feminarum hystericarum famem enormem, vehementia sua ad bulimiam interdum proxime accedentem, vino solamur, efficimusque, ut integrae curationi aegroti supersint. Fateor, in his hominum hypochondriacorum feminarumque hystericarum exemplis interdum non satis potentem esse vini usum, nec ad famem sedandam, nec ad compescendum multiplicem ventriculi dolorem, quo hi aegroti acoris, sodae et cardialgiae nomine torquentur. In his haud raro, ut impatientes ventriculi nervos mulceamus, ad opium veniendum est, ex quo medicinam quidem recte petimus, contra hanc aegritudinem praesentissimae efficaciae et magni utique pretii, cujus tamen, quando vino credere licet vices, profecto aegrotis haud exigua parabimus commoda.

Aphor. XXII.

A repletione quicunque morbi fiunt, evacuatio (inanitio) *sanat. Et quicunque ab inanitione* (seu inanitate), *eos repletio* (scilicet sanat). *Et sic aliorum contrarietas* (vel ceterorum contrarie relata, vel contraria relatio) *remedio est.*

Hippocrates in hoc Aphor., si totum ejus sensum recte nobiscum reputemus, minime generalem legem medicis scripsit, quae jubeat, contraria contrariis semper curanda esse, sed potius medicos ad caussarum morbi investigationem animum attendere jussit. Hunc verum hujus Aphorismi sensum esse, quisque facile perspiciet, qui sine praeconcepta opinione exempla perpendit, ab *Hippocrate* in hoc Aphorismo praemissa, ex quibus demum sententiam suam in fine Aphorismi colligit. Idem prorsus est, ac si dixisset: si repletione caussa morbi continetur, sanatur contraria inanitione, et vicissim, si caussa morbi in inanitione collocanda est, sanatur repletione. Morbum enim quomodo aliter auferre possumus, quam caussae aut laesionis, quam jam efficeret, remotione? Minime igitur simpliciter pronunciat *Hippocrates*, omnes morbos contrariis curandos esse, sed eos tantum, quorum caussa in luculenta aliqua contrarietate, in contrario aliquo vitio collocanda sit. Atque insuper bene notandum est, *Hippocratem* tantum de ea caussa morbi loqui potuisse, quae adhuc praesens sit, nempe de caussa morbi occasionali, de potentia nocente, quae morbum modo efficeret. Etenim si haec caussa jam abfuerit, jam disparuerit, quomodo eam jam praeteritam, quae olim quidem adesset, nunc autem minime adest, vi aliqua remediali contraria auferat et proscribat medicus? Ex quo facile est id quoque colligere, *Hippocratem* minime loqui de morbis explicitis, formatis et undique absolutis. Hi enim sunt effectus certe non unius caussae remotae, non unius occasionalis caussae, sed potius perturbationis in oeconomia animali, natae ex concursu caussae tam praedisponentis quam occasionalis; et declinationis sive deflexus, quam caussae remotae producerent, in motibus organicis a norma sanitatis. Loquitur potius *Hippocrates* morborum nomine de illis symptomatibus, quae, dum morbi fiunt, a notabili aliqua occasionali caussa illico subnascuntur; haec contraria medicina illico compescere docet: si v. c. ex repletione ventriculi mox commissa nausea urgent et vomituritio, prosunt medicamenta, quae inanitionem per vomitum adducunt; aut si propter inediam aegrotus in animi deliquium incidit, repletio aliqua huic aegroto maxime opitulabitur, quem in finem Aph. XXI^mo vini meracioris potum recte commendavit. Num aliquis credat, *Hippocratem* in febre a repletione nata, sed plures post dies persistente medicamina, quae vomitum alvumque moveant, imperasse, aut in haemorrhagia ex debilitate oriunda improvidum et indiscriminatum vini usum commendasse? Ligneus sit oportet et in meridiana luce caecutiat, qui tam absurdae sententiae sapientissimum virum postulet! Nihil aliud dixit *Hippocrates*, quam quod recte profitentur apud *Celsum* in *Praefatione Lib.* I^mi rationales medici: *Eum vero recte curaturum, quem prima origo caussae non fefellerit* — prima origo caussae, id est caussa occasionalis, potentia nocens, quae jam morbum pariat, quaeque ideo in primo morbi impetu sese coerceri patiatur.

Si qui autem sint, esse vero plurimos novi et tantum non omnes, qui sentiant, *Hippocratem* in hoc Aphorismo condere voluisse generalem therapiae morborum legem, quam tanquam universalem in omnibus morbis curandis medici sequerentur: quam valde illi sunt a simplicitate antiquissimi medici remoti, cui casto et simplici, sed sagacissimo naturae observatori ne quidem in mentem venire potuit, medicinam ad perfectae scientiae normam informare. Ab hac inani falsae scientiae ostentatione, ab hoc vano ingenii tumore et flatu *Divus Cous* adeo remotus fuit, ut quicquid forte juvenis quaestionibus de interiori morborum dederit, dum valde senex hos Aphorismos scriberet, veluti retractaret, aut saltem nihili faceret, contentus, naturae effata posteris commendasse, atque ex certis observationibus ea medendi praecepta elicuisse, quae ex observatis prono veluti alveo fluant, et sana ratio sine ulla scientiae ambitione facile colligat. Quid? si *Hippocrates* ipse, aut saltem discipulorum *Divi Coi* aliquis alio loco docuit, similia similibus (ὅμοια ὅμοιοις) curari? Docuit profecto! evolvite *Librum de locis in homine* (Art. LI. et LII. pag. 394. edit. *Linden.*), in quo haec leguntur: *Ita alia quidem contrariis curare oportet, qualia tandem sint, et a qua causa fiant, alia vero similibus, qualia tandem sint, et a qua causa fiant.* Nonne igitur *Divus Cous* systematis homoiopathici primus auctor atque inventor? Per me quidem hac laude careat; merito quidem, quum, ex observationibus generalioribus quidem, sed ab experientia parum remotis, quae proverbiorum fere vim et usum habeant, universales leges deduxisse, mihi saltem *Hippocratis* ingenio haud satis dignum videatur. *Divi Coi* manes sero nepoti cassam hanc ex novo invento gloriam minime invidebunt.

Aphor. XXIII.

Acutorum morborum judicatio (sive crisis) *fit intra dies quatuordecim.*

Addit *Lefeburius*: *τὰ πολλὰ*, utplurimum sive in plurimis, idque certe haud inepte.

Medici veteres in decursum acutorum morborum, eorumque exacerbationes et remissiones longe attentissimi fuerunt. Etenim ex certo morborum decursu formam eorum deprehenderunt, sive diagnosin, et probabiles in morbis eventus, sive prognosin. His autem curationes suas superstruxerunt, tanquam certissimis fundamentis. Utrumque profecto sapientissime, quum ne hodie quidem sine morborum accurata diagnosi, et valde probabili prognosi, sat certa curatio inveniri queat. Quum vero antiqui viri in morbis, maxime acutis persanandis primas partes naturae viribus crederent et committerent, nihil facile agebant, nihil fere moliebantur, nisi, quando naturam a sueto suo ordine in perniciem aegroti declinare observarent. Haec fuit simplicissima totius medicae artis, rationalis quidem, origo, atque ad eandem omnino normam curationes morborum hodie instituimus toties, quoties novi sese nobis offerunt curandi morbi, v. c. epidemici. Nec oblivisci par est, antiquissimis illis temporibus, nondum inventa medicina, omnes propemodo morbos fere novos, quippe nondum cognitos fuisse. In hac diligentissima morborum observatione antiqui viri invenerunt, naturam vincere morbos, aut ab iis vinci, modo ocyus, modo serius, ita tamen omnino, ut constantem aliquem ordinem natura sequeretur, huncque ordinem citiori aut tardiori morborum decursu declararet. Atque hoc studio eo tandem pervenerunt antiqui artis nostrae magistri, ut ad certa demum genera morbos ratione decursus, quem describunt, nec non temporis respectu, intra quod terminantur, revocarent. Genera autem morborum acutorum, quae hac diligentissima observatione repererunt veteres, quaeque hodieque nobis offeruntur, temporis, intra quod decurrunt, respectu haec fere sunt:

I^{mo}. Interdum de salute aegroti intra tres quatuorve primos morbi dies statuitur: hos morbos, celerrimos utique et cum ingente periculo tantum non semper conjunctos, acutissimos dixerunt.

II^{do}. Sunt morbi, in quibus aegroti ad septimum diem perveniunt, antequam vel a morbo vindicantur, vel eodem pereunt: hos morbos valde acutos, perquam acutos veteres dixerunt.

III^{tio}. Sunt morbi paulo tardius decurrentes, paulo mitioris propemodo indolis, in quibus de aegroti salute vel exitio ad diem fere XIV^{tum} statuitur: hos morbos acutos, exquisite vel legitime acutos vocarunt veteres medici, et de his quidem in hoc Aphorismo loquitur *Hippocrates.*

IV^to. Sunt morbi item acuti, iique hodie longe plurimi, qui circa XX^mum demum judicantur diem: vocantur apud veteres morbi simpliciter acuti.

V^to. Post hos viginti dies superatos superstes aegrotus pededentim a morbo suo aut liberatur, aut ab eodem demum vincitur; prius fit, dum morbus semper per unum alterumque diem a vehementia sua se remittit, atque semper paulo minus exacerbatur, donec tandem sine valde luculenta excretione aegrotus febre totus vacat; posterius autem fit, dum morbus unum alterumve diem mitior quidem videtur, sed post has fallaces inducias semper acrius insurgit, donec omnes aegroti vires detriverit et prorsus consumserit. Terminus horum morborum est ad diem quadragesimum: vocarunt morbos ex decidentia acutos sive acutos deciduos, *Abfällige*.

VI^to. Tum hi morbi quinti ordinis, quos modo commemoravi, atque imprimis si in perniciem tendunt, tum ii, qui quadragesimo die nondum finiuntur, ad sexagesimum usque diem, immo ultra interdum perveniunt; ita quidem, ut per nonnullos, interdum etiam plures dies, aegrotus febre vacuus sit, quae tamen iterum novo semper insultu hominem petat, donec tandem sexagesimo, interdum octogesimo tandem die aut a morbo penitus convalescat, aut fato succumbat. Hanc morborum acutorum familiam, ad acutos deciduos utique pertinentem, proprio tamen nomine acutorum recidivorum distinguimus. Et recte distinguimus, sunt enim a morbis acutis deciduis eo distincti, quod hi recidivi morbum semper de novo incipiant, omnia morbi stadia iterum percurrant ab initio ad convalescentiam usque. Novas igitur febres formant, quum decidui unam eandemque febrim post aliquam unius alteriusve diei remissionem semper continuent.

Hi sunt acutorum morborum ordines, quos veterum medicorum sapientia invenit, dum diversa temporis spatia accurate emetiebatur, quae morbi decursu suo absolvant. His observationibus prima sua incrementa debet ars medica. Quantane ultra habitura fuisset, si eadem via progredi voluissent serioris aetatis medici, nec aut otiosi per tot secula vix quidquam addidissent veterum observationibus, aut spreta casta naturae observatione totos se dedissent novis fingendis opinionum commentis. Itaque hae veterum morborum divisiones ex temporis ratione, intra quod terminantur morbi, citiorique aut tardiori eorum cursu repetitae, profecto non scholae discuntur, sed vitae medici.

Aphor. XXIV.

Septimorum (dierum) *quartus est index. Secundae septimanae octavus initium* (est). *Spectabilis* (contemplabilis sive spectandus) *autem est undecimus; ille enim est quartus secundae septimanae. Spectabilis iterum decimusseptimus; ipse enim quartus est a decimoquarto: verum septimus ab undecimo.*

Hippocrates postquam praecedente Aphorismo docuit, plurimam partem morborum acutorum, quos exquisite acutos dicimus, terminari intra quatuordecim dies, jam in hoc Aphorismo dignitatem et efficaciam praecipuorum dierum exponit docetque, quodnam pretium et quibusnam diebus statuendum sit in prognosi recte facienda. Ut vero hoc luculenter doceat, exemplum proponit febris simpliciter acutae, cujus legitimus terminus est dies vigesimus, quique itaque intra tres septimanas decurrit.

Jam eamus per singula, ut de sensu singularum propositionum, quas hic Aphorismus complectitur, accurate nobis constet:

deinde tota haec de diebus criticis doctrina in vero suo nexu sat facile exponi poterit.

Septimorum dierum quartus (quisque quartus) est index, ἐπίδηλος. Intelligendum esse quartum quemque hebdomadis sive septenarii diem, docent, quae sequuntur: spectabilis sive contemplabilis undecimus, quia quartus est secundae septimanae; spectabilis iterum decimusseptimus, quia quartus est a decimoquarto. Hunc diem quartum *Hippocrates* vocat indicem, quoniam indicat, quae in proximo die critico, hic septimo, eventura sint, sive bona sive mala. Bona utique, si die quarto jam adsint quaedam coctionis signa, in cute perspirabili, in sputis facilioribus, in urinis aliquo enaeoremate denotatis. Haec enim omnia spem faciunt, fore ut proximo die critico coctio fiat, felicis judicationis praenuncia; ita quidem omnino, ut saltem, quum febris die quarto a sua vehementia sese remiserit, dies septimus aegrotum a febre nisi prorsus liberaturus et vindicaturus, febrim tamen valde imminuturus sit. Contra si die quarto omnia cruditatis signa persistunt, febre aeque vehemente, immo vehementiori, ac tribus primis diebus, docet haec diei quarti contemplatio, morbum in cruditate sua usque ad diem septimum perstiturum esse, nilque a die septimo exspectandum, nisi forte prima coctionis signa, atque primam febris aliquam remissionem; in ancipiti igitur aegrum versari, nisi septimus meliora signa, nempe coctionis, secum afferat. Atque hoc quoque ex allatis *Hippocratis* verbis elucet, *Divum Coum* summam auctoritatem tribuisse in quaque septimana diei quarto et septimo; neque hoc non minus, *Hippocratem* omnes dies, ad quos attentos esse medicos voluit, partitum esse in dies indices sive contemplatorios, atque dies judicatorios, criticos sive decretorios: ita quidem, ut omnis judicatio signis sive notis indicetur praenunciis, sicque diei alicujus indicis proximus contemplabilis sit judicatorius, aut malae aut bonae. Secundum has observationes de prima septimana, sive de primo septenario, statuere licet.

Jam pergit *Cous*: Sequentis vel secundae septimanae dies octavus initium est. — Ita omnino, et apud nos quidem, dies octavus primus est secundae septimanae. Sed mox aliam numeri septenarii rationem init *Hippocrates*, dum pergit: Spectabilis vero iterum decimusseptimus, hic enim quartus est a decimoquarto, verum septimus ab undecimo. — Etenim, si nostro more initium tertiae septimanae facimus a die decimoquinto, decimusseptimus certe non est quartus, sed tertius a decimoquinto, et sextus ab undecimo, nisi ab his ipse undecimus in calculum venit. *Hippocrates*, dum pronunciat, octavum esse secundae septimanae diem primum, has duas priores hebdomades sejunxit (*getrennt*); dum autem decimumseptimum dicit quartum a decimoquarto; manifesto secundam et tertiam hebdomadem conjunxit (*verknüpft*), ita ut decimusquartus esset finis secundae septimanae, idemque decimusquartus initium tertiae septimanae. Hoc effato *Divi Coi* nititur medicorum Hippocraticorum in ineundis his numeris lex et norma, quae jubet, primum et secundum septenarium numerandum esse per disjunctionem sive separationem (*Trennung*), secundum autem tertiumque septenarium per conjunctionem (*Verbindung*, *Verknüpfung*). Quae numerandi ratio locum quoque habere debet, si morbus ultra tres septimanas decurrit, ut v. c. dies vigesimusprimus sit quartae septimanae initium, vigesimusseptimus ejusdem quartae septimanae finis, quinta septimana iterum per conjunctionem cum vigesimo septimo incipiat.

Sed ad tres priores septimanas *Hippocrates* imprimis sua praesagia adstrinxit Aph. XXIII^tio^, atque insuper monuit Aph. XIX^no^, *non omnino tutas esse praedictiones in morbis acutis, neque salutis, neque mortis;* quo effato bonus *Cous* asylum sive refugium sibi parasse videtur, in quod se reciperet, quando praedictio eum falleret. Enimvero si haec propter artem incerta sunt, profecto artifex venia dignus erit, et culpa liberabitur. Quomodo autem excusandus vir tantus est, si parum sibi constat, si manifestae contradictionis culpam in se admittit. Hujus culpae merito postulandus videtur, dum Sect. IV^tae^ Aph. 36to (*Sudores febricitantibus si inceperint, boni sunt die tertia, et quinta, et septima et nona et undecima, et decimaquarta, et decimaseptima, et vigesimaprima, et vigesimaseptima, et trigesimaprima, et trigesimaquarta. Hi enim sudores morbum judicant. Qui vero ita non fiunt, laborem significant, et morbi longitudinem, et recidivas*), sudorum criticorum exemplo, longe alios dies atque ternarios plures recenset, quibus vim judicationis tribuit. Hujus contradictionis praetexto *Asclepiades Bithynus* olim Hippocraticam doctrinam avertere ausus est, qua in re consentientem habuit disertissimum discipulum, *Corn. Celsum* (Lib. III^tii^ cap. 4to), quo referente *Asclepiadis* contra *Hippocratem* monita, ad haec capita revocari possunt: a) rationes diei paris et imparis ad morbi majus minusve periculum nil facere, b) rationem dierum in ipso morbo subinde mutari, c) *Hippocratem* constantem ordinem in valore horum dierum, sive parium sive imparium, minime habuisse, d) ductum igitur fuisse in dignitate, quam diebus criticis tribuit, superstitione numerorum Pythagoricorum.

Quomodo jam ab hac superstitione illisque objectionibus expurgabimus et liberabimus *Coum*, qui, se omnem superstitionem odisse, innumeris locis professus est? Recte *Celsus* praecipit, medicum non n u m e r a r e d i e s debere, sed i p s a s a c c e s s i o n e s intueri. Quo non contentus, *Hippocrates* accessionum etiam ordinem et successiones intuitus est. Itaque invenit, quod quemque medicorum facile doceat accuratior observatio, omnes acutos morbos accessionibus suis describere aut febris tertianae typum, qui in longe plurimis observatur exemplis, aut febris quartanae in redeundis paroxysmis ordinem, qui observatur in exemplis paucioribus; itemque, longe plurimas febres acutas, quae duobus primis septenariis febris tertianae typum aemularentur, atque his nondum judicarentur, transire in typum febris quartanae. At enimvero in febre tertianae aemula omnes graviores accessiones in tertium diem incidunt, ut in quartum eae exacerbationes, quae febris quartanae ordinem sequuntur. Itaque in febris tertianae typo numeri ternarii summa vis est, ut et contemplabiles sive indices atque judicatorii dies sint e numero ternario aestimandi; in quartana autem summa vis est, tum ad contemplationem tum ad judicationem, in numero quaternario. Unde in his numeris recte ineundis medici Hippocratici hanc sibi condiderunt legem: omnes ternarios ideoque impares dies esse copulandos; dies III^{tius} cum V^{to}, VII^{mo}, IX^{no}, XI^{mo} etc.; ex quaternariis autem satis paribus duos esse conjungendos, duos sejungendos, I^{mus} cum IV^{to}, VII^{mo}, XI^{mo}, XIV^{to}, XVIII^{vo}, XXI^{mo}. Eandem doctrinam *Hippocrates* in maxime genuino *Libro, Prognostico* nempe, professus est, ita quidem, ut sui optimus sit interpres. (Vide *Prognostic.* Art. XX. Edit. *Linden.*)

Atque hic febrium ordo naturae haud perturbatae actuositati satis respondet, longe plurimis saltem in exemplis. Satis inquam, non semper examussim atque accuratissime; quum etiam in febribus intermittentibus, paroxysmorum anticipatione aut postpositione, paroxysmorumque longiori extensione, constans typi ordo saepe interpellatur. Naturam igitur diligenter consuluit *Hippocrates*, atque natura ipsa edoctus hanc de diebus criticis doctrinam condidit *Cous*. Tantum abest, ut sagacissimum naturae scrutatorem Pythagorici numeri fefellerint. Addo, nec de horum numerorum doctrina judicium ferri posse, quum vera eorundem interpretatio verusque usus ad arcanam Samii philosophi doctrinam pertineret, quam qui perceperint, palam certe non profiterentur coram illis, qui his sacris initiati non essent. Addo, ut perspicuam Vobis tradam totam hanc de diebus criticis veterum medicorum doctrinam, ceteros dies, nec contemblabiles nec decretorios, ideoque inter hos intermedios, veteres vocasse intercalares, vacuos et medicinales; vacuos quidem, quum sint a contemplatione vacui, nihil habeant attentione medici valde dignum; **medicinales** autem, quoniam medici non nisi his diebus intermediis medicamenta offerre aegrotis soliti essent, quum die aliquo critico naturae motus medicamentis interpellere et turbare, piaculum fere ducerent.

Si qui autem Vestrum, Commilitones optimi, hanc veterum doctrinam penitius inspicere voluerint, quam accuratius perspexisse certe poenitebit neminem, praeter *Gruneri* et *Junckeri* de semiotice libros satis notos, imprimis *Guilelmum Cope* adeat, qui in *demonstratione* sua *Prognosticorum Hippocratis Magni Coi* praesagia, tum in his Aphorismis, tum in *Prognostico*, *Prorrhetico*, *Coacisque praesagiis* proposita, cum historiis morborum I^{mi} et III^{tii} *Epidemicorum libri* diligentissime contulit, et sic luculenter demonstravit, naturam ejusque fidem interpretem *Hippocratem*, concordia semper junctos, vix quidquam a se invicem recessisse.

Aphor. XXV.

Aestivae quartanae plerumque fiunt breves: autumnales autem longae, ac praesertim, quae hyemem attingunt (aut ex versione *Lefeburii* forte accuratiori: *quae cum ipsa hyeme instante coincidunt*).

Loquitur *Hippocrates*, febrium quartanarum exemplo, de febrium intermittentium persistentia et diuturnitate recte aestimanda, ut medicus tempus praedicere possit, quo, a febre sua aegrotum liberatum iri, justa spes sit. Quartanae autem exemplo utitur, non tertianae, etsi fere frequentioris, quoniam quartana febris omnium maxime diuturna esse solet. Antiquorum autem medicorum maxime interfuit, tempora nosse, quibus aegrotis suis salus reditura sit, quum febrium intermittentium medendarum ratio ante detectum divinum illum Peruvianum corticem maxime incerta esset, medicique cogerentur, ad eradicandas diuturnas intermittentes febres naturae exspectare salutiferam actuositatem. Quam eo majoris facere debebant, quo essent a natura ipsa edocti, anni tempora has febres inferre hominibus, eademque auferre. Morbus enim raro sporadicus, sed plerumque epidemicus, vere potissimum et autumno homines corripit: Vere autem fere adulto, aut praematuris caloribus aestatis aemulo. Hinc aestivas in hoc Aph. quartanas dicit, atque Sect. III^{tiae} Aph. 21mo inter aestivos morbos tertianam, inter autumnales (ibid. Aph. 22do) quartanam retulit. Hinc illa febrium in vernales et autumnales divisio, quam ipsa natura homines docuit. Solent autem febres intermittentes vernales, typum quotidianae vel tertianae describentes, primo vere ortae, in brevius tempus excurrere, benigniores etiam primis aestivis caloribus solvi. Quae autem aut inter praecoces veris, aut inter majores aestatis calores incipiunt, facile pejorem febris continuae indolem contrahunt. Quartanae vero febres, adulta aestate et sub autumni initiis ortae, si tempestatis benignitas et constantia favet, autumno interdum solvuntur. Quodsi autem in hyemem excurrerint sub hyemis initio ortae, totam hyemem occupare, et non nisi inter vernales aestivosque calores hominem mittere solent.

Aphor. XXVI.

Febrim spasmo accedere (vel supervenire), *melius, quam spasmum febri.*

Plurimi interpretum spasmum verterunt convulsionem, ideoque hunc Aphorismum intellexerunt de spasmo, quem propter musculorum agitationes, quae praeter voluntatem fiunt, dicere consuevimus clonicum. Ego quidem cum *Lefeburio* verterim spasmum, siquidem ex mea sententia *Hippocrates* non de uno alterove spasmorum genere locutum esse puto, sed de spasmo generatim, tum de eo, quem tonicum hodie dicimus, Romani dixerunt rigorem, tum de convulsione sive clonico spasmo, quem Romani distentionem nervorum dixerunt. Hanc *Hippocratis* mentem fuisse, ex *Coacis praesagiis* elucet, ubi *Sect.* III[tiae] *Part.* 80[ma] haec leguntur: *Τὰ σπασμώδεα καὶ τετανώδεα πυρετὸς ἐπιγενόμενος λύει.* hic *τὰ σπασμώδεα* opponuntur *τοῖς τετανώδεοις*; sunt igitur priora convulsiones sive spasmi clonici, posteriora autem tetanicae affectiones aut spasmi tonici. De utroque igitur spasmorum genere *Hippocrates* dixit, melius esse, febrim supervenire spasmo, quam spasmum febri. *Celsus*, mentem *Hippocratis* recte assecutus, eodem sensu interpretatus est *Lib.* II[di] *cap.* 8[vo] his quidem verbis: *Denique ipsa febris, quod maxime mirum videri potest, saepe praesidio est — Nam et nervorum distentionem rigoremque, si postea coepit, ex toto tollit.*

Ceterum *Hippocratem* puto haec praecepisse ex sola observatione, experientia edoctum; minime autem convulsionum respexisse proximam caussam, quam pro variis suis de spasmorum natura opinionibus effinxerunt *Coi* interpretes post *Galenum* tantum non omnes. Etenim experientia medicos omni tempore docuit hodieque docet, spasmos solvi a febre superveniente, quae blande calorem sudoremque moveat; cujus rei veritas in tetano vel evidentior deprehenditur, dum rigida membra febris tantum caloribus moderatis pedetentim exsolvuntur. Sed objiciatis fortasse, in epilepsia acuta, quam eclampsiam dicimus, in eo majori aegrotum periculo versari, eo vehementiores urgere convulsiones, eoque justiorem esse apoplexiae letalis accessurae metum, quo vehementius febris urgeat; utique, sed non de graviori vehementissimave febre locutus est *Cous*, sed febrim simpliciter laudavit, quam, si justo major effervescat, refrenare et moderari medici est. Sufficit febrim supervenientem spasmis plerumque et tantum non semper praesidio esse. Febri autem quando supervenit convulsio, id fere semper aegrotis exitio est, nisi forte febris initio aut primis saltem diebus accidat, si quando ex communibus caussis et febris et convulsio ortae fuerint. Tunc quidem spasmi symptoma febris exhibent non adeo letale; morbi tamen magnitudinem augent et, in majore discrimine versari aegrotum, edicunt. Est tamen aliquod febris genus, in quo accedentes leviores et transitorii convulsivi motus febrim interdum levent et bono augurio sint. Quod olim saepe vidimus in variolis, in quibus tales motus leviores convulsivi et febrim eruptionis variolarum praeviam illico compescerent, et eruptionem faciliorem efficerent, necnon, morbum feliciter decursurum esse, praedicerent. Contra, si in funesto hoc variolarum morbo ad febrim, suppurationis et exarescentiae exanthematis comitem, convulsivi motus vel leviores accederent, semper actum fuit de aegrotis. Sed hujus exempli contra effatum Hippocraticum nulla vis est, quoniam variolarum morbum acutaque exanthemata fere omnia ignoravit nobis felicior antiquitas; nec uno alteroque exemplo tollitur generalis et constantis alicujus observationis veritas. Si autem de caussa quaeritis, cur fiat, ut longe plurimis in exemplis, febrim supervenire convulsioni, melius sive tutius sit, quam hanc illi, probabilem hujus eventus rationem e *Divi Coi* pathologia, quam his consignavit Aphorismis, facile perspicietis. Hic enim Aphor. 39no Sect. VI^{tae}, e quibus caussis spasmorum declararet ortum, paucis verbis luculenter professus est: *Spasmi fiunt a repletione, vel ab inanitione, eodem modo singultus.* Est autem plerumque spasmus a repletione, ad quam febris accedit. Hanc repletionem evacuationibus minuit, atque sic spasmum saluberrimis motibus solvit. Spasmi autem, quae febribus superveniunt, maxima ex parte propter inanitionem, detritasque febris vehementia aegroti vires fieri consueverunt; unde necesse est, ex spasmi accessione vires aegroti vehementer prosterni, immo, quod certe fatum plurimos manet, cum ipsa vita exstingui.

Aphor. XXVII.

Iis, quae non secundum rationem (id est, praeter rationem) *levant, fidere* (sive credere) *non oportet, neque admodum timere prava* (sive mala), *quae praeter rationem eveniunt. Multa enim horum instabilia sunt, neque admodum permanere, neque persistere* (sive perseverare) *consueverunt.*

Extremam orationis particulam a verbis nec admodum omittit *Lefeburius*, pro glossa marginali librariorum habens, quae in textum irrepserit; nec repugnaverim ego.

Hippocrates medicinae usum sive

exercitationem dicit cum ratione, τριβὴν μετὰ λόγου. Omnia vult a medico fieri cum ratione, sive secundum veras indicationes. Rationalium igitur medicorum Princeps eorum, quae in morbis eveniunt, rationes semper investigavit, atque de effectu bono aut malo, quem in morbis habeant, judicium suum secundum rationes semper tulit. Has rationes tamen non excogitavit *Hippocrates*, non finxit ingenio suo, sed a natura didicit. Haec in acutis morbis signa ostendit, e quibus colligamus, morbi fieri coctionem, crisin prope esse, felicem futuram esse. Jam si forte ex majore naturae actuosae cum morbo lucta, ex acutiori aegroti sensilitate symptomata insolita prodeant specie periculosa, haec medicum minime terrebunt, securum de salutari morbi exitu. Contra, si absque omnibus coctionis et crisis signis febris illico a vehementia sua se remittit, minime triumphum canet peritus medicus, sed in aegroto pessima quaevis recte timebit, aut saltem, morbum difficilem decursum habiturum esse et periculi plenum futurum, recte praedicet.

Subridens legi in hunc Aphorismum *Heurnii* adnotationem: putat, hoc Aphorismo excludi omnes vetularum et veneficarum praestigias et imposturas, quae carminibus colloque appensis subito morbos levent, qui postea recrudescant. Bone *Heurni*, quid diceres, quale de sana ratione hominum, de medicorum probitate judicium ferres, si videres, medicos aegrotos suos mulcendo, aut variis gesticulationibus in stuporem conjiciendo, a morbis suis non solum liberare, verum etiam vaticinandi facultate supra mortalium sortem evehere, atque his turpissimis nugis homines fidem suam addicere. Quid diceres bone *Heurni?* exclamares profecto indignabundus cum *Tullio*, o tempora! o mores!

Aphor. XXVIII.

Febricitantium non omnino leviter permanere (sive in eodem consistere), *et nihil remittere corpus, vel etiam extenuari magis, quam ratio postulat, pravum; illud enim diuturnitatem morbi significat, hoc autem debilitatem.*

Legit textum paulo aliter *Lefeburius*, sed sensu parum mutato. *Celsus*, ad quem provocat, quemque *Almeloveenius* jam pridem ad hunc Aphorismum allegavit, optimus omnino singularum in hoc Aphorismo sententiarum est interpres. Etenim Lib. II^{di} cap. 5to afferens, e quibus medicus praenoscat, longiorem morbum futurum esse, inter haec signa et hoc recte habet: *ubi aeger pro spatio parum emacrescit*; pro spatio nempe temporis, quo jam aegrotavit, longiori, ita omnino ut, maxime in febribus, habitus aegroti jam multo pejor effici vi morbi potuerit. Contra eodem Lib. II^{do}, cap. 4to, mala aegrotantium signa exponens, inquit: *Mali etiam morbi signum est, nimis celeriter emacrescere.* Ad hanc rem quoque aliquo modo spectat observatio, quam *Hippocrates* proponit Aph. 35to Sect. II^{dae}: *In omnibus praestare morbis, partes ad umbilicum et imum ventrem crassitudinem habere, pravum autem signum esse, eas partes valde tenues esse et tabefactas.* Enimvero ut haec *Magni Coi* effata experientiae utique examussim respondent: ita satis difficile fuerit explicare, qui fiat, tum ut qui non leviter febricitent, in eodem corporis habitu persistant, et pro febris ratione non extenuentur, tum quid demum subsit caussae, ut ii, qui per satis breve tempus febricitent, etiamsi non leviter, nihilominus tamen majorem in modum extenuentur. In prioribus quidem, quorum vires ad perferendum longiorem morbum utique sufficiunt, merito mireris, eos cum adeo laudabili virium constantia diuturnis implicari morbis. Extenuari autem in febre non minima brevi temporis spatio, debilitatem utique arguit, pessimo semper in febre omine.

Ceterum, ut omnia sua effata *Cous* ex natura hausit, ita optime semper consulta natura explicabimus. Sunt certe febres, eaeque minime leves, quae sine notabili evacuatione, sine symptomatibus majoribus persistant, ideoque majorem virium jacturam illico afferre nequeant. Hanc febris indolem subinde observamus in iis, quas nervosas lentas dicimus, necnon mucosis sive pituitosis veterum, quas ad nervosas lentas magna ex parta merito referimus. In his per plures haud raro hebdomades corpus in eodem permanere, et vel parum aut nihil minui videmus; atque ex hoc immutato corporis habitu, febre tamen persistente, recte colligimus, morbum accessionibus suis fere semper aequabilem, viresque non nisi paulatim et vix evidenter deterentem, longiorem decursum habiturum esse. Quod experientia quoque abunde confirmat.

Quid vero hoc sibi velit, quod *Hippocrates* dicat, minui in febribus non levissimis et tabefieri corpus, satis intelligitur, si caussas nobiscum reputamus, quae efficiunt, ut vires aegrotorum majus detrimentum patiantur, habitus illico pejor reddatur, extenuetur, et veluti a longo morbo tabefactus appareat. Sunt certe majora febris symptomata, sunt imprimis profluvia, maxime sanguinis, sunt diarrhoeae, sunt sudores profusi, sunt vigiliae, sunt saevi dolores, quibus corpus aegroti sat cito conficitur. At quae haec corporis extenuatio certe fit secundum rationem, *κατὰ λόγον*. Si autem corpus aegroti, dum sanus esset, satis vegetum, sine illis symptomatibus paucorum dierum spatio emacrescit, hoc certe fit *μᾶλλον τοῦ κατὰ λόγον*, plus quam ratio postulat, atque magnae aegroti debilitatis luculentum est indicium. Addere etiam potuisset *Cous*, hanc subitaneam habitus aegroti extenuationem febrim denotare pessimi moris: namque in febribus valde malignis et pestilentibus tantum non semper observatum fuit, paucos intra dies aegrotorum habitum in pessimum mutari, talemque, qualem in iis vix observemus, quos longior tabes carne exuerit, viribusque confecerit.

Aphor. XXIX.

Incipientibus morbis, si quid movendum videtur (si quid judicaveris movendum), *move; vigentibus autem quietem agere melius est* (sive quiescere praestat).

Solebat *Hippocrates* morbos acutos naturae viribus maxime committere, et victu ad vires aegroti sustentandas exquisite adcommodato, regimineque examussim adornato curationis suae partes in eo praecipue collocabat, ut naturae molimina et efficacitatem in morbi cursu observaret, illa blande adjuvaret, hanc autem, si opus videretur, aut excitaret, aut impetuosam nimis refrenaret. Hac curatione, in qua observationi plurimum dedit, medicamentis parum credidit, plurimam partem morborum feliciter decurrere vidit, dum vel paulatim et blande solverentur, lysi, vel evacuationibus, quas natura moliretur et perficeret justo tempore, judicarentur, crisi. Videtis rationem, cur quietem agere, nilque movere in vigore morbi acuti, medicum jubeat; ne scilicet naturae in morbo medendo virtus et ordo ullo modo turbaretur et ne minimum quidem interciperetur. Enimvero curiosissimus naturae humanae spectator praetervidere tamen non potuit, objici haud raro naturae impedimenta, quibus removendis aut omnino impar sit et parum sufficiat, aut haud sine magno periculo et cum admodum dubio eventu vires suas intendat. Si exempli caussa nimia aegroti sit plenitudo, naturae vires facile suffocatura; vel circa ventriculum et in intestinis materia haereat, vires sufflaminatura febrimque pessimis symptomatibus auctura: rudiora talia impedimenta utique removenda esse statuit, opportune sanguinem mittendo, vel vomitum ciendo, vel alvum ducendo. Hunc evacuantis medicinae usum *κινέειν*, sive m o v e r e, dixit *Hippocrates*. Quod tamen ut semper fiat consilio, et re antea bene perpensa, addit: *ἤν τι δοκέῃ*, s i q u i d m o v e n d u m v i d e t u r et recte judicatur. Quod si ita visum fuerit, o p p o r t u n o t e m p o r e fieri debet, minime q u o c u n q u e f e b r i s t e m p o r e. Opportunum vero ad has evacuationes movendas tempus *Hippocrates* in i n i t i i s f e b r i u m recte collocat. Talia enim naturae medicatricis impedimenta satis mature removenda sunt, ut vinculis natura liberetur, ejusque actuositati morbus debellandus tuto committatur. Rationem, cur circa initia morborum acutorum has evacuationes moliretur, et hoc tempus medicis tanquam maxime opportunum commendaret, a natura edoctus ipse suppeditat Aphorismo, qui hunc proxime excipit, XXX^mo: *Circa initia et fines omnia sunt remissiora, circa vigores autem, sive status, vehementiora.* Minime igitur morbi legitimum decursum turbabit, novis symptomatibus, quae forte evacuationes proferant, morbum augebit, viresque aegroti optime tuebitur, qui febrium acutarum initio movebit, quod movendum utique esse recte judicavit. Sed cur de morbi finibus in hoc Aphorismo dixit *Hippocrates*, eosque cum febrium initiis remissione morbi comparavit, exponam proxime.

Aphor. XXX.

Circa initia et fines omnia sunt debiliora, circa status autem vehementiora (vehementissima).

In Aphorismo, qui huic proxime praecedit, *Hippocrates* docuit, morbis incipientibus, si quid movendum (i. e. evacuandum) esse videatur, movendum esse, circa vigorem autem (*ἀμαζουσῶν*) quietem agere, melius vel consultius esse. Jam cur ita agendum sit, hoc Aphorismo exponit. De morborum acutorum curatione loquitur, quae si quando evacuationes, sive sanguinis, sive per vomitum, sive alvi ductione poposcerit, hasce evacuationes incipientibus acutis morbis moliri medicum oportere docet, quia circa morborum initia remissiora sunt omnia: ita omnino, ut vires aegroti evacuationes optime ferant, nec metus sit, ne legitimus morbi acuti decursus evacuantis medicinae usu aut turbetur et intercipiatur, aut novis symptomatibus, ab evacuatione forte oriundis, morbus augeatur. Qui metus antiquissimis illis temporibus longe maximus esse debuit, quum medici fere, tum ad vomitum efficaciter ciendum, tum ad alvum ducendam, mitioribus, quibus hodie secure utimur, carerent remediis. Cur vero *Hippocrates* scripsit, περὶ τὰς ἀρχὰς καὶ τὰ τέλη? cur morborum acutorum fines eorundem initiis ratione magnitudinis comparavit? Num otiosam tantum observationem memoriae mandasse existimandus est, talemque, qualem medicorum nullus ignorare possit? Ecquis enim est, qui nesciat, statu morborum feliciter superato, et aegroto superstite, morbum a vehementia sua sese remittere et omnino decrescere? Itaque interpretes parum attulisse puto, quod tanti viri acumine et auctoritate dignum sit, si observant, ex hoc loco elucere, *Hippocratem*, omissis duobus morbi temporibus, puta incrementi et decrementi, *τὰς ἀρχὰς*, initium et incrementum, necnon *τὰ τέλη*, decrementum et finem morbi dixisse. Ita profecto res se habet. Sed cui bono dixit *Hippocrates*, in morbis circa fines omnia remissiora esse, ut in initiis morborum, si nullus hujus observationis medicis pateret usus, nulla, quam in aegrotorum commoda vertant, utilitas. Enimvero, ut de initiis morborum, esse in iis omnia remissiora, ideo adnotavit *Hippocrates*, ut medicos doceret opportunum tempus, quo, si quid movendum videatur, moveant; ita propter eandem caussam adnotavit, circa morborum fines iterum omnia remissiora esse, alterumque in morbis tempus indicare voluit, ad aliquid movendum opportunum. Quem genuinum hujus Hippocratici textus sensum solus *Heurnius* inter interpretes recte assecutus est, certe non ideo, quoniam doctrina ceteris praestaret interpretibus, sed quod satis longum artis usum haberet, atque singularem medicinae peritiam ad *Hippocratem* illustrandum afferret. Sunt praesertim febres acutae, quas post *Ballonium* serior aetas gastricas dixit, tum biliosae tum mucosae, haeque potissimum, in quibus sub febris decursu nova semper circa intestina confluit bilis vel muci materia, mobilior febre decrescente, ad quam mitissimis remediis iterato per alvum exturbandam morbus decrescens et finem versus progrediens tempus medico suppeditat perquam opportunum. Circa statum hanc materiam vix exturbabimus sine febris augmento, et sine alvi profluvio facile oriundo, aegroti vires exhausturo et morbi legitimum decursum turbaturo. Sunt porro febres rheumaticae et catarrhales, cum nervorum systemate simul affecto, quas tandem placido sudore, saepe per aliquot dies continuo, natura judicat. Hunc jam fovere, si naturae vires vi febris fractae non sufficiant, periti medici non est, qui certe in febribus id genus, dum in vigore sunt, περὶ τὰς ἀκμὰς, sudores non movebit, probe gnarus, symptomaticum sudorem, quem tunc haud sine acriori medicamento prolecturus est, febrim judicare non posse, sed potius esse exasperaturum. Ad hoc igitur alterum in febribus tempus, ad evacuationes haud adeo raro opportunum, adnotatio *Hippocratis* spectat, circa finem, ut circa initia, omnia esse in febribus acutis remissiora, ideoque, praetermisso tantum statu, in quo quietem agere melius sit; circa finem, ut circa initia, medicum movere posse, si quae movenda esse videantur. Hunc naturae fidique ejus interpretis *Hippocratis* nutum bene intellexerunt, eique in febribus curandis morem gesserunt genuini *Magni Coi* discipuli. Ex his certe fuit recentiori tempore *Brendelius*, insigne illud olim Georgiae Augustae decus atque ornamentum, qui *Libellum* scripsit *academicum*, eumque prorsus aureum, *de seriori evacuantium remediorum in morbis acutis usu;* ad quem jam eos ablegare fas sit, qui hac de re penitius erudiri cupiunt.

Aphor. XXXI.

Ex morbo belle comedenti (ei, qui ex morbo belle comedit), *corpus nihil proficere* (si corpus non proficiat), *malum* (sive pravum) *est.*

Spectat hic Aphorismus ad definiendum justum victus modum sive mensuram in iis, qui a morbis convalescunt. Repetit partem eorum, quae docuit Aphorismo hujus Sect. VIII^vo^, quem Aphorismum quum copiose elucidasse mihi videar, paucis Vobis in memoriam revocasse abunde sufficiet, quae ad explicandum hujus Aphorismi sensum attulimus. Duplex genus eorum *Hippocrates* distinguit, qui a morbo convalescunt, unum eorum, qui cibum appetunt et vires tamen ex cibo non reficiunt, alterum eorum, qui etiam viribus non reficiuntur, cibum tamen non appetunt. Illos judicat vires non recipere, quoniam justo pleniori utantur, et in modo sive mensura excedant; hos autem purgatione opus habere censet in corporis lustrationem, ut cibi fiant appetentiores, et alimentis corpus confirment. Sed quaeritis, qui fieri possit, ut qui a morbo convalescant, et cibum belle comedant, nec corpore tamen nec viribus proficiant? Respondeo, quoniam cibos, quos comedunt, in succum et sanguinem non vertunt. Cibum vehementer appetunt, dum fames urget nutritionis desiderio ingratoque ventriculi sensu, fere ut in pueris fieri consuevit, quos atrophia male habet. Cibum etsi concoquunt, tamen non digerunt, nec in sanguinem vertunt, quoniam morbo aut majorem in modum labefactata fuerunt, aut vitiositate singulari depravata illa instrumenta, quae natura concoctioni, digestioni et, ut brevitatis caussa non satis Romano vocabulo, sed inter medicos recepto, dicam, ciborum assimilationi proposuit: ventriculus, intestina, mesenterium, glandulae vasaque lymphatica ipsique pulmones. Hinc etiam facile intelligitis, cur hanc eorum, qui a morbo convalescunt, conditionem pravam et malam dixerit *Hippocrates.* Etenim, si tanta est post morbum superatum in praecipuis illis assimilationis instrumentis debilitas; quanta medici prudentia opus erit in praescribendo victu, et satis exquisito et justo alimenti modo; quanta aegroti temperantia, ut modum non excedat! Si autem pejus malum illis instrumentis post morbum insidet, ut digestivos liquores, salivam, succum gastricum, salivalem pancreatis humorem, bilemque non secernant ad laudabilem chylum parandum idoneam; si mesenterii glandulae chylum traditum nobiliori actuositate animali non augeant; si denique pulmones advectum chylum in sanguinem non mutent satis efficacem, ut debitum pabulum offerre possit partibus omnibus et singulis, easque benigne incitet, in iisque vitae actuositatem singulis propriam provocet: profecto hanc aegrotorum conditionem pessimam dixerit quisque; siquidem, dum vix emendari possit, aegrotos celeri gradu ad tabem ducat. Malum igitur semper est, aegrotos a morbo belle comedentes, corpore et viribus tamen non profici: in cachexiam incidunt, pejoremque cacochymiam, quibus nominibus debilitatem, humorumque animalium ineptam qualitatem, ex defectu nutritionis oriundam, veteres medici ad naturae veritatem insigniverunt, vivisque veluti pinxerunt coloribus.

Aphor. XXXII.

Utplurimum (plerumque, fere) *omnes male* (debiliter) *habentes*, *circa initia* (primum) *quidem bene comedentes*, *et nil proficientes*, *ad finem rursus non appetunt. Qui autem circa initia* (sive primum) *minime appetunt* (cibos valde fastidiunt), *deinde autem bene appetunt*, *securius* (melius) *degunt* (felicius emergunt).

Sermonem in hoc Aphorismo de iis esse, qui a morbis convalescunt, minime autem de illis, qui aegrotare incipiunt, ex toto hujus Aphorismi textu satis perspicuum est; immo hunc hujus Aphorismi sensum esse, vel sanam rationem quemque docere arbitror. Duo vero genera eorum, qui a morbis convalescunt, ratione ciborum appetentiae, nobis proponit *Hippocrates*: alterum eorum, qui vix a morbo convalescentes et adhuc male seu non satis bene se habentes, cibos tamen belle comedunt; hos nil proficere, et sub finem ciborum appetitum rursus amittere, docet; alterum autem eorum, qui, a morbo vix convalescentes, initio vix ullam ciborum appetentiam habent, immo cibos valde fastidiunt, quos tamen deinde bene appetunt; hos quidem prioribus multo securius degere, illisque felicius e morbo emersuros esse, *Hippocrates* affirmat.

Haec *Magni Coi* effata ut experientiae satis respondent, ita haud difficulter ex conditionibus eorum explicantur, qui a graviori morbo convalescunt. In his enim, morbo superato, moderata ciborum appetentia utique bona est; si autem post morbum vix superatum magno urgentur ciborum appetitu, hoc ipsum morbosum est ostenditque, ventriculum irritari aut morbosa aliqua colluvie adhuc e morbo reliqua, aut justo acriori nervorum sensu ventriculum affici. Hinc fieri utique debet, ut appetentiae suae nimis indulgentes et viribus non proficiant, et propter ventriculi debilitatem, quam nimio victu adducunt, ciborum appetentiam denuo amittant, ideoque in morbum recidivum (quod in febre intermittente plurimis accidere consuevit), vel aliam aegritudinem secundariam incidant. Quibus autem post morbum superatum exigua primum est ciborum appetentia, aut ciborum etiam fastidium, hi eximio ventriculi languore affecti sunt, humoresque digestivos nondum satis laudabiles experiuntur. Dum vero, vel naturae instinctu, per aliquod tempus parum cibi assumunt, aucta interea viscerum digestivorum actuositate, languori horum viscerum victu exiguo optime succurrunt; ut minime mirum sit, in his cibi cupiditatem deinde non vigere solum, verum etiam vires redire et corpus proficere. Optime igitur degunt, quippe a morbo recidivo aut alia secundaria aegritudine prorsus securi.

Providi igitur medici erit, sese attentum praebere ad victus rationem eorum, qui a morbis vel paulo majoribus convalescunt; horum appetentiam moderari et regere medicum utique oportet; his alimenti genus modumque praescribat, et tempora, quibus cibos capiant, indicet. Haec medicorum providentia aegrotos, si monitis morem gesserint, ab omni morbo recidivo secundariove optime vindicabit. Si vero medicus judicaverit, accuratam victus rationem non solam sufficere, sed medicamento aliquo opus esse, quodnam dandum sit, ipse *Hippocrates* docuit Aphor. hujus Sect. VIII^{vo}, a me, nisi fallor, abunde illustrato.

Aphor. XXXIII.

In omni morbo animum bene valere (id est mente constare), *et bene* (seu promtum et alacriter) *se habere* (scilicet aegrotum) *ad ea, quae offeruntur, bonum, contra autem se habere, malum.*

Duo medicis in hoc Aphorismo signa proponit *Hippocrates*, ex quibus de conditione aegrotorum statuant, sive bona et exoptabili, sive mala, quaeque justum metum habeat.

Primam securitatis notam *Cous* collocat in mentis bona valetudine. Ut recte *Heurnius* observat: διάνοια, γνόμη, νόος idem *Hippocrati*. Quem igitur mente bene valere recte dicimus, is certe debet omnes tum mentis, tum animi functiones exhibere integras et satis expeditas: loqui debet, quae ad rem sint, minime absurda; interrogatus respondere debet promte et apposite; memoriam exhibere debet, qua sanus utebatur; morbum suum, laboresque ex illo vere sentiat; imaginationis, memoriae et judicii eam vim praestet, quam, dum sanus est, praestare solet;

mores ostendat solitos; situm corporis servet decorum. Ad haec omnia medicum attentum esse oportet, qui de valetudine mentis aegrotorum recte statuere velit. Ex his enim omnibus bene perspectis et inter se collatis majorem minoremve mentis et animi constantiam, et si qua sit in aliqua mentis functione, aut animi affectione apud aegrotum vacillatio, aut impotentia, aut inter ceteras functiones discordia, illico deprehendet. Non fallet medicum aegroti concinnus sermo, non apta ad quaesita responsio, si mores prodit alienos, non suos; si indecore membra jactat, aut partes, quas velare jubet honestatis sensus, inverecunde nudat; si labores doloresque ex morbo suo parum sentit. Recte enim *Hippocrates* Aphor. VI[to] hujus Sect. adnotavit, *iis mentem aegrotare, qui, caussam doloris aliqua corporis parte habentes, dolorem non sentiant.* Enimvero in eo, qui omnes tum mentis tum animi functiones et actiones bene et promte praestat, cerebri nervorumque illibata vis est, optimo sane augurio, et magno securitatis in omnibus propemodo morbis indicio.

Alterum signum, ex quo medici de conditione aegrotorum perite judicent, *Hip-*

pocrates in eo collocat, quod aegroti se ad ea, quae offeruntur, bene vel male, promte et alacres, vel segniter et desides se habeant. Quae *Cous* brevitatis studiosus paucis verbis, *εὖ ἔχειν πρὸς τὰς προσφορὰς*, bene habere se ad oblata, ad res, quae offeruntur, indicare voluit, plura profecto sunt. Etenim, qui bene se habent ad res, quae illis offeruntur, his rebus non solum gaudent et delectantur, verum etiam eximium aliquem fructum ex iis percipiunt. Bene enim se ad aliquam rem habere, is certe satis accurate dici nequit, cui illa res nil commodi affert, etsi forte ex ea brevissimo alicujus voluptatis sensu afficiatur. De gratissimis florum odoribus recte dicimus, nos illis delectari et jucunde affici, minime autem, nos bene habere ex florum herbarumque suaveolentia. Si autem aegroti viribus fracti, et vel animo linquentes, gratis illis odoribus non solum delectamur, sed vires etiam reficimus et instauramus, tunc certe nos bene habemus ad illos odores. Sic philosophorum ex schola Eleatica Princeps *Democritus*, dum valde senex mortem propinquam ad aliquot saltem dies arcere vellet, et grato panis recentis odore vere arceret et repelleret, ad panis odorem se bene habuisse merito dicendus est; quippe qui illo odore non solum delectaretur, sed etiam vires instauraret, et exstinctae fere vitae flammae oleum adderet. Itaque aegroti se ad cibos oblatos ideo bene habere dici nequeunt, quoniam, dum degustant, sapore delectantur, sed si viribus instauratos ex ciborum usu se sentiunt; quod certe fieri non potest, nisi cibos bene digerant et in succum et sanguinem vertant. Ex eo igitur, quod aegroti se bene habeant ad cibos oblatos, recte colligimus, satis vigere apud illos functiones, quas natura nutritioni praeesse jussit. Enimvero, si in morbo intaminatae sunt functiones cerebri nervorumque, quas animales dicimus; si porro satis vigent functiones naturales, instrumentis functionum strictiori sensu vitalium novum continuo suggerentes pabulum, is certe morbus plurimum securitatis habebit. Periculum alere poterit mente constante et sui conscia, ut in nobilissimorum viscerum fieri videmus inflammationibus; diuturnus esse poterit, et ad optimam curationem refractarius, vigentibus licet omnibus nutritionis instrumentis, cujus rei in nervorum morbis tot quotidie nobis praesto sunt exempla: qui autem morbus utramque ex functionibus animalibus naturalibusque benignae indolis notam medico ostendit, is certe de securitate aegroti medici judicium vix facile fefellerit; haud facile, inquam, quum *Galeno* omnino adstipuler, recte pronuncianti, ad certum judicium in morbis ferendum omnia omnino signa esse exploranda, et curiosissime inter se conferenda.

Aphor. XXXIV.

In morbis minus periclitantur ii, quorum similis (vel cognatus) *naturae, et aetati, et habitui, et tempestati morbus fuit, quam quibus non est secundum aliquid horum* (quibus in his nulla ex parte est consentaneus, sive: quibus in aliquo horum non cognatus fuerit).

Experientia duce, quam magistram semper sequitur, *Hippocrates* docet, morbos generatim aut affines esse et respondere conditionibus hominis naturalibus, tum internis in ipso homine sitis, tum externis quoque nonnullis; aut his omnibus minime esse affines, et nullo modo respondere. Ad conditiones, quibus morbi consentanei sint, aut non respondeant, internas revocat naturam, aetatem, habitumque. Inter externas caussas, tanquam praecipuam, anni tempestatem commemorat. Affirmat autem *Hippocrates*, semper minus periculum morbos minari iis, quibus sint his conditionibus affines et cognati, quam quibus non sint. Hanc enunciationem memoriae mandavit *Hippocrates*, ut usu et observatione habuit compertam, de ratione parum sollicitus.

Asserti veritatem exemplis plurimis demonstrare, facile fuerit, nonnullis illustrasse sufficiat. Natura alii dispositi sunt v. c. ad sanguinis profluvia, alii ad profluvia mucosa serosave; saepius ita, ut si illa, vel sanguinis, vel muci, vel seri profluvia certis statisque temporibus experiantur, non solum ea optime ferant, sed certum aliorum morborum in iis praesidium habeant. Qui vero natura sua ad haec profluvia minime sunt dispositi, ii certe, si tamen illis implicantur, haud bene ferunt: ut ex sanguinis insonte e naribus profluvio vel paulo copiosiori, aut ex alvi fluxu haud plurium dierum, virium languorem eximium illico et satis diu persentiant. De aetate, quod quaelibet morbos afferat suos, res satis constat. Ipse *Hippocrates* diversos hos pro aetate hominis morbos primus exposuit Sect. III^{tiae} Aph. 24to ad 31^{mum}. Natura dum humanum corpus primo format, deinde incremento auget, tum perficit, denique, paulatim decrescens, in sinum suum demum iterum recipit. Ut his veluti stadiis curriculum suum emetiatur homo, mutationibus ipsi molestis, quas morbos dicimus, utitur, atque sic, vita humana in certas aetates diducta, cuivis aetati illis viribus prospexit, quae sufficiant, ut morbos proprios non solum perferat singula aetas, sed iis etiam in corporis sui perfectionem utatur homo, donec tandem naturae finibus responderit. Hinc fieri utique debet, ut quaevis hominis aetas suos morbos sat bene ferat, immo vincat utplurimum; morbis autem alius aetatis pessime afficiatur, immo facile pereat. Convulsiones, quas diu ferre puerum adolescentemque, exempla commonstrant, proh dolor! quotidie oblata, senem vel uno impetu e vita tollunt. Exanthematum acutorum totum genus pueri bene sustinent, atque ex eo feliciter plerumque evadunt, dum, si adultos exanthemata illa corripiunt, hos misere torquent, iisque tantum non semper praesentissimum vitae periculum minantur. Eodem prorsus modo res se habet cum ea corporis humani fabrica, eoque vitae modo singulis hominibus proprio, quem medici uno nomine habitum dicunt: ut, quibus morbis hic habitus faveat, eos satis secure perferant homines, in iis autem maxime periclitentur, quibus natura sua repugnet. Homo debilis, nec tamen adeo sensilis, longi morbi labores melius perferet, homine robusto majoremque in modum irritabili, qui contra, viribus pollens, acutum morbum felicius superabit, debili illo.

Haud dispar ratio est anni temporum et tempestatis, quam secum afferunt. Singulis propria fere nocendi vis est; singulis proprii morbi sunt, iterum a *Divo Coo* primo recensiti, Sect. quidem III[tia], ita tamen, ut hi ex anni tempore semper benigniores sint, si intra suos cancellos se continent, maligniores illico, si, e finibus suis egressi, in alio anni tempore, non suo, et sub alia tempestatis temperie erumpunt. Inflammationes infert acris rigidaque hyems, sed quae morem gerunt perito medico. Quodsi vero aestas inflammationem profert, novum sibi morbum, quem bile et putredine auget: quam valde maligna haec inflammatio erit! quam peritissimi medici assiduam eludet operam! Sic, qui novos hospites facile occidunt, pestilentes morbi, regionis, in qua furorem suum exercent, indigenis aut omnino parcunt, aut saltem multo mitius cum iis agunt.

Sed eheu! jam satis est exemplorum, quae in hujus Aphorismi effato *Hippocrati*, ejusque magistrae naturae, fidem faciant.

Aphor. XXXV.

In omnibus morbis (in omni morbo), *circa umbilicum et imum ventrem* (partes) *crassitudinem habere, praestat* (vel melius est). *Valde autem tenues esse et tabefactas* (sive, nimia eorum tenuitas et macies), *malum; sed hoc quoque ad inferiores purgationes periculosum* (seu periculo non vacat).

Hunc Aphorismum ante oculos habuit *Celsus*, dum, quae bona malave signa in aegrotantibus sint, Lib. II^{di} cap. 3^{tio} et 4to referret. Ex hoc enim Aphorismo repetiit: *inter mali morbi testimonia esse, nimis celeriter emacrescere, et cutem circa umbilicum pubemque macram esse; securitatem autem inter alia bona signa et hoc aegrotantibus promittere, si circa umbilicum et pubem cutis plana sit, si praecordia aegroti sine ullo sensu doloris aequaliter mollia in utraque parte sint; quodsi paulo tumidiora sint, digitis tamen cedant et non doleant.* Hanc valetudinem, in qua haec signa insint, ut spatium aliquod forte habitura sit, tutam tamen recte *Celsus* pronunciat. Partes autem, quas *Hippocrates* ad umbilicum et imum ventrem esse dixit, easque crassitudinem habere laudavit, macras autem et eliquatas inter mala morbi testimonia retulit, medici postea singularibus distinxerunt utriusque hypochondrii, iliorum regionisque umbilicalis et hypogastrii nominibus. Hisce in regionibus praecipua viscera collocavit natura, quibus vitae nostrae praeparantur pabula. Haec viscera igitur, quorum integritatem manu explorare natura concessit, expedita esse et sine doloris signo, atque modica crassitudine sua et vitae turgorem profiteri, et nutritionem hactenus prosperam, magno certe in omnibus morbis documento est, vires aegroti ad morbum etsi forte longiorem perferendum suffecturas esse, periclitari autem aegrotum, maxime in longiori morbo, in quo hae partes macrae et veluti eliquatae deprehenduntur. Quae harum partium macies et mirabilis eliquatio imprimis observari solet, si nutritionis materies iis cito et majorem in modum detrahitur. Hinc recte periculosum hoc esse dixit, si post infernas purgationes eveniat. Pessimi certe in omnibus alvi profluviis ominis est, abdomen valde extenuari, atque ita subsidere, ut, decora amplitudine omissa, pelvis sinuosam formam fere referat. Periti igitur medici erit, in omnibus morbis, tum acutis tum diuturnis, praecordia atque totum abdominis habitum diligenter et vel quotidie tentare, et curiosius explorare, utrum secundum naturam se habeant omnia, an partes in abdomine positas contra naturam affectas esse, vel dolore, vel tensione, vel aliqua inaequalitate, vel tumore, vel extenuatione macieque, vel calore, vel quocunque demum a natura recessu, deprehendatur.

Aphor. XXXVI.

Qui sana habent corpora (sana habentes corpora), *pharmacis* (medicamentis) *purgati* (purgantur) *cito* (sive celeriter) *exsolvuntur*, *atque etiam qui pravo victu* (vel cibo) *utuntur.*

Legit paulo aliter hunc Aphorismum *Lefeburius*, dum cum sequente conjungit. Atque videtur quidem, Aphorismo sequente XXXVII^mo^ idem repeti, quod hic affirmat, quamvis, hanc otiosam repetitionem, nondum concesserim. Quum tamen eadem semper sit sententia, quam a *Galeno* omnes duobus his Aphorismis complexi sint, nec *Lefeburius* aliam afferat, profecto non habuit, cur a sueto Aphorismorum ordine recederet.

Heurnii, qui putat, de iis partim loqui Aphor., qui a morbo restituti nunc plena sanitate gaudeant, subtilitatem probare nequeo. Sermonem omnino facit *Hippocrates* de hominibus sanis, bene valentibus, qui sana habeant corpora, hosque purgantibus medicamentis cito viribus exsolvi, dicit. Purgantia medicamenta, quae antiquis illis temporibus medicis in usu essent, vehementissima fere fuerunt taliaque, qualia corpus cito exsolverent, idque vel eo citius, quo majore robore corpus esset praeditum, nostro loquendi more, quo major esset tum totius corporis, tum intestinorum irritabilitas, et virium vitalium actuositas. Sed Vos recte interloquentes audio: quorsum haec? quis adeo stolidus, ut sanissimo homini medicamen praebeat purgans, idque sat validum? Enimvero usi omnino sunt homines vel antiquissimis temporibus, teste quidem *Herodoto*, hoc medicaminum genere in morborum prophylaxin, ut futuros morbos a se repellerent. Aegyptii quidem hanc in rem vomitionibus plurimum tribuerunt, quas fere bis omni mense moliri consuevisse, *Herodotus* commemorat. Dum autem vomitum mitissimis remediis moliebantur, non acri aliquo medicamento, atque vomitus haec natura sit, ut vires incitet, non facile dejiciat, prudentior fere ille mos fuit antiquissimi populi, quam is, qui deinde per longa secula etiam apud medicos viguit, hodieque forte nonnullorum medicorum ingenium occupat, purgantibus remediis ad arcendos futuros morbos uti. Hunc forte morem, quippe non solum vanum, verum etiam facile periculosum, reprehendere et atro carbone notare voluit *Hippocrates*. Nec prorsus contradixerim ego huic sententiae, quam plurimi interpretum amplexi sunt. Nec video tamen, si hoc consilio dixerit *Cous*, ut futuri morbi praesidium tolleret e purgante medicamento petitum, cur adjecerit, et eos his medicamentis cito viribus exsolvi, qui pravo victu utantur. Hi certe sanis et firmis corporibus praediti esse nequeunt. Unde igitur *Hippocrati* haec antithesis? Num forte dicere voluit, etiam his, qui pravo utantur alimento, ut morbos arceant, purgans medicamentum praebendum non esse, ex quo viribus, aeque ac robusti homines, exsolvantur. Medicos antiquissimis illis temporibus sub pathologiae humoralis incunabulis fuisse, credibile est, qui ad repurgandem corpus purgantem medicinam illis proponerent, qui propter pravum victum impuritatibus scatere viderentur. Horum errorem vitiosum utique *Hippocrates* notare voluit. Non repugno, etsi *Hippocratis* gravitatem fere desidero. Quaero tamen, nullane sit, vel saltem cogitari possit medicamenti purgantis virtus et efficacia ad avertendum certum morborum genus? Nonne homines, quos s a n a c o r p o r a h a b e r e *Hippocrates* dixit, vel propter hoc ipsum egregium sanitatis robur, quod habitu etiam ostendunt, in certos morbos periculi plenos maxime proclives sunt? Nonne expediet, hanc eximiam sanitatem interdum protinus solvi, ut justo metui imminentis magni et periculosi alicujus morbi protinus subtrahatur?

Perspicitis facile, Auditores, me hujus Aphorismi sensum ad eam sententiam revocare, quam *Hippocrates*, de dubia athletarum valetudine locutus, Aph. 3^tio^ Sect. I^mae^ professus est; hunc bonum habitum sine mora inanitione solvendum esse praecepit. Videtis igitur, in quorum hominum genere hanc medicaminum purgantium virtutem, qua vires illico exsolvant, experiri liceat medico, immo hic experiri utique et sine mora debeat. Perspicitis facile, tum ad quodnam morborum genus arcendum purgantia medicamenta adcommodata sint, tum haec medicamenta, iis oblata, qui pravo victu usi corporis debilitatem contraxerunt, tantum abesse, ut hos a morbis sibi metuendis defendant, ut potius in eos morbos protinus conjiciant.

Aphor. XXXVII.

Qui bene valentia corpora habent, purgationes moleste (sive difficulter) *ferunt.*

In hoc illustrando Aphor. verbum, quo utitur, φαρμακεύεσθαι, primo explicandum est: hoc quidem de omnibus medicamentis intelligi poterit; hoc autem loco, ut plurimis aliis *Hippocratis* locis, non nisi de medicamentis purgantibus intelligi debet. Verbum est, ut ab illo derivatum φαρμακὸν, diversae significationis, ita quidem, ut tum medicamentum generatim universimque, tum, atque hoc frequentissime, medicamentum purgans, nec non haud adeo raro venenum indicet. Tot diversae vocis medicamenti significationes apud veteres Romanos etiam obtinuerunt, ut medicamento medicina generatim, et quod purgantes vires exhibeat, speciatim non solum intelligeretur, verum etiam malo medicamento periisse ii dicerentur, qui veneno exstincti essent. *Bosquillonus* igitur, Graece et Latine egregie doctus, recte vertit *φαρμακεύεσθαι*, medicationes. *Brandeisius* autem, qui vernaculo sermone *Hippocratis* Aphorismos nuper interpretatus est, male vertit *Arzneien: gesunden bekommen Arzneien übel.* Falsa omnino interpretatio, quum inter medicamenta plura sint, quibus sani homines minime laedantur. Purgantia medicamenta *Cous* intellexit, dum scriberet, sanos ad ea moleste se habere. Priori Aphorismo de his medicamentis docuit, vires sanorum hominum illis cito exsolvi: nunc addit, molestias afferre sanis, atque has quidem singulares, dolores nempe, tormina, et totius corporis perturbationes. Verissime pronunciavit *Hippocrates* de medicaminum purgantium genere sibi cognito, et quo in morborum curationibus uteretur, de helleboro utroque, de elaterio sive de succo cucumeris asinini, ceterisque id genus medicamentis vehementissime purgantibus. Quorum omnium haec omnino efficacitas est, ut homines sanos et insigni virium robore pollentes pessime afficiant, et non solum viribus cito exsolvant, verum etiam multis molestiis doloribusque male habeant. Docere itaque voluit *Cous*, si quando his medicamentis opus fuerit ad solvendum illico athleticum habitum, quippe periculi plenum, sanis tamen hominibus haec remedia minime temere, sed tantum, quando eorum dandorum necessitas urgeat, et nunquam sine magna prudentia, exhibenda esse.

Aphor. XXXVIII.

Minus utilis (seu paulo pejor) *cibus et potus, suavior autem* (sive jucundior), *melioribus quidem, sed insuavioribus, potius eligendus* (vel anteponendus) *est.*

Sententia satis evidens et luculenta explicatione facile caret. Sed ut nullus fere est inter *Magni Coi* Aphorismos, qui, diligenter excussus, materiam non praebeat simplici oratione veluti reconditam, eamque minime vulgarem tritamque, sed medicis scitu utilissimam: ita, nisi ad amplissimum usum, quem hic Aphorismus habet, Vos attentos fecerim, parum officio meo fecisse satis mihi viderer.

Primo igitur adnotare juvat, observationem medicos docuisse, naturae saepe instinctu duci aegrotum, dum hoc illudve potionis genus avide desideret; quod etsi minus utile videatur, si tamen concedatur, insignem utilitatem aegroto praestet. Qui v. c. febre ardente sive causo graviter decumbunt, frigidum potum avide expetunt, eumque cum insigni oblectamento largissime ingurgitant; eo utique, si inflammatione viscera vacant, eventu, ut, biliosa materia vomitu alvoque primo excussa, inter saluberrimos sudores periculosi morbi atrociam evadant. Quae observatio medicos docuit, ad frangendam vim hujus febris eodem remedio uti, cujus egregiam efficaciam natura ipsa tot exemplis luculenter declarasset. Legite apud *Celsum* Lib. III^{tii} cap. 7mo, quam egregie medici aquae frigidae potu, eoque etiam ultra aegroti satietatem exhibito usi sint, non solum ad exstinguendos calores in hac febre fere intolerabiles, verum etiam, ut periculosam febrim ad perfectam ducerent judicationem. Quantane est interdum aegrotorum pessimis febribus, quas nervosas hodie dicimus, decumbentium vini appetentia! naturae omnino nutu, saluberrimoque instinctu, quum inter omnia remedia vires refocillantia, quae cardiaca sive analeptica medici vocant, vinum et efficacitate et securitate omnibus medicamentis facile praestet. Indulgebimusne igitur aegrotorum genio, ut quicquid sibi forte expetant gulae oblectamenti, sive potum glaciatum requirant, sive ex anseris jecore oleo macerato cibum poscant concoctu difficillimum, aegrotorum precibus occurramus illico? Minime profecto! paulo deteriorem sive minus utilem cibum potumque, quoniam suavior videatur, aegroto permittit *Cous;* a nocituro cibo potuque aegrotum omnino interdicit. Nunquam aegrotis concedendum est alimenti vel potus genus, quod facile noceat; nullisque aegroti precibus unquam commoveatur medicus, ut a salute aegri curanda vel latum unguem recedat.

Deinde, ut generatim universimque suaviora utiliora sunt insuavibus, quippe illa grate, haec autem ingrate ventriculum afficiant: ita in uno morborum genere prae altero aegroti gulae paulo indulgere poterit medicus. Si plenitudo impetuosioresque vires morbum intulerint, nil profecto opus est, ut suaviori cibo et potu vires incitentur, et humorum copia augeatur; atque his aegrotis nauseantia interdum prosunt remedia. Contra, si languentes aegroti vires refocillandae sunt, si corpus sat celeriter alendum est, tales aegrotis concedendi sunt cibi potusque, quales non solum sint utiles, perniciosos enim semper rejicimus, verum etiam sapore, immo odore coloreque accepti et commendabiles.

Denique, quum in acutorum morborum plurimis liberaliori potu opus sit, in diuturnis autem morbis idem cibi potusque genus quotidie porrectum aegroto facile fastidium pariat, curandum est, ut potus cibique aliqua varietate aegrotus, nisi delectetur, minus tamen fastidii taediique experiatur. Qua in re salubritati semper primo studendum est, ita tamen, ut palato satis jucundum sit potus cibique genus. Medicus igitur, materiam alimentariam accurate edoctus, in re etiam culinaria et coquinaria haud parum versatus esse debet, ut nova semper potus genera, eaque naturae morbi congrua, ciborumque varietatem innocuam aegroto non solum proponat, verum etiam ministris parandi modum, grataque et insontia cibi potusque condimenta, examussim indicare possit.

Aphor. XXXIX.

Senes juvenibus utplurimum quidem rarius aegrotant. Quicunque autem morbi diuturni iis fiunt, utplurimum commoriuntur.

Quum omnium morborum caussa deflexu actuositatis vitalis a justo moderamine functionum, debitoque omnium instrumentorum concentu generatim universimque contineatur, ipsa autem illa vitalis energia incitamentis regatur, et ex rerum externarum influxu advenientibus, et propriis e corporis mentisque animique natura oriundis: tum, quae horum incitamentorum vicissitudinibus maxime patet aetas, morbis quoque plurimis accessa esse debet; aetatem autem his vicissitudinibus minus obnoxiam morbis minus frequentioribus affici, oportet.

Hinc Hippocratici hujus effati, senes juvenibus rarius aegrotare, ratio utcunque intelligitur. Sunt in aetate senili, viridi quidem et minime effoeta decrepitaque, omnia ad justum moderamen singularum functionum, omniumque egregium concentum disposita. Aequabili actuositate virium vitalium vel ideo pollet senilis aetas, quoniam jucundi otii amantissima non solum externarum rerum influxum longe minori efficacitate experitur, verum etiam ab animi affectibus et perturbationibus fere libera, vitaeque, quam parum supersit, semper memor, omnia ad temperantiae et prudentiae leges componit, et non nisi illa mentis constantia animique tranquillitate delectatur, quas in summis bonis merito refert, et quibus non nisi prudente vitae ratione se diu potiturum esse, bene novit. Praecidit natura sua morborum caussas senium, quas requirit adeo, in easque se praecipitem dare solet juventas, poenas igitur saepius datura juvenilis imprudentiae. At enimvero, ut in omnes benignam se praestare solet natura: ita juvenibus egregia virium abundantia rigidam senis firmitatem liberaliter compensavit. Morbis nisi perit juvenis, eos vincit omnino, sanusque e certamine recedit; senex autem, etiamsi morbos evadat senio proprios, hos tamen veluti in sinu suo alere cogitur, donec vitam cum iis ponat.

Etenim hoc dicere voluit *Hippocrates*, senes morbis suae aetati propriis non penitus liberari, sed iis post breviores longioresque inducias semper plus minusve usque ad mortem affici, omnium malorum morborumque finem. Minime autem dicere voluit *Cous*, senes ex morbo quo afficiantur diuturno perire; quod experientiae minime consentaneum est, dum senes v. c. ex podagrae insultu non facile moriuntur, eumque potius per sat longam annorum seriem quotannis denuo experiuntur, ab eo tamen penitus vindicantur nunquam, ut verissime dicere possint, podagram secum esse commorituram.

Aphor. XL.

Raucitates et gravedines (in) *valde senibus non coquuntur.*

Quod priori, quem nuper legimus, Aphorismo affirmabat *Hippocrates*, juvenibus quidem minus aegrotare senes, sed a morbis, qui ipsis contingant, maxime diuturnis, non facile liberari, exemplo aliquo satis luculento et vel quotidie obvio, a catarrhalibus adfectionibus desumto, hoc Aphor. confirmat.

Raucedo sive raucitas est catarrhus asperae arteriae, imprimis laryngis, unde vocis clangor et claritas perit. *Κόρυζα* generatim denotat catarrhum narium: hic de gravedine (*Stockschnupfen*), morbo quippe senili, intelligi debet. Utriusque adfectionis caussa membranae mucosae inflammatione singulari continetur, cujus haec natura est, ut sedata inflammatione in largiorem muci secretionem et excretionem, sive blennorhoeam finiatur. Atque hoc liberaliori muci profluvio horum morborum coctio fit; ita omnino, ut in raucedine muci screatu et per tussiculam rejectione voci sua claritas restituatur, in coryza autem capitis dolor cum narium siccitate tollatur, olfactusque instrumentum, morbo antea impeditum, functionem suam iterum peragat. Sic omnino fit in omnibus, qui nondum ad extremam pervenerunt senectutem; hi autem, quos valde senes *Hippocrates* vocat, si catarrhalibus illis affectionibus implicantur, ab his nunquam perfecte liberantur: ita quidem, ut veluti naturalem vocis exstinctionem valde senes experiantur, nec gravedinis ingrato sensu, vertiginem subinde adducente, odoratus facultate etiam sublata, penitus liberentur.

Est autem senilis aetas his morbis valde obnoxia, in eosque natura sua proclivis: sive propter muci abundantiam partiumque, quam senium adducit, exsiccationem, ut veteres explicarunt; sive, quae nobis hodie probatur caussa, propter membranae mucosae actuositatem vitalem in senio minorem, quae illius membranae secretioni et absorbtioni debitae obest. Ita omnino hae catarrhales affectiones in valde senibus non coquuntur, id est, non penitus tolluntur, sed cum ipsis commoriuntur. Enimvero nil vetat, horum exemplorum, quae *Hippocrates* hoc Aphorismo nobis proposuit, vim et auctoritatem ad morbum multo graviorem, et senibus tantum non semper funestum applicare, quem veteres catarrhis quoque adnumerarunt: peripneumoniam notham rectius vocavit *Boerhaavii* schola. Catarrhi speciem simulat, nec saepe adeo gravis; morbus tamen insidiarum plenus est, quippe qui vel peritissimos inter medicos senes, quos corriperet, lenitate sua subdola fefellerit. Exemplum legite, quod de *Valisnerio*, physico et medico perquam eximio, hoc morbo praeter suam opinionem exstincto, *Morgagnus* diserte, ut solet, retulit. Hanc pulmonis inflammationem, catarrhi speciem in senibus ementitam, natura non coquit; praesentissimis et efficacissimis remediis opus est, ut vel in primo impetu juguletur, quae si non illico praesto sunt, intra paucissimos dies pulmonis gangraena et paralysi senem formidulosus morbus exstinguet. Adeo verum est, valde senes nec suis morbis liberari unquam, nec ad judicandos acutos morbos naturae vires apud eos satis valere, sed parum sufficere.

Aphor. XLI.

Qui saepe et vehementer animo linquuntur, sine evidente caussa, repente moriuntur.

Rei, quam in hoc Aphorismo *Hippocrates* adnotat, veritatem experientia procul dubio medicos vetustissimis temporibus docuit. Quum autem omne animi deliquium mortem nec inferat, nec ex eo hominem exstinctum iri indicet: tribus conditionibus, veluti tot terminis, praesagium suum accurate definivit *Divus Cous*. Primo de certo hominum genere, et singulari aliqua corporis constitutione distincto, in animi deliquia proclivi sermonem fieri videri possit. Deinde, hos homines animi deliquium non solum saepius, verum etiam vehementer pati, docet *Cous*. Denique animi deliquium grave iis saepe accedere addit, sine ulla tamen evidente caussa. Jam eamus per singula.

Primo, quodnam genus hominum est, quod facile, saepius et sat graviter animo linquatur? Nonne illi, quibus natura sensilitate nervorum animique nimia male prospexit? Nonne feminae, praesertim hysterica nervorum labe affectae? Ita videtur: nec tamen feminas facile subito e medio tollit morbus suus, nec viros sensilitate nervorum feminis fere similes repentinae morti obnoxios esse, experientia hactenus docuit. Est quidem apoplexiae genus, nervosam vulgo dicunt, natura sua cum animi deliquio fere conveniens, quod homines cerebro nervisque debiles et ultra modum sensiles interdum sat celeriter rapit; hos tamen antea frequentibus animi deliquiis obnoxios esse, minime constat. Ad hos igitur homines debiles sensilesque effatum Hippocraticum vix revocaverim. Sed aliud hominum genus communis medicorum praeceptor Aphorismo XLIV[to] hujus Sectionis indicavit, ad quod meliori jure referre licebit Aphorismi nostri enunciationem: *Qui natura*, inquit, *sunt valde crassi*, *magis subito moriuntur*, *quam graciles*. Natura, id est, vel a primo ortu, ut vix adolescentes, saltem valde juvenes, vim pinguedinis fere immanem colligant. Hos vix virili aetate egressos, immo ante eam, apoplexia subito auferre solet. Sed etsi sopore fere perpetuo urgeantur, spiritumque vix sine anhelitu ducant, atque ex his, praematura illis instare fata, facile praedici possit; tamen hos nunquam vidi frequentibus animi deliquiis affectos, etsi haud paucos noverim praematura illa et molesta pinguedine dehonestatos; atque in iis medicum etiam, virum eximium, amicum mihi, qui saepe mecum fenestrae adstans, et in plateam prospiciens, inter confabulationes nostras obdormiscens, caput fenestrae ita impegit, ut vitrum frangeret illico. Hunc quoque fata praematura occuparunt, quum virilem aetatem vix excederet; animi deliquia tamen non perpessus, signo praematurae mortis omnino caruit, quod in hoc Aphorismo adnotavit *Hippocrates*. Itaque ex ipsa hac aegritudine ejusque caussis eliciendum est, cur repente moriantur, qui saepe et vehementer animo linquantur; idque, quod *Cous* accurate addit, sine evidente caussa.

Primo, nec qui interdum animo linquuntur, nec qui leviori animi deliquio corripiuntur, nec demum, quos ab evidente aliqua caussa vires deficiunt, quod sibi timeant, ex *Hippocratis* effato nullo modo habent. Etenim sub leviori animi deliquio vitae functiones paulo tantum et ad breve tempus imminuuntur, pergunt tamen. Qui ex balnei nimio calore, vel propter majorem aliquem animi affectum, vel denique, quod hystericis feminis proprium est, odore ipsis gravi rei utplurimum suaveolentis animo liquuntur, aegritudinis suae manifestas habent caussas. In quibus autem harum nulla est externa caussa, tali autem animi deliquio frequenter afficiuntur, quale sanguinis motum fere intercipiat, ut arterias vix micare, cordisque motum non nisi obtusiorem in iis deprehendamus; quale spiritum fere suffocet, et naturalem calorem fere totum exstinguat; qualis igitur mortis imaginem fere referat, subitaneus virium lapsus: hi certe propter internam aliquam caussam, eamque graviorem, et circa primaria vitae instrumenta haerentem in hoc vitae discrimen deveniunt. Syncopen cardiacam recte nominarunt veteres gravissimum hoc animi deliquium, quod ab apnoea, quam veteres dicebant, hodieque asphyxiam dicimus, proxime remotum est. Circa cor, circa vasa, quae sanguinem ferunt, majora cordi vicina tanti atque tam frequentis animi deliquii interna caussa delitescit. *Hippocrates* igitur ex hac aegritudine recte collegit, vitium alere hos homines vitae adeo infestum, quod vitam non possit non subito exstinguere, et longioris vitae spem praecidere omnino debeat. Quam recte vero ex sola observatione haec conjectatus fuerit *Hippocrates*, diligentia humani corporis incisorum seriori demum aevo detexit, quum a *Lancisii* fere aevo, et vel supra doctissimi hujus medici aetatem, ad nostra usque tempora vitia illa cordis, ossea quidem valvularum, quibus instructum est, vasorumque propriorum natura, vasorumque majorum dilatationes in rupturas pronae, luculenter demonstratae et vel ante omnium oculos positae fuerint. Sagacitatem igitur admiremur antiquorum virorum; at non solum admiremur, sed eo totis viribus contendamus, ut sedulo observationis studio in tanto, quo instructi sumus, subsidiorum doctrinae apparatu, haud adeo longo intervallo ab antiquissimis illis relinquamur magistris.

Aphor. XLII.

Solvere apoplexiam, fortem quidem, impossibile, debilem autem (seu minus gravem), *non facile.*

Latinissime vertit *Celsus* Lib. II[di] cap. 8[vo], de anni tempore loquens ad curationem resolutionis nervorum minus idoneo, tum eo, quod spei locum relinquat, dum addit: *Isque morbus mediocris vix sanatur, vehemens sanari non potest.* Hujus effati veritas vel ex celeritate satis elucet, qua fortis apoplexia hominem jugulat. Occidit enim interdum, ut veluti fulminis hominem prosternat, inanimem penitus. Minus gravis sensus tamen omnes exstinguit, motumque omnem tollit, praeter eum, qui in respiratione, et in corde vasisque sanguiferis superest. Respiratio autem in morbo paulo graviori alta esse solet, sonora atque laboriosa; summae debilitatis indicio. Nobilissima pars humani corporis laborat, quae omnia vitae moderatur instrumenta, aut cujus saltem influxu haec vix careant, quin a muniis suis ferientur ipsa. Caussa vero morbi, sive eam in cerebro sanguine serove oppresso cum veteribus medicis collocemus, sive cum recentioribus ex exstincta vi vitali, seu paralysi cerebri repetamus, ita semper comparata est, ut difficillime tolli queat. Sanguis interdum in ea morbi specie, quam sanguineam vocant, e vasis ita profluit, ut cerebri inter medullam effundatur; quae caussa in cadaveribus saepe reperta *Fridericum Hoffmannum* movit, ut inter sanguinis profluvia morbo locum assignaret, vocaretque haemorrhagiam cerebri. Quis ad hoc sanguinis profluvium, vitam illico exstinguens, medicinam afferat? Enimvero, si vel serosa colluvies cerebrum opprimat, nec hanc ex interioribus cerebri sedibus et veluti recessibus facile exturbabis; imprimis, quum non nisi ex longiori cerebri labe et debilitate illa serosi humoris colluvies circa cerebrum nasci possit. Atque ut dicam, quod sentiam, veram apoplexiae caussam cerebri debilitate, plerumque longius nutrita, raro subitanea contineri, puto; ita quidem, ut in omnibus exemplis cerebri nervorumque debilitas totius caussae morbi plurima pars sit. Quam magnam sanguinis vim cerebrum sustinet in febribus plurimis! quantam seri molem in hydrocephalo diuturno, sine praesentis tamen apoplexiae metu! Contra, quam celeriter gravior aliquis animi affectus, interdum etiam ex gaudio magno et improviso, hominem apoplexia rapit! scilicet, quoniam paralysi subito cerebri actuositatem aufert. Quum vero nervorum debilium vix reperiatur medicina, quis satis praesentem et efficacem parabit cerebro viribus lapso?

Aphor. XLIII.

Strangulatorum et resolutorum, necdum tamen mortuorum, ii ad vitam non redeunt (plerumque), *quibus spuma fuerit circa os.*

Celsus hunc Aphorismum his verbis reddidit Lib. II^di^ cap. 8vo: *Neque is ad vitam redit, qui ex suspendio spumante ore detractus est.* Recte autem atque ad mentem *Coi* interpretatus est, dum de strangulatis et strangulatione resolutis intelligi voluit

Aphorismum, minime de convulsis aut aqua submersis; in quibus submersis quidem hoc signum deprehendi haud poterit. Etenim in graviori epilepsiae insultu spumam miseris circa os colligi, qui tamen soluto spasmo ad plenam vitam redeunt, quis est, qui nesciat? de his igitur non dixit *Hippocrates*. Sed qui strangulantur aut violenta manu, aut suspendio, hi certe, dum apoplexia sive cerebri nervorumque resolutio propter strangulationem accedit, vix servantur; atque in his ex spuma circa os largius congesta colligi poterit, pulmonum paralysin strangulationem effecisse. Apoplexiam forte solvet sanguis illico liberaliter missus, maxime ex jugulari vena; sed ad pulmones resolutos quodnam remedium vel excogitari potest satis efficax, ut ad novos motus incitati vitalem suam functionem iterum repetant et pergant.

Spuma autem, unde in his circa os colligitur? cur in his spuma circa os collecta certum exitii signum, quum in convulsis non nisi graviorem herculei morbi accessionem denotet, praesentissimam autem mortem minime indicet? Pulcherrime veteres, praeeunte quidem *Galeno*, hujus spumae naturam et fontes illustrarunt. Altera hujus spumae natura est, ut cum *Galeno* loquar, spirituosa, altera humida. Haec ex saliva nascitur, in convulsis ex ore proflua, et vehementissimo motu, dum inter convulsiones spiritum ducunt, in spumam agitata: spumam oris breviter dixero, quae majus vitae periculum epilepticis minari nequeat, quam hoc ipsum est, quod ex vehementiori morbi sui impetu metuant. Illa autem spuma, quam spirituosam *Galenus* dixit, ex pulmonibus adscendit, et cum saliva ore rejicitur, ideoque signum est exitiale, quoniam violentiam significat, quam pulmones patiuntur, dum homo suffocatur; quae utique tanta est, quanta vel maxima cogitari queat, quum ne ii quidem spumam circa os colligere consuescant, qui ex catarrho suffocativo subito pereunt. Sed in his, longe antea et viribus fractis et pulmone debilitatis, vehementissimus ille motus convulsivus omnino abest, quo sanum hominem, si strangulatur, vehementissime circa viscera spiritualia agitari utique necesse est. Itaque, si nonnullos strangulatos, quibus hoc signum adfuit, servatos tamen fuisse, quod *Galenus* contendit, sat certo constet, paucissimi profecto fuerunt, et ex mea quidem sententia tales, quales spuma oris tantum defoedaret, vix autem spirituosa illa, ex ipsis pulmonibus nata, in ore compareret.

Aphor. XLIV.

Natura valde pingues citius (celerius, praematura morte) *pereunt, quam graciles.*

Celsus optime vertit Lib. II[di] cap. 2[do]: *Obesi plerumque acutis morbis et difficultate spirandi strangulantur, subitoque saepe moriuntur, quod in corpore tenuiore vix evenit.* Qui me audiverunt Aphorismum XLI[mum] hujus Sect. explicantem, in quo *Hippocrates* affirmat, eos repente mori, qui sine manifesta caussa saepe et vehementer animo linquuntur, sibi in memoriam facile revocabunt, me et hujus Aphorismi XLIV[ti] jam meminisse, et mortis subitaneae inter obesos exempla in medium protulisse, quum XLI[mum] illum explicarem. Sed in illo Aphorismo de repentina morte sermo fit; in hoc autem de morte praematura, cui quidem prae gracilibus obnoxii esse dicuntur obesi. Atque experientia effati Hippocratici veritatem utique demonstrat, docetque, a natura obesos vix ad longaevitatem pervenire; sed dum in vegeta aetate versantur, et virili vix egressos aut apoplexia rapi, aut anhelitu corripi, in hydropem infelicem exitum habituro. Totum morborum genus, quod obesis celere exitium minatur, in pathologia metrica, sive de homine aegroto carmine vivis coloribus quondam pinxit *Hebenstreitius*, his quidem versibus:

— Omen habet moles pinguedinis auctae:
Illa gravat corpus, dum ventris pondus obesi
Membra sopita premit, dum lentos impedit artus
Pondus iners crescitque malum; ceu viscera tardum
Accumulant adipem, nocuit vigor ipse salutis.
Hinc varii plenos homines invadere morbi
Plus aliis quandoque solent; inopina timentur
Fata magis; tumidus tales non praeterit hydrops.

Sed singula Aphorismi verba expendenda sunt, ut de genuino *Coi* sensu constet.

Natura, *κατὰ φύσιν*, valde obesos celerius interire affirmat, quam graciles, minime generatim obesis praematuram mortem minari. Qui enim, virilem jam transgressi aetatem, adipem colligere incipiunt, docente id quidem quotidiana experientia, nil profecto habent, quod sibi de praematura morte timeant. Sani et vegeti degunt, vitaque saepe fruuntur ad extremum vitae humanae terminum prorogata. De his tantum sermo fit, qui natura, id est vel a primo ortu, vel saltem a prima juventute ultra modum obesi sunt, qui vix adolescentes pinguedinis molem colligere incipiunt, quorum igitur natura sive constitutio in obesitatem vergit nimiam et onerosam. Hos autem ad longaevitatem vix pervenire posse, ratio facile ostendit; sive caussas hujus praematurae obesitatis scrutemur, sive ejus perpendamus effectus. Obesulus forte infans, dum crescit, gracilis fit; juvenem virumque nimia obesitas non facile deformat; sed dum a senio jam minus remoti sumus, demum obesitatem aliquam contrahere solemus; qua ne oneremur juvenes, praesidio nobis est vitae tunc eximium robur vigorque, sanguinis circulum, omnesque motus, secretiones et excretiones cunctas mirifice excitans et sustentans. Hanc igitur vitae actuositatem natura sive ab ortu minorem in iis utique esse oportet, quibus, veluti contra naturae legem, in juvenili aetate adeps accumulatur. His, ut *Hippocratis* voce utar, innati caloris minus indidit natura, iisque vel ipsa constitutione nativa vitae longioris beneficium denegavit.

Quod vero ad effectum hujus praematurae obesitatis attinet, is quidem talis omnino est, qualis motu musculorum segniori, sanguinis circuitu tardiori, lymphae succorumque praestantiorum elaboratione minus perfecta, viscerum etiam nobilissimorum compressione iniqua (ut taceam, quae ex his omnibus propullulant, oeconomiae animalis detrimenta) non possit non esse vitae majorem in modum infestus. Hos igitur natura, spem longioris vitae ponere, jussit; idque adeo vel externo corporis habitu declaravit his obesis proprio. Corpore plerumque utuntur crasso parvoque, ossibus parvis et teneris, ἄναρθροι vocantur a *Hippocrate* in doctissimo forte totius antiquitatis *Libro*, qui inscribitur *de aeribus, aquis et locis*, i. e. sine articulis, non quod articulis careant, sed quod articuli pinguedine occultentur, ut minus distingui possint; quales pusionum articulos pingere solent pictores. Instructi sunt hi natura obesi arteriis et venis angustis, atque, quod *Heurnius* in hunc Aphorismum perite adnotavit, corpus habent imperspirabile. Graciles contra, quibus longiorem vitam pollicetur *Hippocrates*, iique natura gracilcs, macie, quam forte morbus attulit aut corporis exhaustio, minime deturpati, lacertosi nervosique homines esse solent, pectore amplo, scapulis amplis, cervice magna eaque lacertosa, vasis sanguiferis, venis maxime amplis. Verbo, ea vitae plenitudine haec gracilia corpora natura instruxit, quae longiorem vitae cursum promittat.

Sed si observatio, quam *Cous* in hoc Aphorismo nobis reliquit, ad naturae humanae contemplationem, qua medici carere omnino nequeunt, vel maxime faciat: quam utilitatem, quaeritis forsitan Auditores, ex illa observatione capiat medicus, qui totus in eo esse velit, ut aut a futuris morbis hominem defendat, aut jam urgentibus medicinam recte faciat? Puto equidem, haud parum utilitatis medicum ex illa observatione capere posse, sive avertendis futuris morbis studeat, sive praesentibus legitime et feliciter curandis suam addicat operam. Etenim dum praevidet morbos, crassis corporibus familiares et facile funestos, his opportuno tempore obviam ibit, victu et regimine recte adornato. Si autem in morbum graviorem, eumque imprimis acutum incidit homo natura sua obesus, errorem facile evitabit medicus pessimum, in quem medicos attentos jam fecit *Heurnius*, ne specioso obesorum habitu fallantur, sed potius, nativae debilitatis horum hominum memores, viribus parcant, ideoque in evacuantis medicinae usu modum non excedant, atque imprimis a sanguinis missione liberaliori sibi temperent. Denique, si in longiorem morbum juvenis natura valde pinguis incidit, medicus, hunc Aphorismum bene meditatus, non aetatem, sed habitum juvenis respiciet, eique aut necessariis et amicis facilem promptamque curationem minime promittet, atque sic in minus prospero eventu non solum famae suae optime consulet, verum etiam apud omnes prudentiores existimationem suam mirifice augebit.

Aphor. XLV.

Epilepticorum (seu ex epilepticis, sive inter epilepticos) *juvenibus* (vel potius adolescentibus) *liberationem mutationes, maxime aetatis, et regionum, et vitarum* (intellige vitae generis, imprimis victus) *faciunt* (sive efficiunt).

Aphorismus argumento gravis! Etenim salutis spem probabilem iis ostendit, qui, ab infantili maxime aetate, epilepsia horribili morbo afficiuntur. Hanc spem collocat *Cous* in mutationibus, tum interna illa totius corporis, quam aetas pueris et adolescentibus affert, tum in iis mutationibus, quae rerum externarum influxu, nempe regione, victuque aut vitae genere mutatis adducuntur. Conferendus est cum hoc Aphorismo 28vus Sect. IIItiae, in quo, dum *Hippocrates* recenset morbos singulis aetatibus proprios, quando judicia sive solutiones seu liberationes ab his morbis teste experientia exspectandae sint, docet. *Pueris*, inquit, *maxima ex parte, sive plurimis in exemplis, morbi proprii solvuntur, alii intra quadraginta dies, alii intra septem menses, alii intra septem annos, alii circa pubertatem. Quicunque autem horum morborum in masculis persistunt, et non soluti sunt pubertate, aut prima venere, primis coitibus, in feminis autem primis menstruis, diuturni fieri vel in longum trahi solent.* Conferendus porro est cum nostro Aphorismo 7imus Sect. Vtae in quo hanc prognosin statuit *Hippocrates: Quibus epilepsiae contingunt ante pubertatem, mutationes habent. Quibus vero accidunt, viginti quinque annos natis, his plerumque vel utplurimum commoriuntur.* His ex Aphorismis inter se collatis satis elucet, τοῖσι νέοισιν in nostro Aphorismo minime vertendum esse juvenibus, siquidem juventus apud veteres ad annum trigesimum saepe extenditur, sed intelligendos esse pueros et adolescentes, nondum tamen omnino puberes. Quam interpretationem sat recte secutus est *Brand-*

eisius in versione Aphorismorum teutonica. Confirmat hanc interpretationem locus, qui legitur in *Libro de morbo sacro*, vix Hippocratico, attamen perquam vetusto, ubi scriptor docet, *epilepsiam vix corripere viginti annos natos, nisi morbus a pueritia fuerit connutritus.* Porro in *Libro praedictorum* II. art. XVI. p. 499 scriptor, *difficillime liberari a morbo sacro illos*, affirmat, *quibus a pueritia contigerit, simulque ad virilem aetatem perstiterit; deinde eos, quibus morbus in vigore aetatis natus fuerit, ab anno vigesimo quinto ad quadragesimum usque.* Quae omnia loca satis luculenter docent, in nostro Aphorismo liberationem a morbo caduco promitti pueris maxime et adolescentibus, quippe in quos aetatis mutationes saluberrimum hunc eventum prae ceteris aetatis humanae gradibus habiturae sint. Ceterum nisi longior esset, quem modo laudavi, locus, libenter praelegerem; siquidem de prognosi in tetro hoc morbo longe utilissima profert, taliaque omnino, qualibus meliora nemo hodieque doceat. Legitote ipsi Commilitones, et nisi vehementer fallor, vetustissimi medici peritiam non solum admirabimini, sed vere obstupescetis.

Sed revertamur ad nostrum Aphorismum. Tres sunt mutationes, primo aetatis, deinde regionis, tum vitae et victus generis, quas liberationem epilepticis pueris adolescentibusque promittere docet. Has mutatienes jam paulo accuratius expendere juvabit, ut quantum fieri possit exploremus, quo effectu singulae tantum beneficium miseris afferant.

Prima mutatio aetatis est, si ad pubertatem puer vel adolescens epilepticus pervenit. Notam pubertatis definivit *Hippocrates* Aphorismo, quem laudavi, Sect. III[tiae] 28[vo], veneris quidem primo usu in masculis, et primis menstruis in feminis. Rationes tam felicis pubertatis eventus, quas pathologi excogitarunt, non morabor; siquidem veterum medicorum, qui ex nimia cerebri humiditate in pueris morbum explicarunt, opinio dudum explosa est, recentiorum autem hac de re placita satis Vobis nota sunt. Id tantum monere liceat, humiditatem cerebri, quam veteres pro morbi caussa proxima haberent, re vera non differre a nimia illa in pueris sensilitate et nervorum debilitate, ex qua recentiori aevo morbi naturam explicare placuit. Puto, veram morbi caussam, quam continentem vocant, hodieque nondum accessam esse; medicorumque diligentiam omnibus seculis in eo tantum versatam fuisse, ut de mirabilis morbi caussa eam sequerentur opinionem, quam scholae, quae modo in maximo honore esset, placita probarent. Id tantum satis liquet, naturam, ut totius corporis habitum pro diversa hominis aetate mutat, ita etiam constitutionem totius corporis ad diversam aetatis rationem adcommodatam, eamque pro diversa aetate aliam, adducere; longe perfectiorem utique, atquae in puerili aetate adesset, pubertatis tempore, quo corporis animique vires et mirifice augentur, et pulcherrime conspirant. Credibile est, pubertatis terminum versus naturam novam substrevisse materiam corpori, in vitae perfectioris usum multo actuosiorem illa, quae hactenus nonnisi puerilis corporis nutritioni pabulum praebuerat. Dum vero huic mutationi studet natura, saepenumero accidit, ut, quoniam naturae conatibus parum respondeant res externae, aut iis remoras injiciat congenita aliqua corporis labes, fine suo difficulter potiatur natura, atque haud sine graviori longiorique interdum lucta illa impedimenta repellat. Hinc illi morbi, ex iniqua corporis puerilis nutritione maxime oriundi, adolescenti aetati et ad pubertatem properanti imprimis solennes, quos evolutionis morbos (*Entwickelungs-Krankheiten*) hodie dicimus, quibus tandem exoptatum finem absoluta pubertate ponit natura, incongruis consiliis minime turbata. Ex his, quae hactenus disputavimus, pronum est colligere, omnibus epilepticis pueris et adolescentibus calamitosi sui morbi solutionem ex aetatis mutatione minime pollicitum esse *Hippocratem*; sed iis tantum, qui aut propter congenitam aliquam corpusculi vitiositatem, aut naturae, dum corpori perficiendo studet, impedita actuositate, in tristem hunc morbum devenere. Etenim pueris morbi convulsiones saepe afferunt, v. c. dentitio vere morbosa, vermes intestinales, ingluvies magna, terror; atque *Hippocratis* auctoritate pessime abuteretur, qui medendis illis puerorum convulsionibus non illico operam suam addiceret, easque aetatis mutationi temere committeret eradicandas.

Alteram pueris epilepticis salutarem mutationem Aphorismus noster collocat in mutata regione. Haud facile autem dictu est, quaenam regio, quodnam coelum his miseris salutem promittat. Nervorum morbi tantum non omnes sub coelo calido frequentiores fere observantur, quam sub contrario moderate frigido et sereno; atque qui sub Jove benigne frigido in graviorem aliquem nervorum morbum inciderunt, si in regionem vel paulo nimis calidiorem subito transeunt, morbi sui augmentum facile patiuntur. Latet certe in aere, quem atmosphaericum dicimus, magna vis, tum ad morbos inferendos augendosque, tum ad placandos persanandosque; sed rationes hujus efficacitatis parum perspicimus, hodieque fere non sapientiores *Hippocrate*, cui divinus visus est ille coeli in hominis sanitatem influxus: vocavit *τὸ θεῖον*.

Medici tamen constante observatione didicerunt, aerem humidiorem nocere admodum; ut omnibus, qui nervorum diuturnis morbis laborant, ita quoque epilepticis: contra aerem sicciorem illis mirifice prodesse. Veteres hac in re uno ore consentiunt; nec desunt recentiori aevo peritissimorum medicorum testimonia, quae veterum observationem confirmant. Sufficit, hac de re vel unum *Swietenium* (*Comment. T. III. in Boerhaav. Aph.* 1080.) audivisse, cujus haec verba sunt: *Novi, epilepticos, qui in Indiam orientalem transmigraverant, innocuos fuisse ab hoc morbo* (scilicet epileptico) *postea, quam diu ibi vixerunt: in patriam reduces quidam recidivam passi sunt, alii ab hoc morbo manserunt liberi.* Utitur autem *Swietenii* patria, Batavia, coelo valde humido et nebuloso, quod in orientali India calidum est et fere constanter siccum atque serenum. Si vero epilepticis morbi sui caussa talem peregrinationem suademus, in hoc consilio memores esse debemus moniti *Galeni*, ne subito in contrariam prorsus regionem ablegemus aegrotos, sed aliquam moram iis commendemus in media veluti regione, ex qua paulatim in sicciorem et paulo calidiorem transeant.

Tertia denique mutatio, in qua suam quaerant epileptici salutem, ex consilio *Hippocratis* victu continetur, τῶν βίων, quod ut de victu imprimis intelligendum est, de mutato subinde toto vitae genere intelligi nil obstat; maxime, si de adolescentium juvenumque epilepticorum salute sermo est. Victus generatim pueris commendandus est, digestu quidem sat facilis, moderate tamen nutriens et roborans, qui, ut *Galeni* verbis utar, calidiorem et sicciorem pueri constitutionem efficiat. Victu tanquam exemplo hic utitur *Hippocrates*; etenim nemo non intelligit, totum corporis mentisque et animi regimen ita comparatum esse debere, ut mutationi puerilis corporis faveat, quam ex victu potissimum quaerimus. Haec quidem diaeta, hoc regimen ad corpus puerile feliciter mutandum plurimum utique prosunt; nec tamen insigni utilitate carent in seriori epilepticorum aetate. Novi certe haud paucos, qui, dudum adulti, dum ex meo consilio vitae genus hactenus otiosum et deses cum laborioso commutarent, morbum suum multo mitiorem experirentur; novi nonnullis, quibus auctor fui, ut per annum saltem victu exquisito parciorique uterentur, hanc abstinentiam et temperantiam tam feliciter cessisse, ut morbo suo penitus liberarentur. Profecto, si quae mea auctoritas apud Vos esse possit, ingenue profiteor, ad adultorum hominum, qui consuetudinem diri morbi interdum jam pridem contraxerant, epilepsiam, nisi penitus persanandam, attamen leniendam et mitigandam, me quidem nullum medicamentum usu meo efficacius deprehendisse, illo praesidio, quod ex vitae genere ad praecepta diaetaeticae et sapientiae prorsus accurato petitur.

Aphor. XLVI.

Duorum dolorum (duobus doloribus) *simul obortorum* (obortis), *non in eodem loco, vehementior obscurat alterum.*

Experientia, eaque satis frequens, veritatem effati hujus Hippocratici docet. Neque caussa latet, cur fiat, ut vehementior dolor leviorem obscuret, quum, sensatione fortiori minorem deleri, necesse sit. Atque in partem prae altera acerbius dolentem humorum congestio et impetus ab irritatis nervis ferri debet, augerique doloris caussa. Sed, quae pulcra est *Galeni* ad hunc Aphorismum adnotatio, si vel animus solus sine corporis dolore moerores patitur curisque afficitur, vehementior obscurabit et veluti occultabit minorem animi aegritudinem. Porro potest, immo fere debet doloris vel laboris notio latiori significatione de tota aegritudine intelligi, quae, quando diversas simul occupat partes, haud raro efficit, ut pars morbo, qui dudum altissime defixus haeret, ut exstirpari prorsus nequeat, vacare tamen videatur, quoniam in alia parto majores molestias morbus ad tempus excitat. Sic in tabidis, qui pulmonibus et mesenterio simul laborant, haud raro videre est, mirifice mitigari, immo fere omnino sublata videri pulmonis, etsi graviter affecti, symptomata nova aegritudine viscerum abdominis, atque hac levata pristinum sat illico recrudescere pulmonis morbum.

Quamvis autem satis vulgaris forte videatur haec observatio, medico tamen ad eam attento haud uno nomine proderit. Monebit primo, laborem, sive dolorem, sive aegritudinem ideo vere sublatam non esse, quoniam alium locum dolor acerbior urgeat. Profecto arthritici morbus minime sublatus censeri debet, sed potius in longe pejorem mutatus, si propter saevum ventriculi et intestinorum dolorem pedis aegritudinem parum sentit, eaque fere vacare videtur. Nec, si inflammatis intestinis caput aegroti acerbissimo dolore subito prehenditur, ita quidem, ut prae dolore deliret, existimandum est, quoniam de abdominis dolore aegrotus jam non conqueratur, intestini inflammationem levatam esse; quae potius veluti gliscendo latius sese effundet, et hominem tollet. Proderit igitur medico haec observatio, tum ut morbum accurate cognoscat, tum ut in praedicendo ejus eventu non fallatur. Etenim periti medici est, in caussas imminuti et sedati doloris, vel aegritudinis, cur modo sublata videatur, diligentissime inquirere; atque sic, si hujus levaminis nullas perspicit caussas satis idoneas, res aegroti minime in tuto versari, facile est deprehensurus. Enimvero secundo ad curationem etiam facit haec observatio, medicisque singularem curationis viam dudum monstravit. Partem externam acri vexamus dolore, imposito sinapi vel emplastro, quod cantharides habeat, ut visceris inflammationem discutiamus, vel spasmum solvamus. Podagra affecto, si jam pedibus minus dolet, dolet autem venter, pedis dolorem illico revocabimus admoto pedibus medicamento satis acri. Sed ohe! jam satis est exemplorum, quae doceant, quam praeclarum usum ex vulgari illa experientia medici hodieque faciant.

Aphor. XLVII.

Circa generationes puris, dolores, et febres accidunt (contingunt) *magis, quam facto* (pure scilicet).

Illa naturae animalis actuositas, quae puris materiam generat, ut satis mirari nequit: ita ad praestantissima auxilia pertinet, quibus natura utitur, ut parti, in qua inflammatio sedem fixit, resolvi nescia opem ferat; ita quidem, ut non solum parti affectae pristina concilietur integritas, intermissaque restituatur functio, verum etiam, si partem nobiliorem inflammatio occupaverit, ipsa vita servetur, aut saltem prorogetur. Morbosus quidem humor pus est, sed benignus et coctus, quem sola naturae efficacitas parat; arte, sine naturae benignitate, minime parabilis, naturale blandissimumque vulneris balsamum, omnisque irritationis in loco inflammato lenimen, intestini incendii exstinctor, mortis saepe solus, qui superest, averruncus. Hinc mirum non est, naturam, dum tantum negotium tractat, omnes vires contendere, febres movere, partemque inflammationis sedem in majorem actuositatem provocare et excitare, unde in parte affecta cum novo functionis impedimento tumoris incrementum, et saevi doloris acerbum augmentum. Qui tumultus tamen illico componuntur et sedantur, molestiaeque omnes tolluntur, nato laudabili pure.

Hoc salutis praesidium, arti inimitabile, natura sibi servavit. Medicus tamen peritus saluberrimos illos naturae conatus adjuvare poterit, ut imperitus aegrotum hoc naturae beneficio facile frustrabitur.

Etenim peritus medicus febrim, quam propter finem suppuratoriam dicimus, provide moderabitur, dolorem remediis, quae naturae voluntati respondeant, placabit; eo utique cum effectu, ut puris ejusque laudabilis moderata generetur copia, parti affectae non nimis molesta et onerosa. Imperitus contra medicus aut naturae impetum haud raro nimium non satis moderabitur, aut imprudente venae sectione naturae vires exstinguet, dolorique aut nullum solamen afferet, aut prorsus ineptum, quod doloris sensum quidem sopiat, caussas autem intactas relinquat, immo incongruo incitamento augeat. Hac medici imperitia mox puris laudabilis loco generabitur sanies, abscessusque latius excurrens in partem affectam altius penetrabit; mox, nimis coercitis vitae viribus, gangraena adducetur. Tanti igitur refert, de doloribus et febribus, quae circa puris generationem contingunt, recte et perite statuere.

Aphor. XLVIII.

In omni motu corporis, simulac dolere incoeperit, interquiescere statim, lassitudinem tollit.

Et haec sententia plurimis forte sordebit, quum tanquam vulgarem nimis *Hippo-*

cratis auctoritate vix satis dignam judicent. Quid enim magis tritum, et quotidiana experientia notum vulgatumque vel cogitari potest, quam laborem otio sanari et quiete? Videamus tamen, nonne altiorem sensum sententia penitus recondat? De eximio corporis motu, qui dolorem et lassitudinem inferat, sermo est, de corporis exercitio, quali in palestra olim delectabantur, hodieque passim delectantur cursu, lucta, pugilatu, discobolia, saltu gladiorumque quadratorum tractatione. Haec vehementioris motus genera non solum laborem, dolorem et lassitudinem adducunt, sed etiam, si ex iis ultra modum productis et calor accensus fuerit praeter naturam, et vires fuerint detritae nimis, in febres prosternunt homines, non semper benignas. Atque hoc periculum ii tantum evaserint, qui violentiores motus quiete illico interpellaverint, simulac doloris et lassitudinis sensum percipere coeperint. Eadem doctrina est, quam *Cous* proposuit Aphor. hujus Sect. XXII^{do}, *morbos a repletione evacuatione, ab inanitione repletione curari, atque in omnibus contrarietatem remedio esse.* Nec minorem utilitatem ex hoc *Coi* consilio ii percipient, qui, corpore quidem desides et otiosi, mentis acri et perpetua contentione, aut rerum civilium negotiosa actione, mentis aciem veluti obtundunt, animique vires conterunt. His non minus interquiete opportuna opus est, ut servent mentem animumque sanum in corpore sano; atque illis, qui severioribus studiis vitam impendunt, ipsa studiorum mutatio, quam bonae artes offerunt, solatio est; eos autem, qui negotiosa actione corporis animique vires delassarunt, amicorum convivia, symphoniae lususque scenici reficiunt.

Aphor. XLIX.

Qui consueverunt solitos labores ferre, etsi fuerint non ita robusti (invalidi, debiles), *aut* (immo) *senes, iis, qui non sunt assueti, quamvis robusti* (fortes) *et juvenes*, (labores) *facilius ferunt.*

Pertinet hic Aphorismus ad idem argumentum, quod in priori Aph. tractare coepit *Cous*, absolvetque Aphorismis hunc proxime excipientibus. Consuetudinis vim et efficacitatem in perferendis laboribus exponit, quae teste experientia omnino tanta est, ut haud sine ratione consuetudinem alteram hominis naturam dixerint veteres. Consuetudine agilitatem nobis comparamus in perferendis solitis laboribus, animumque confirmamus nostrum spe certa, quas saepenumero vicimus difficultates, nos iterum victuros esse. Sic consuetudo vires omnes tum corporis tum animi mirifice auget. Vertit Aphorismum *Celsus* Lib. I^mi^ cap. 3^tio^, his quidem verbis: *Omnem laborem facilius vel puer, vel senex, quam insuetus homo, sustinet.* Hujus rei veritatem elegantissimus scriptor illustravit eodem capite, dum profert: *Levatque lassitudinem etiam laboris mutatio; eumque, quem novum genus cujusdam laboris pressit, id quod in consuetudine est reficit.* Enimvero haec observatio non minus ad mentem animumque, quam ad corpus spectat. In nullo studiorum genere faciliorem experimur progressum, quam in eo, quocum consuetudinem et familiaritatem dudum contraximus; ipsaque virtutis natura et efficacitas, pulcre monente *Plutarcho*, longa consuetudine continetur. Hinc fit, ut qui ad bonas artes feliciter tractandas animum suum appellant, feliciores in studiis suis successus vix experturi sint, nisi, *Apellis* pictoris consilium diligentissime secuti, nullum diem sine linea praeterire sinant.

Medici autem ex hoc Aph. imprimis discant,

iis, qui ex desidia et otio morbum pertimescunt, tale laboris et motus genus commendandum esse, quale vitae generi, ordini, quem inter cives servant, et consuetudini maxime respondeat; ut, qui sanitatis confirmandae caussa corpus exerceant, primo solito exercitio utantur, et non nisi paulatim ad insuetos ideoque difficiliores labores transeant. Profecto nemo, cui sanum est sinciput, literarum studioso, ex desidia et perpetua mentis contentione morbum timenti, ut corpus exerceat, aratro agrum vertere aut vanno grana excutere suadebit; nemo hominem aulicum excercitationis corporis caussa ligna caedere jubebit, qui potius in silva venando, labore expeditiori et jucundiori, animi corporisque vires recreabit. Itaque medicum, qui eximio praesidio recte uti velit, quod ad morbos repellendos in corporis exercitatione merito collocatur, ad hominum consuetudinem semper respicere oportet.

Aphor. L.

Ex multo tempore consueta, etsi deteriora, insolitis minus molestare (minus molesta esse) *solent. Oportet igitur ad insueta* (insolita) *mutare.*

Ut in priori Aphorismo de vi atque efficacia consuetudinis in perferendis laboribus *Cous* locutus est: ita in hoc Aphorismo in eodem argumento exponendo pergit, docens, quae a longiori tempore assueta fuerint, etsi natura sua deteriora aut minus salubria, generatim tamen insuetis facilius ferri, minusque molesta esse insuetis, etsi per se forte salubrioribus. Valet haec observatio imprimis de sanis. *Celsus* Lib. I^{mi} cap. 3^{tio} his verbis *Hippocratis* mentem explicasse et illustrasse videtur: *Fatigato quotidianum cubile tutissimum est*; *insolitum contra lassat. Quod enim contra consuetudinem est, nocet, seu molle, seu durum est.* Quisne expertus fuerit cubiculi et lecti sueti ad somnum conciliandum praestantiam prae cubiculo alieno, etsi forte multo elegantiori, lectoque sueto, etsi minus molli. Quod autem *Celsus* cubilis exemplo illustravit, *Hippocratis* de vi consuetudinis effatum, ad omnia transferendum est, quaecunque homo sanus aut facit, aut patitur. De laboribus *Hippocrates* adnotavit Aphorismo praecedente XLIX^{no}; de alimentis idem docet *Libro*, qui *de victu acutorum* inscribitur, Artic. XVIII^{vo} 2—6; *Facile*, inquit, *ferunt cibos*, *quibus assueti sunt*, *etiamsi natura non sint boni; similiter etiam potus.*

Aegre autem ferunt cibos, quibus assueti non sunt, etiamsi non sint mali; similiter etiam potus. Atque hac in re, cujus veritatem quemque experientia satis docet, omnes hujus Aphorismi interpretes consentiunt; sed in consequentia, quam *Hippocrates* addidit, scrupulum movit uni, quantum sciam, *Lefeburio.* Legit enim finem Aphorismi: *δέει ὦν ἐς τὰ ξυνήθεα μεταβαίνειν*, oportet igitur ad consueta reverti, quasi *Hippocrates* docuisset, semper ad consuetudinem suam hominibus redeundum esse; quod quidem consilium sano homini perperam daretur. Debilem et infirmum consuetudini se submittere utique oportet; oportet etiam senem, quippe in quo omnis mutatio periculosa sit. Sanus autem homo consuetudini minimum dare debet, sed totum vitae genus ad ea praecepta informare, quae diserte docuit *Celsus* meus Lib. I^mi^ cap. 1mo, quem ipsum loquentem audire volupe fuerit: *Sanus homo, qui et bene valet, et suae spontis est, nullis obligare se legibus debet; ac neque medico, neque iatralipta egere. Hunc oportet varium habere vitae genus: modo ruri esse, modo in urbe, saepiusque in agro: navigare, venari, quiescere interdum, sed frequenter se exercere. Siquidem ignavia corpus hebetat, labor firmat, illa maturam senectutem, hic longam adolescentiam reddit. Prodest etiam interdum balneo, interdum aquis frigidis uti: modo ungi, modo id ipsum negligere: nullum cibi genus fugere, quo populus utatur; interdum in convictu esse, interdum ab eo se retrahere: modo plus justo, modo non amplius assumere, bis die potius, quam semel cibum capere: et semper quam plurimum, dummodo hunc concoquat etc.*

Tota antiquitas finem Aphorismi legit, ut in omnibus editionibus exstat: *δεῖ οὖν ἐς τὰ ἀσυνήθεα μεταβάλλειν*, oportet igitur ad insolita etiam mutare, id est, ipso vitae genere operam dare, ut ne ab insolitis et insuetis laedatur, vel aliquid detrimenti patiatur sanitas. Sanus enim homo intra consuetudinis terminos se continere nequit, et si vel maxime possit, se continere non debet; ne corpus debilitet, mentis aciem hebetet, animumque infirmet. Pulcherrime *Celsus* Lib. I^mi^ cap. 3^tio^: *nimis otiosa vita utilis non est, quia potest incidere laboris necessitas.* In hoc Aphorismo ex ea observatione, qua constat, familiaria et solita minus molestiae inferre insuetis et insolitis, recte collegisse et conclusisse *Hippocratem*, oportere etiam ad insolita mutare, Aphorismus luculenter demonstrat, qui hunc excipit; cujusque sensum, quomodo cum interpretatione sua consonum cogitet *Lefeburius*, vix ipse dixerit, saltem ego cum ignarissimis ignoro. Audiamus *Coum:*

Aphor. LI.

Multum (scilicet quantitate) *et repente inanire* (evacuare), *vel replere, vel calefacere, vel refrigerare, vel aliter* (quoque modo, similiter, ita) *corpus movere, periculosum. Nam omne multum naturae inimicum* (vim infert). *Quod autem paulatim fit, tutum* (securum) *est* (periculo vacat), *tum alias* (generatim universimque), *tum si quis ex altero* (alio) *ad alterum* (scilicet contrarium) *transeat.*

Oratio hujus Aphorismi minime obscura est, siquidem luculenter docet, omne nimium naturae inimicum esse, naturamque imprimis abhorrere a cito transitu ex alio in oppositum et contrarium aliud. In tota rerum natura adspectabili, puta in coloribus, sonis, in corporum formis, facile deprehendimus, celeres transitus naturam efficere nunquam, sed omnia semper paulatim ad aliud ducere, omnesque mutationes temperare et veluti componere (*vermitteln*). Celeres mutationes, quam sint homini periculosae, aeris, abstinentiae, satietatis, laborisque et otii exemplis *Celsus* Lib. I^{mi} cap. 3^{tio} pulcre declaravit. Hac de re copiose dixi, quum 4^{tum} I^{mae} Sect. Aphorismum illustrarem. Enimvero, quum sani non solum saepenumero cogamur, a suetis et solitis transire ad parum sueta et prorsus insolita, verum etiam medici hac ratione aegrotis opem ferant, ut consuetudinem, quae morbum fecit, cum alia eaque contraria mutare aegrotum jubeant: scire utique refert, quomodo ad hanc mutationem institui debeant tum sani, ne detrimentum sibi parent, tum imprimis aegroti, ut ex illa mutatione salutem reportent, nec in graviorem morbum se dent praecipites. Paulatim fieri debere, docet *Hippocrates.* Communem hunc medicorum magistrum dum *Celsus* (Lib. I. cap. 3.) sequitur, *ergo*, inquit, *quum quis mutare aliquid volet, paulatim debebit assuescere.* Itaque, si cum hujus Aphorismi doctrina comparamus *Hippocratis* effatum Aphorismo huic proxime praecedente L^{mo}, facile intelligimus, falsam esse *Lefeburii* lectionem, nec *Hippocratem* ex eo, quod sueta insuetis minus molestare soleant, conficere potuisse, homines semper ad consueta reverti debere. Voluit potius, ut, consuetudini nimium minime tribuentes, ad insueta etiam et insolita mutationem provide faciamus. Quod quomodo fieri debeat, ut tuto fiat, paulatim nempe et pedetentim, hoc demum Aphorismo LI^{mo} medicos docuit.

Nolite vero putare, Commilitones, frustra docuisse *Hippocratem*, quae experientia quemque facile doceat, et sana ratio omnibus dictitat. Quotiesne medicos videmus, qui contrarium vitae genus atque hactenus insuetum aegrotis suadeant, consilioque suo nullum addant prudentiae praeceptum, quod modum et mensuram mutandae consuetudinis definiat! Quotiesne medici vel quotidie medicamenta mutant, ut, si heri dederint, quae virium impetum refrenent, medicamina hodie porrigant, quae actuositati virium novum et insolitum calcar addant; quae celeris in contraria remedia mutatio ut in acutorum morborum curatione non solum excusari potest, verum etiam interdum recte fit: ita, si diuturnis morbis medicina paratur, non potest non esse detrimentosa et longe nocentissima.

Nae! etiam sapientiae et medicinae professores unquam sibi a consiliis in ea re temperent, quam persuasum habent, omnes dudum docuisse sanam rationem et communem hominum sensum; siquidem congenita aliqua labe in superstitionem prona est humana mens, in eaque sese abducere facile patitur, quae aliqua novitatis specie colorata a sana ratione maxime abhorreant. Hinc cum mira facilitate fraudes suas spargit et longe lateque disseminat agyrtarum et circulatorum turpissimum genus, cui non solum imperitum et profanum se temere credit vulgus, verum etiam, qui sapientiores sibi videntur, fidem suam addicunt, ut a rudibus prorsus et nequissimis hominibus turpiter se falli haud erubescant.

Aphor. LII.

Omnia secundum rationem facienti, et non pro ratione evenientibus, non progrediendum est ad aliud, manente viso (eo, quod visum est) *ab initio.*

Hocce in Aphorismo *Hippocrates* semper mihi visus est, summum praeceptum sive *κύριον δόγμα* (*Grundsatz*) proposuisse, ad quod medici omnes suos in curandis morbis conatus informent, dirigant et moderentur. Vel ex hoc Aphorismo satis elucet, rationalem medicinam secutum esse *Hippocratem*, cujus primus auctor et verus conditor fuisse videtur. Solenne fuit veterum medicorum plurimis, ut in illa aetate, nata sub experimentis medicina, aliter fieri non potuit, auxilia quaerere ad curandos varios morbos propria, quae specifica hodie medicis audiunt. Ex quo, ut *Celsus* Lib. III^{tii} cap. 1mo perhibet, incidit, ut alia atque alia summi auctores quasi sola venditarent, prout cuique cesserant. Atque ex *Celsi* sententia, quum non omnibus aegris eadem auxilia conveniant, oportet, ubi aliquid non respondet, non tanti putare auctorem, quanti aegrum, et experiri aliud atque aliud: sic tamen, ut in acutis morbis cito mutetur, quod nihil prodest; in longis, quos tempus ut facit, sic etiam solvit, non statim condemnetur, si quid non statim profuit, minus vero removeatur, si quid paulum saltem juvat, quia profectus tempore expletur. Haec medicamenta saepe novandi medicorum veterum libido, qua et nostrorum hominum haud paucos duci videmus, *Hippocrati* forsitan primam occasionem praebuit, de constantia monendi medicos. Forsitan, inquam, etenim aliquid longe majus molitum esse *Hippocratem*, dum hunc

Aphorismum conderet, facile perspicietes Auditores, si singulas orationis partes mecum expendere volueritis.

Πάντα κατὰ λόγον ποιέοντι, omnia secundum rationem facienti. Quaenam vero est illa ratio, quam medicus in curandis morbis sequatur? Certe ea, quam medicus ex morbi natura sedeque petat et colligat; hanc rationem, medicorum rectricem, indicationem vocamus. Verba igitur illa vertenda sunt: omnia secundum indicationem facienti. — *Καὶ μὴ γινομένων τῶν κατὰ λόγον*, et tamen non evenientibus secundum rationem, i. e. effectu curationis indicationi non respondente, scilicet si morbus non cedit, nec imminuitur satis, sed persistit, quamvis indicationem recte simus persecuti: *μὴ μεταβαίνειν ἐφ᾽ ἕτερον*, non ad aliud transeundum est, i. e. non alia via incedendum est, non ad aliam medendi rationem progrediendum est, sed eandem indicationem constanter debemus persequi. Quod tamen minime fieri debet temere, ut pro ratione stet voluntas, sed sub certa aliqua conditione, quam luculenter docent verba, quibus Aphorismum absolvit *Hippocrates: μένοντος τοῦ δόξαντος ἐξ ἀρχῆς*, manente eo, quod ab initio visum est.

At enimvero, ut deprehendamus et cognoscamus, num idem maneat, quod ab initio visum est; ut recte judicemus, utrum indicationi verae curationem recte superstruxerimus, an in construenda indicatione errorem forte erraverimus, humani aliquid passi, a quo in difficillima arte nemo sibi satis caveat: profecto opus est, ut curiosissima observatione, eaque fere perpetua et nunquam intermissa, omnia morbi symptomata totumque, quem hactenus tenuerit, cursum exploremus, caussasque morbi nobis accessas omnes cunctasque iterato perpendamus, atque haec omnia cum natura aegroti diligenter conferamus. Sic enim profecto fiet, ut dum, idonei rationum magistri (*Rechenmeister*) aemuli, vel quotidie de novo rationes subducimus, si forte in calculo erraverimus, inveniamus. Jam si post repetitam hancce explorationem vere perspicimus, manere, quod ab initio visum est, eamque indicationem, quam in morbi curatione ab initio persequendam nobis proposuimus, salvam tactamque esse: etsi eventus non satis hactenus responderit, curandi tamen rationem minime mutabimus; mutaturi utique, idque idoneo modo, si quem nostrum in formanda indicatione errorem nova detexerit perscrutatio. Salva autem indicatione, quam nobis ab initio scripsimus, si minus ei responderit eventus, superest, ut curiosiori investigationi submittamus auxilia, quae ad morbum profligandum ex indicationis praescripto in usum vocavimus, quaeque indicatorum nomine medicis veniunt. Sed de hac indicatorum lustratione, qua ad felicem artis salutaris usum carere non possumus, postea dicam, praemissis nonnullis de indicationum vi et auctoritate recte aestimanda.

Qui omnes inter commentatores hujus Aphorismi interiorem sensum, totamque ejus vim et auctoritatem solus penitius perspexit, *Jacobus Hollerius*, restauratae scholae Hippocraticae insigne quondam decus et ornamentum, indicationes omnes ex eo, quod certi habeant, recte partitus est in eas, quas vera scientia de morbo ejusque natura et sede docuerit, scientificas ideo vocat, et eas, quas non nisi probabili aliqua conjectura ducti invenerimus, et in curationis normam admiserimus. Illae, quas vera scientia docet, indicationes satis certae sunt; dum contra in his, quas conjectura peperit, errori facile locus esse possit. Sed quum pauciores morbi sint, immo, ut verum fatear, non nisi paucissimi, de quorum natura sedeque veram medici habeant scientiam: paucorum quoque morborum curatio superstrui poterit indicationi satis certae atque prorsus indubiae. Hac si, duce quidem experientia, potiti fuerint medici, ut in curandis inflammationibus, in medenda febre intermittente, in coercenda ischiade, ut ne claudicationem afferat: medendi rationi, quam indicatio docuit, nuncium haud facile mittent medici, etsi vel prima sanguinis missio inflammationem non digesserit, parcior corticis Peruani usus febrim non profligaverit, atque acre medicamentum, semel vel bis affecto pedi impositum, cruris dolorem stuporemque parum levarint.

In iis autem morbis, de quorum natura nec per medicorum pericula satis constat, nec rationes naturam declarant ita indubitatae, ut in diversas sententias medici abire nequeant: quum verae scientiae honos esse non possit, non nisi conjecturae locus relinquitur. Conjecturali igitur indicatione longe plurimis in morbis fidem suam addicere medici coguntur, quoniam vera et indubitata morbi natura contemplationi sive theoriae medicae inaccessa est. Quum certa ratione potiri nequeant medici, probabilem eos quaerere oportet; in qua tamen, etsi ad omnia logicae praecepta informata, dubitationi locus semper relinquitur. Hinc docti et periti medici est, probabilem rationem, cui indicationem conjecturalem superstruxit, saepius sub incudem revocare, atque imprimis cum iis diligenter conferre, quae morbi symptomata et decursus doceant. Haec enim curiosius observata conjecturalem indicationem, haud multo interjecto tempore, aut firmabunt, aut refutabunt, aut dubiam facient.

Totius igitur Aphorismi sensus hic est: medicum semper indicatione niti debere, aut omnino certa, aut saltem maxime probabili; huic indicationi insistendum esse, eamque non temere mutandam, etsi eventus illico parum responderit; attamen, si eventus non respondeat, indicationem omniaque ejus momenta denuo examinanda esse, ut inveniatur, an forte aliquod momentum in formanda indicatione fuerit praetervisum et perperam omissum, an forte novum indicationis momentum diligentior morbi observatio doceat, an denique conclusio ex aliqua parte laboret et claudicet. In quibus omnibus accurate et iterato pensitatis si nil reperiatur, quod primae indicationi repugnet, a prima indicatione recedendum non esse.

At enimvero alia est mutatio indicationis, alia mutatio remediorum, quae indicatio jusserit, sive indicatorum. Illam praecipitatam in medendi methodo mutationem, a scientiae dignitate et artis peritia aeque remotam, coercere voluit *Hippocrates*; remediorum autem mutationem tam angustis finibus non circumscripsit, liberum potius esse permisit remediorum delectum; modo, quod mutetur, indicationi respondeat. Atque potest saepe mutandi remedii aliqua necessitas urgere, aut saltem utilitas adesse, maxime in morbis longis. Jampridem *Caelius Aurelianus* (Morbor. chron. Lib. V. cap. 2), ex *Sorani* quidem judicio, adnotavit, ejusdem medicaminis usum diuturnum parum utilem esse, quum neque soliti cibi juges atque iidem utiles recte probentur. Sic divini corticis usus haud intermissus febrem intermittentem non satis arcet recidivam, cujus metum certe praecidit ejusdem corticis usus, debito tempore et intermissus et repetitus; medicamenti forma modoque, quo sumitur, mutatis augeri saepe medicamenti efficaciam, atque in una eademque medicaminum tribu unum saepe esse, quod prae omnibus aliis ejusdem generis aegroto opituletur, quis est, qui nesciat? Quid? quod ipsa indicatio recte formata et legitime conclusa ne contraria quidem remedia semper vetat; si nempe morbus ex acutorum affectionum familia in diuturnorum morborum se recepit consuetudinem. Sic catarrhis et rheumatismis, acutis quidem, opem ferimus grato calore, tepidoque fomento et potu; sed catarrho longius excurrenti medicinam ex frigore interdum recte quaerimus, quod *Antonius Musa*, Imperatoris *Augusti* medicus, in ipso Imperatore cum immortali nominis sui gloria ausus est. Etenim *Augustus* quum, referente *Suetonio Tranquillo*, destillationibus ad desperationem redactus esset, contrariam et ancipitem rationem medendi necessario subiit, quia calida fomenta non proderant, frigidis curari coactus, auctore *Antonio Musa*. Interim facile largior *Hollerio*, de similium tantum medicamentorum mutationibus locum fecisse in hoc Aphorismo *Hippocratem*, mutationem autem cum contrariis medicamentis minime docuisse; quippe quae, si propter mutatam morbi naturam utilia videantur, alia novaque indicatione utique proponenda sint.

Aphor. LIII.

Quicunque alvum humidam habent (*Lefebur.* ceterique: alvos humidas), *juvenes quidem* (sive, dum quidem juvenes sunt), *melius degunt, quam qui* (tunc, scilicet in juventute) *siccas habent. Senes autem* (in senectute) *pejus degunt* (Si vero id in senescentibus sive in senectute permanet, sive perseverat, *Lefebur.*): *siccantur enim utplurimum senescentibus* (siccari enim senescentibus alvum, utplurimum sive plerumque, generatim utilius).

Repetit in hoc Aphorismo idem argumentum, quod jam tractavit Aphor. hujusce Sectionis XX^mo^. Quem quum illustrarem ejusque difficultates exponerem, attentos Vos feci ad hunc Aphorismum LIII^tium^, quo inspecto omnes difficultates, quae in XX^mo^ Aph. offendunt, tolluntur. Etenim ex duabus enunciationibus, quas XX^mus^ Aphor. habet, prior, *alvum humidam experientibus, dum juvenes sunt, alvum siccari senescentibus*, naturae omnino et experientiae respondet; posterior autem, *juvenibus alvum siccam expertis, eam humectari et laxari senescentibus*, experientiae fere contraria est, ideoque minus pro naturali, quam pro morbosa mutatione habenda videtur, siquidem repugnat naturae senectutis utique sicciori. Alvus in pueris et juvenibus laxa est, tum propter instrumentorum laxitatem, tum propter majorem, quam assumere consueverunt et qua egent, alimentorum copiam. Ex hac in morbos plenitudinis facile deveniunt, quos arcet laxior alvus, immo sanat alvus fusior; ita quidem, ut in medendis puerorum morbis medici semper alvo molliendae studeant. Hinc ratio facile perspicitur, cur melius vel securius semper degant pueri et juvenes, qui alvum laxam habent, quam ex pueris illi, quibus adstricta esse solet. Quicunque autem, etsi jam senescentes, tamen alvum laxam experiuntur: id fere contra naturae vim et consuetudinem fieri, existimandum est, quum senile corpus, natura sua adstrictius, frequentes alvi dejectiones minime admittat. Quo beneficio, alvo nempe adstrictiori et rariori, natura senibus caveri voluit a morbis senili aetati propriis; iis nempe, quos corporis debilitas facile adducit, veterum loquendi more ex inanitione provenientibus. Quodsi igitur senibus contrarium accidit, ut eadem fusior et citatior alvus maneat, quam juvenes experirentur, pejus sive insecurius utique degere debent; quippe qui, hac alvi laxitate contra naturae normam persistente, in morbos ex debilitate oriundos, senibus maxime pertimescendos, pleno veluti alveo ruant. Totam hanc rem secundum naturae ordinem exposuit, simulque hos duos Aphorismos, XX^{mum} et LIII^{tium} hujus Sectionis optime interpretatus est *Celsus* noster Lib. I^{mi} cap. 3^{tio}, his quidem verbis: *Quibus juvenibus fluxit alvus, plerumque in senectute contrahitur. Quibus in adolescentia fuit adstricta, saepe in senectute solvitur. Melius autem in juvene fusior, in sene adstrictior.*

Quamvis vero haec ita se habeant in hominum plurimis, contraria tamen non desunt exempla, utique pauciora. Ad haec *Hippocrates* medicos attentos facere voluit adjectis limitantibus verbis: ὡς ἐπὶ τὸ πολὺ sive, ut *Lefeburius* habet, τὰ πολλά, ut plurimum sive generatim. Etenim sunt omnino senes, ipse nonnullorum curam gessi, quibus fusior et citatior alvus, quam in juventute experirentur, permaneat, et qui inde pejus minime degant. Quod a medico his senibus opem ferenti minime ignorari, multum interest. Namque generatim universimque senibus morbo vel paulo graviori laborantibus, ut viribus parcamus, alvum forte citatiorem supprimere, consultius utique est. Quod tamen longe secus se habet in iis senibus, qui constitutionis suae quadam proprietate per omnem aetatem alvum laxiorem experti sunt; his praeter morem alvus firmari solet, vel paulo gravius aegrotantibus. His solvere protinus alvum convenit, mitioribus quidem remediis, ut morbo cito liberentur. Vidi senes magna febre illico prehensos, cum pulsibus plenis, cerebro turbato spirituque anhelo, ut pessima quaevis metuerem, quos alvi ductio a toto suo morbo sat illico, et vel paucas intra horas vindicavit. Atque quum senes ex sanguinis missione non nisi anceps remedium experiantur, in alvi ductione et medicamentis alvum moventibus saepe auxilium habent et securum et satis efficax.

Quam vere et sapienter *Hippocrates* medicos, ut morborum curationes moliantur minime ineptas, et communia intueri jussit, et propria nosse! Quam ob rem, quum, quae homini sint propria, nemo nosse possit, nisi qui homine familiariter usus consuetudinem cum eo contraxerit, *Celsi* sententiae *de medico amico, si par sit scientia, extraneo praeferendo*, calculum adjicio.

Aphor. LIV.

Cum proceritate corporis (longa corporis statura) *juventutem agere* (*seine Jugend zubringen*), *liberale quidem et non indecorum: senectutem* (senescentibus, *an alternden*) *vero, molestum, et brevitate* (sive parvitate) *pejus.*

Optime *Celsus* hunc Aphorismum vertit et illustravit Lib. I^mi^ cap. 1mo, quem audiamus: *nam longa statura, ut in juventa decora est, sic matura senectute conficitur. Gracile corpus infirmum: obesum hebes est.* Haec *Celsus* noster, quem hujus Aphorismi interpretem habeo ut disertissimum, ita etiam peritissimum. Recte in statura corporis laudat quadratum corpus: quadratum nominat, quod nec procerum, nec breve et parvum, in omnes corporis dimensiones, et longitudinem et latitudinem, apte et concinne extenditur. Vernaculo nostro sermone vocaverim: *einen gedrängten Körper*; minime vastum, *einen vierschrötigen*, a quo nempe corporis elegans abest longitudinis et latitudinis concinnitas, quae decora utique a quadrato corpore minime abesse debet. Hoc quadratum corpus *Celsus* habilissimum dicit, quoniam ad omnes corporis motus sine molestia exsequendos, agile se praebet promtumque; dum rudior et inconcinna vasti corporis compages ad faciles corporis motus promte praestandos parum apta est. Ab hoc quadrato et habilissimo corpore gracilitatem et obesitatem aeque abesse, *Celsus* recte judicat; siquidem gracile corpus, cujus juncea forma (*Binsen-Gestalt*) est, ad labores perferendos et sustinendos infirmitate sua minus apta est, obesum autem corpus in motibus exsequendis non nisi tardum se praebet pigrumque. Gracile corpus infirmum, obesum hebes recte *Celsus* dicit. Longam corporis staturam, eamque concinnam et congruam (*wohl proportionirt*), in juvenibus ex Aphorismo nostro laudat *Celsus* tanquam liberalem, decoram et pulcram; sed de hac longiori statura affirmat, eam matura senectute confici. Notae senectutis in his corporibus longioris staturae mature et vel ante tempus, vix senio ingresso, deprehenduntur. Perit mature elegans et decora corporis forma, quae juvenis erat, dum vertebrarum spina, quae totum corpus sustinet et firmat, mature et indecore curvatur, ut gibbositatis aliquam speciem primo exhibeat sponte incurvatum corpus, deinde, addito inflexili rigore, in gibbositatem vere occallescat. Sic in his mature perit corporis ad motus concipiendos et exsequendos habilitas, visque totius corporis ante tempus hebetatur. Gibbositate, quam vertebrarum spina contraxit, pectus angustatur, spiritusque indies difficilius ducitur. Verbo, et ut breviter omnia, quae natura cum hoc longiori statura conjuncta esse voluit, damna repetam: maturius senescunt, qui longiori corporis statura, juventutis eximio decore et ornamento, excellunt, ut cum *Hippocrate Celsus* vere pronunciaverit, eos matura confici senectute.

SECTIO TERTIA.

Introductio anamnestica.

Dum ad hanc tertiam Aphorismorum Sectionem progredior, haud inutile videtur, argumentum hujus libri paucis praemittere et Vobiscum communicare, Auditores humanissimi.

Versatur hic Aphorismorum liber, quem antiquissimi Auditores ordine tertium esse voluerunt, praecipue in exponendis illis morborum caussis, quae temporibus anni, variaque tempestate eorum comite, nec non aetatis humanae diversitate continentur. Recenset morbos ex mutationibus et successionibus anni temporum, atque ex tempestate, eaque aut sueta et constante, aut insolita et inconstante oriundos. His adnotationibus suis, medicorum commodis, eum in finem consulere voluit *Divus Cous*, ut non solum cognoscant, quem natura servet in successionibus morborum secundum anni tempora ordinem; verum etiam, ut mature intelligant, quas aegritudinum formas, quem celeriorem aut diuturniorem morborum decursum exspectent, et quam denique eorum naturam et indolem, facilem difficilemve solutionem, ex praegressae tempestatis ratione aut secure sperent, aut metuant; ut vel e longinquo prospicientes opportunis auxiliis excipiant. Dum porro *Hippocrates* hocce in tertio Aphorismorum libro aegritudines diserte commemorat, quae singulis aetatis humanae stadiis propriae sunt et veluti privae, primas lineas certe duxit doctrinae medicae, quae, novissimis temporibus penitius perspecta, magnam morborum partem ex iis corporis humani, tum quoad fabricam tum quoad virium actuositatem, mutationibus repetit, quibus natura in regenda hominis vita utitur. Illis, inquam, fabricae, temperiei viriumque mutationibus, quibus natura efficit, ut in utero foetus formetur, ex eoque vitalis justo tempore excludatur, crescat deinde in lucem editus, atque pedetentim in hominem adolescat viribus ita instructum, earumque satis tenacem, ut incolumitatem suam plura per lustra tueatur; donec secundum aeternas naturae leges, propter ipsas, quas in corpore humano adducit, mutationes paulatim decrescat, vires sese vix animadvertente in dies deterat, iisque reparandis tandem prorsus impar animam efflet, et mortalis corporis exuvias ponat. Haec morborum ipsiusque illaetabilis mortis seminia intus alimus; dum simul tot externi hostes exitium nobis parant, nova morborum seminia adducendo, seminiaque morborum cuncta, et insita et foris advecta, fovendo, et veluti invenustos pullos ex ovis excludendo. Profecto non satis mirari possumus, mortalium plurimos nihilominus vitam degere a morbis satis securam, ita quidem, ut haud adeo pauci ad extremum perveniant vitae humanae terminum. Ceterum *Prosper Martianus* jam dudum recte adnotavit, Aphorismos, quos hic tertius liber complectitur, in *Libro* legi *Hippocratico de humoribus*, praestantissimoque illo, quem *de aere, aquis et locis* inscripsit *Hippocrates*, ut tertii hujus libri Aphorismi ex illis libris fere transcripti videantur, saltem ex iis lucem saepe habeant.

Aphor. I.

Mutationes anni temporum maxime (praesertim, potissimum) *pariunt morbos; et in ipsis anni temporibus magnae mutationes, aut frigoris, aut caloris, aliaque pro ratione eodem modo* (ad eundem modum. Optime certe *Heurnius*: atque alia sic pro sua natura; *Lefeburius*: secuudum alias tempestatum anomalias).

Legitur haec sententia *Libro de humoribus* (Art. VIII^vo No. 15. edit. *Linden.*) totidem fere verbis: *Mutationes potissimum pariunt morbos, et praesertim maximae: et in temporibus magnae mutationes, et in aliis.* Quibus postremis verbis, et in aliis (*καὶ ἐν τοῖσιν ἄλλοισι*), discrepat paulo hic locus a lectione Aphorismi nostri: et alia pro ratione eodem modo. In Aphorismo tantum sermo est de mutationibus, quas anni tempora adferunt, hocque illustratur frigoris et caloris exemplo; ut videantur verba, *καὶ τ' ἄλλα κατὰ λόγον οὕτως*, et alia pro ratione eodem modo, tum ad quascunque mutationes magnas, tum praesertim ad alias mutationes tempestatis, ex anni temporibus oriundas, referenda esse: v. c. ad humiditatem et siccitatem, quas morbos aeque parere, atque frigoris calorisve mutationes, certum est. In *Libro* autem *de humoribus* primo generatim sermo fit de mutationibus, morborum genitricibus; deinde speciatim magnae mutationes in anni temporibus tanquam morborum caussae diserte commemorantur; denique idem de aliis magnis mutationibus praecipitur; puto de mutationibus dici in victu, vitae genere, loco sive regione; quippe ex quorum omnium magnis mutationibus morbos propullulare, dudum inter omnes constitit.

In nostro autem Aphorismo non nisi de mutationibus sermo fit, quas anni tempora adducunt, tanquam praecipuis morborum caussis. Has mutationes ad duo genera *Cous* revocat: primo enim generatim affirmat, anni temporum mutationes morbos parere; deinde addit, magnas in ipsis anni temporibus mutationes hominibus morbos praecipue inferre. Annus in certa tempora describitur telluris situ, ejusque circa solem motu; unde fit, ut secundum aeternas naturae leges anni tempora sese excipiant, eorumque quodque, sua tempestate distinctum, statis periodis redeat. Est igitur horum anni temporum certus aliquis ordo, certa aliqua successio, a natura terrae circa solem cursu definita. Qui alterius anni temporis in alterum transitus cum mutationibus utique, maxime circa aerem et tempestatem, conjunctus est. Quum tamen hic transitus non subito, sed paulatim fiat, satis elucet, naturam omnibus corporibus vitalibus, plantis, brutis hominique, a subitaneis tempestatis mutationibus et vicissitudinibus, ipsis infestis et facile nocituris, cavere voluisse. Hinc fit, ut homines omnino sani suetis illis tempestatis mutationibus, quas anni tempora legitime affe runt, minime laedantur. Quid? quod, si effectum spectemus, quem in hominis valetudinem anni tempora generatim exerceant, praesidio esse fere consuevit subsequens anni tempus, si praegressum mali quid natura sua portenderit. Hyemalis rigor et torpor grato veris calore paulatim solvuntur; veris mutabilitas, homini catarrhis et rheumatismis molesta, constante aestatis calore emendatur. Autumnus, tempestatis vicissitudine morborum feracissimus, si quando aestatis, ratione tempestatis constantiae, satis aemulus fuerit, hominum valetudini minime insidias struit, hominem potius paulatim ad hyberna frigora, eaque serena et non nimis acria, praeparat. Sic occasiones morborum ex hac anni temporum successione infirmis tantum corporibus enascuntur, aut ex robustis ad cavendas aeris injurias minus cautis. Enimvero, quum infirmorum corporum non minima pars sit, et vel prudentissimus errorem non semper evitet: sub legitimo etiam anni temporum decursu justaque successione homines aegrotare, solenne est; morbis quidem, quos singula anni tempora fere proprios habent: unde ab antiquissimis temporibus morbos medici in autumnales, hyemales, vernales aestivosque partiri consueverunt. Autumnales primo dico, quoniam *Hippocrates* annum medicum ab adulto autumno ordiri videtur; idque recte, ex mea quidem sententia, siquidem autumnus in hyemem vergens naturam morborum definire solet, quos hyems habitura sit. Etenim ex hac legitima temporum anni successione certam morbi contrahunt naturam et indolem, per totum annum satis constantem, constitutionis morborum annuae nomine medicis notam, eamque plerumque benignam, quippe quae congruis anni moribus respondeat.

Ab his autem moribus prorsus alienae sunt, de quibus *Hippocrates* in hoc Aphorismo secundo loco dicit, magnae in ipsis anni temporibus mutationes, aut frigoris aut caloris, siccitatis aut humiditatis. Frequentissimae morborum caussae his insolitis mutationibus utique continentur, quae, quum a robustis etiam corporibus aegre ferantur, et aegrotorum numero annum infament, et morbis naturam communicent pravam, in exitium pronam, atque ad curationes, quas usus hactenus reperit, alias satis efficaces, subinde mire refractariam. Quae tempestatis inconstantia, magnis et subitaneis mutationibus denotata, si, ut fieri solet, ad unum anni tempus minime adstricta, plurimam anni partem occupat: mala est anni constitutio, utpote morborum popularium ferax, immo haud adeo raro propter pravos morborum mores maligna.

Videtis igitur, Auditores, *Hippocratem* prima fundamenta jecisse doctrinae longe utilissimae, quam, peritissimis omnium temporum medicis probatam, serioribus demum seculis pulcherrimis accessionibus auxerunt *Sydenhamus*, *Sarconeus* et *Stollius*, quorum nomina nulla aetas sileri sinet. Num vero absolverunt praestantissimi viri hanc doctrinam? Num in caussis explicandis ultra progressi sunt *Hippocrate*, primo conditore? Vix crediderim, id detexisse et in lucem protulisse recentiores viros, quod latebat *Hippocratem*; qui, probe perspiciens, doctrinam suam saepe non sufficere ad explicandam singularem morborum constitutionem, divini aliquid, *τὸ θεῖον*, hic latere, quod hominis ingenium prorsus fugiat, prudenter existimavit. Num ex astris postea evidentius explicuerunt hodieque passim explicant medici? Num ab *Helmontio*, ingeniosissimo viro, novum excogitatum idque barbarum verbum Blas ad definiendam hanc astrorum actuositatem, scilicet propter barbariam, *τῷ θείῳ*, *Hippocratis* existimatis praeferendum esse? num postea *Richardum Meadium*, qui ad solis et lunae imperium omnia revocabat? num denique recentissimos viros, qui de cosmicis influxibus fabulantur? num tot praestantissima recentioris physicae et chemiae circa aeris naturam inventa caliginem obscurae huic rei detraxisse, eamque in apricum posuisse, putatis? Equidem, suo quemque sensu libere uti, libenter permitto, penitus tamen persuasus, in declarando hoc coeli astrorumque tellurisque in valetudinem hominum influxu, primas rerum caussas ingenio humano nunquam accessas futuras esse. Putaverim quoque, absconditarum illarum caussarum cognitione sine ullo artis detrimento carere medicum, dummodo secundas caussas, quas certa observatio docuit, et sensuum ministerio declaravit, bene perspectas habuerit, et ad medicinae usum sagaciter applicuerit.

Aphor. II.

Naturarum (naturae), *aliae quidem ad aestatem, aliae ad hyemem, bene vel male se habent* (vel comparatae vel constitutae sunt).

Sententia, ut tot aliae hujus Sectionis, ex *Libro de humoribus* transcripta est, in quo haec leguntur (Art. VIII. 20): *Naturae, quoad anni tempora, aliae ad aestatem aliae ad hyemem bene aut male constitutae* vel dispositae *sunt.* Sententiae, quam observatio attentos facile docuit, rationem longius petere haud opus est. Sunt, docente I^mo hujus Sect. Aphorismo, anni tempora, quae mutationibus suis morbos maxime pariunt; quod efficere non possunt, nisi dum imperium suum in vires cunctas exercent, quibus natura hominis pro varia corporum compage, structura et mixtione subjecta est. Etenim, quamvis omnium particularum, quibus corpus conflatum est, conjunctionem, humorumque in eo inquilinorum temperiem tueatur vis vitae insita: hanc tamen anni tempora vicissim coercent et moderantur; ut minus efficacem sese praestet vis vitalis, viribus, quas mortuas dicere consuevimus, influxu anni temporis imminutis: multo autem actuosiorem, illis justo modo in corpore auctioribus. Quantam hasce in vires, homini cum tota rerum corporea natura communes, anni tempora mutationibus suis, partim manifestis partim forte occultis, potestatem exerceant, nemo non novit. Quum vero qualitatum, quas physicas dicimus chemicasque, in diversis hominibus diversus modus sit, virium etiam vitalium modum et mensuram definiens: diversorum hominum iisdem anni temporibus eadem esse nequit valetudo, idemque valetudinis sensus seu euphoria. Quibus e. g. laxus est corporis habitus, ex hyemali frigore eoque moderato robur accipiunt; dum contra, quibus strictius corpus est, aestivo calore recreantur, aegre ferentes hybernum frigus. Sapienter haec duo anni tempora, hyemem aestatemque, tanquam praecipua, exempli loco proposuit *Hippocrates*; siquidem inter haec, tanquam inter duos cardines, annus vertitur, ut primo vere hyemi finitimo acris hyems solvatur, ver adultum in aestivos calores paulatim transeat; quos prima pars autumni aliquantisper, meridianis saltem horis, continuet, donec altera autumni pars, tempestatis vicissitudinibus plantis, animantibus hominique inimica, in constantiorem incipientis hyemis tempestatem tandem terminum ponat. Itaque, si constantia sint, suetumque morem legitime servent anni tempora, praecipue illa hyemis et aestatis: in regunda hominum natura et constitutione summam semper exercebunt vim et potestatem; dum vernale et autumnale tempus non nisi intermedium locum occupant, et quamvis feraciores sint morborum, naturam tamen hominis sani, aut hyemis aut aestatis patientiorem, non adeo moderantur.

Aphor. III.

Morborum alii ad alia anni tempora bene aut male se habent (comparati sunt): *et aetates quaedam ad anni tempora, et regiones, et victus rationes.*

Iterum transcriptus est hic Aphorismus ex *Libro de humoribus*, cujus auctor loco, quem antea laudavi (Art. VIII. 21), in exponenda anni temporum et tempestatis efficacitate his pergit verbis: *Quantum vero ad regiones, et aetates, et victus rationem, et alias morborum constitutiones, aliae ad alias bene aut male se habent* — quam sententiam suam additis quoque nonnullis exemplis illustrat auctor.

Sed Aphorismum nostrum examussim explicaturi, ejusque sensum veluti presso pede persecuturi, jam per singulas eamus, quas complectitur, enunciationes.

Primo affirmat, morborum alios ad alias tempestates, ad alia anni tempora bene aut male se habere, sive comparatos esse. Quod ut intelligatur, sciendum est, singulis anni temporibus proprios esse morbos et veluti suos, eosque, si suetis anni temporibus homini accidant, benignos plerumque esse, contra malignos saepe, si non suis temporibus anni, sed alienis, hominem corripiant. Conferte, Auditores, nostrum Aphorismum cum XIX^no^ hujusce sectionis. In hoc *Hippocrates* profitetur, morbos quidem omnis generis in quibusvis oriri anni temporibus, nonnullos tamen quibusdam temporibus magis fieri et exacerbari. In Aphorismis autem hunc XIX^num^ excipientibus, a XX^mo^ quidem ad XXIII^tium^, morbos diserte commemorat singulis anni temporibus familiares. Conferte porro Aphorismum hujusce Sectionis VIII^vum^, ubi haec leguntur: *In temporibus bene et ordine constitutis, quum tempestive tempestiva red-*

duntur, morbi inaequalitatis expertes (aequalis scilicet decursus), *et judicatu faciles fiunt: in male vero constitutis* (scilicet anni temporibus, si non tempestiva tempestive fiunt), *sua tempora irregulariter decurrunt, et judicatu difficiles sunt.* Tanti igitur ad naturam et indolem morborum refert, eos adcommodato anni tempore fieri. Cogitetis, ut rem exemplo in apricum ponam, peripneumoniam hyeme, sueto igitur tempore ortam, eundemque morbum, dum sub aestivis caloribus corripit: prior simplici medicina, quae nobilioris visceris inflammationi debetur, morem gerit, et per sputa, urinas sudoresque sat facile judicatur; posterior autem, quoniam aut bili jungitur, aut in putredinem et debilitatem vergit, nec per stadia sua legitime decurrit, nec facile judicatur, ideoque sub prudente etiam medici curatione, qua ad vincendum hunc compositum, ut medici vocant, morbum maxime opus est, tamen aegrotum facile occidit.

Secundo Aphorismus noster docet, et aetates nonnullas ad anni tempora bene aut male se habere. Aetates hominis anni tempora fere aemulantur: infantiam primamque juventutem cum vere, maturam juventutem et virilem aetatem cum aestate, aetatem provectiorem, inter virilem aetatem et senectutem intermediam, atque viridem senectutem cum autumno, senium cum hyeme conferre licet. Inspicite hujus Sectionis Aphorismos, a XXIV^{to} ad extremum usque, et invenietis, aetatum morbos satis convenire cum illis, qui anni temporibus fere proprii sint. Recte tamen *Hippocrates* professus est, nonnullas aetates morbis distingui, qui diversis tempestatibus aut anni temporibus bene aut male se habeant. Virile robur non adeo facile franget intempestiva tempestas; sed infantis tenera aetas et senis debilitas morbos vix perferet his aetatibus proprios, anni tempore et tempestate ad hos morbos incongruis. Exanthemata acuta, infantibus maxime solennia, quam mitem naturam habere solent sub finem hyemis primoque vere! quam valde malignam, si aestate, imprimis fervida, inter infantes grassantur! Senes, qui aestivis caloribus recreantur, hoc anni tempore morbos magnos et cum magno periculo conjunctos haud raro feliciter evadunt, quibus sat cito rapiuntur sub hyemali frigore. Omnium exemplorum loco esse poterit peripneumonia, senem, etiam minime decrepitum, hyeme fere certe peremtura.

Tertio Aphor. noster docet, aetates nonnullas ad regiones bene aut male sese habere; quod quidem de omnibus humanae aetatis partibus sive stadiis contendi posse videtur. Minime tamen negaverim, in nonnullis regionibus laetius efflorescere infantes, maturius vigere juvenes, pubescere puellas, vegetosque senes degere; in aliis contra infantes corpore turpes ingenioque carentes prodire; in aliis juvenes phthisi facile exstingui; in aliis denique non nisi incolarum pauciores ad longaevitatem pervenire. Praeterea sui sunt certis regionibus morbi, in indigenos tamen plerumque mansuetiores mitiorisque indolis, quam in exteros hospites.

Quarto denique in Aphorismo nostro quaedam aetates ad victus rationes bene vel male sese habere dicuntur. Quod quidem ut satis certum et exploratum habemus, ita ab *Hippocrate* adnotari, vix tanti viri sapientia dignum esse videtur. Quis enim est, qui nesciat, alium victum pueris deberi, adolescentibus juvenibusque senibusque alium utique alium, ut quaevis aetas secunda potiatur valetudine, suamque tueatur corporis animique incolumitatem.

Longe diverso sensu hanc orationis Hippocraticae particulam nobis tradidit antiquus *Libri de humoribus* scriptor, qui victus rationem ad anni tempora revocavit, aut salubrem aut noxiam. Haec enim profert (Art. VIII. 23 ad 25): *Et in* (anni) *temporibus, victus, et cibi, et potus, qualitatem suam requirunt. Nam hyems ab operibus otium habet, et quae in corpus ingeruntur, matura ac simplicia postulat. Magnum enim et hoc est. Autumnus autem laboribus deditus est. Sub insolationibus potus frequentes sunt, cibi inconstantes, vina, arborum fructus.* Qua alimentorum sub Jove fervido inconstantia, imprimis si pluvius vel humidus simul fuerit, facilem alimentorum in ea tempestate regioneque corruptionem denotari puto. Perite omnino et ad naturae veritatem! Quem tamen sensum quum ex Aphorismi nostri verbis vix ac ne vix quidem eliciamus, concedendum est *Galeno*, hunc Aphorismum, saltem hanc hujus Aphorismi particulam, aliqua laborare sermonis obscuritate, quam nec *Lefeburius* prorsus sustulisse videtur.

Aphor. IV.

In anni temporibus, quando eadem die, modo calor, modo frigus fit, autumnales morbos exspectato.

Ita vulgatae editiones omnes a *Galeno* ad *Bosquillonium*. Sed *Lefeburius* legi vult: ἐν τῇσι χώρῃσιν, in regionibus, et in fine Aphorismi: φθινοπωρινὰ ἐν τῇ χώρῃ τὰ νουσήματα, in regione (hac vel illa) autumnales morbi fiunt. Quodsi vero scrupulum forte movit *Lefeburio*, in anni temporibus quibuscunque ex caloris subitanea uno eodemque die cum frigore vicissitudine autumnales statim morbos fieri, quomodo idem eadem ex caussa fieri putat in quacunque telluris regione? Sed haec dubitatio ex rei natura desumta vix, tum in hoc tum in aliis Aphorismis, doctissimum virum movit, ut stilum verteret; occupatum potius nimia, quam *Nathanis* sui codici Ebraeo debet, auctoritate. Enimvero eadem, quae *Lefeburii* hujus Aphorismi lectio habet, leguntur in *Libro de humoribus* cap. VII^{mi} artic. 4to, ubi tamen ἐπιχώριοι, vernaculi sive regionis morbi, ex temporum sive tempestatis mutationibus explicantur. Haec forte paulo negligentius legit *Lefeburius*; qui tamen, si in eodem Libro cap. VI[ti] partic. 6[tam] inspexisset, ibidem profecto totum nostrum Aphorismum totidem fere verbis scriptum lecturus fuisset. Profecto! ut recte *Galenus* dixit, non anni tempus proprie esse, quod morbos pariat, sed temperaturam sive tempestatem cum definito anni tempore conjunctam; ita de regione aliqua idem affirmari potest, non tam regione, quam tempestate in ea sueta, morborum in illa regione popularium caussas contineri. Nodum igitur in scirpo quaesivisse videtur acutissimus *Lefeburius*; vulgaremque hujus Aphorismi lectionem salvam esse puto.

Sed sententiam ipsam ad rei veritatem revocemus. Si uno die — facile perspicitis, non exacte de unico die sermonem fieri — igitur, si in anni aliquo tempore persistens aliquantisper observatur frequens frigoris et caloris mutatio, autumnales morbos exspectare oportet. Etenim haec frequens tempestatis vicissitudo in prima parte autumni, ut cum *Hippocrate* loquar, ab exortu Arcturi ad occasum Plejadum, apud nos mense Septembri et Octobri, interdum observatur, soletque tunc semper denotari tum morborum frequentia, tum maligna et refractaria eorum indole. Certe! has si autumnus tempestatis vicissitudines secum affert, morbi fiunt acutissimi et exitiosissimi sive valde letales; quod recte *Hippocrates* docuit Aphor. hujusce Sectionis IX^{no}. Haec tempestas insigni debilitate corpora, etiam robusta, afficit. Apposite *Heurnius Ovidii Nasonis* versiculis effectum pingit, quem in homines haec tempestatis constitutio exercet:

Quum modo frigoribus premimur, modo solvimur aestu,
Tempore non certo, corpora languor habet.

Idemque *Heurnius* pro singulari, quo excelluit, rei medicae peritia pravam indolem horum morborum egregie explicuit, docens, morbos tunc fieri ἀνωμάλους καὶ ἀτάκτους, irregulares, exleges et inordinatos, ideoque incertos, judicatu difficiles et mali moris; ita quidem, ut eorum pravitas medicina vires excitante (alexipharmacum vocat *Heurnius* ad morem seculi sui id medicamenti genus) satis mature coercenda sit. Itaque genuinus hujus Aphorismi sensus obscuritate vacat, et omnino hic est: Quocunque anni tempore, si tempestas subitaneis frigoris et caloris vicissitudinibus autumno similis fit, morbi autumnalium similes, id est irregulares, sine ordine, incerti ideoque judicatu difficiles, valde exitiosi et refractarii exspectari possunt.

Aphor. V.

Austri auditum hebetantes (gravantes sunt), *caliginosi* (visionem caligine turbant), *caput gravantes, segnes, exsolventes* (corpus torpidum et languidum reddunt). *Quodsi* (vel quoties) *sic invaluerit* (tempestas), *ista in morbis patiuntur* (aegroti). *Si autem aquilonium fuerit* (tempus, aquilonia tempestas, regnante Aquilone vel Borea), *tusses, fauces* (faucium asperitates, dolores), *alvi siccae* (durae), *urinae difficultates, horrores, dolores laterum et pectoris* (fiunt). *Quotiescunque hic invaluerit* (dominatum tenuerit), *talia in morbis exspectato.*

Hic quoque Aphorismus in *Libro de humoribus* legitur, cap. VIII^{vi} artic. 1mo et sequenti: Quo loco Austris tribuitur, pati ex iis *ulcera glabra, maxime os, pudendum et alias partes.* Quam observationem ex hoc Libro *Lefeburius* Aphorismo iterum addidit, a ceteris editoribus omissam; addi jam pridem voluit *Prosper Martianus. C. Celsus* Aphorismum latine reddidit Lib. II^{di} cap. 1mo.

Progreditur *Hippocrates* ad contemplationem medicam ventorum, ostensurus, quos effectus in corpus humanum exserant eximii illi maris atmosphaerici circa tellurem circumflui, motus et fluxus. Ut vero ad illustrandas magnas in anni temporibus mutationes, ex quibus morbi facile subnascantur, usus est exemplis a frigore et calore petitis (Aph. huj. Sect. I^{mo}), siquidem cetera anni tempora aut caloris aut frigoris plus minusve habeant: ita ad demonstrandam ventorum in corpus humanum efficacitatem exempli loco proponit duos ventos, qui, e diametro sibi oppositi, oppositos quoque et prorsus contrarios in corpora nostra edunt effectus; ad quos igitur ceterorum ventorum morbifica virtus, bene etiam observante *Celso*, sat commode revocari possit. Alter horum ventorum Auster est, *νότος*, alter Aquilo sive Boreas; prior, quippe calidus humidusque, omnes partes laxat, debilitat, vires exsolvit, humorum, sanguinis imprimis, expansionem non satis coercet, ejusque igitur impetuosis motibus et congestionibus vias facile recludit. Posterior Boreas sive Aquilo, natura sua frigidus et siccus, partes adstringit idemque irritat; vim solidarum partium, vasorum quidem, contractione auget: sed vel hac ex caussa egestiones naturae solennes necessariasque, maxime alvinam, tardat et cohibet; idemque asper partes vitales, quas maxime attingit, fauces spiritusque vias valde irritat et inflammat. Sic satis bene aegritudines intelliguntur, quas *Cous* ex utriusque venti natura vult repeti. Ventus enim generatim eam naturam contrahit, quam locus, unde venit, cum eo communicat, eademque viventia corpora quae attingit cuncta, plantarum, animantium, hominisque, bene aut male afficit.

Quod tamen semper ita intelligendum est, ut ad conditiones respiciamus, quae hanc ventorum potestatem moderantur. Prima harum conditionum est, ventum aliquem per aliquod tempus dominatum exercere, ut aliquam tempestatis constitutionem adferre possit. Hinc *Hippocrates* in Aphorismo semper addit: ὁκόταν οὕτως δυναστεύῃ, si ita viget, ita invaluerit, scilicet tempestas: unde *Celsus* quoque simpliciter scribit: *Ex tempestatibus Aquilo etc.* Ex quo sequitur, quae secunda in censum venire debet conditio, ut in dijudicanda hac re minus ad ventum respiciamus, quam ad tempestatis naturam cum regnante aliquo vento conjunctam. Etenim si austrina tempestas satis tranquilla fuerit, vento vix flante, summam debilitatem homini afferet, nautamque immoti maris tranquillitate, quam malaciam vocant, teutonice *Windstille*, ad desperationem fere adiget; contra idem Auster, effreni flatu aequora turbans, procellas ante se agens, coelum veluti mareque miscendo, nautae quidem longe periculosissimus, hominis tamen valetudini parum inimicus est. Borealis etiam tempestatis constitutio, silente aut saltem non impetuosius flante Aquilone, tantum abest, ut sanis noceat, ut potius praesidio sit; docente id ipso *Hippocrate* Aphor. hujus Sect. XVII^{mo}. Secundum has duas conditiones de ventorum potestate ad morbos inferendos statuendum est, et sic vix quidquam obscuri in hoc Aphorismo Vos offensurum esse puto.

Nihilominus tamen, antequam dicendi finem faciam, minime pigebit, coronidis loco adnotationem ex *Heurnio* repetere, eamque et acutam et perquam utilem, sed a peritissimo viro non satis perspicue propositam. Observat in postrema Aphorismi verba, talia in constitutione tempestatis austrina vel aquilonia exspectanda esse: haec exspectanda esse nec critica, nec symptomatica, i. e. tanquam vera et genuina morborum symptomata, sed accidentalia potius, propter incidentem aliquam caussam procatarcticam seu occasionalem, nempe tempestatis constitutionem, quae tales aegritudines afferat. Recte quidem, ita tamen, ut non omittamus, illas tempestatis constitutiones per se suaque vi et eas aegritudines afferre, de quibus hic Aphorismus loquitur, et morbis, quos ipsae non pepererint, tamen has aegritudines addere. Singulare momentum caussae continent illae tempestatis constitutiones, idque in omnibus morbis, undecunque nati fuerint, subinde satis efficax. Sic, ut satis luculento exemplo rem explicem, austrina constitutio esse videtur, quae efficit, ut certis annis febrientibus tantum non omnibus aphtae subnascantur, aut miliaria in cute efflorescant. Hanc in rem quum medici minus attenti essent, et vim tempestatis in morborum symptomata epigenomena seu accessoria non satis perpenderent, factum est, ut medicorum alii febrim miliarem aphthosamque pro singulari privoque febrium genere semper haberent, dum alii contra pro mere accidentalibus illa exanthemata declararent, eaque singulari attentione medici in curatione morbi vix digna haberent. Male profecto, immo pessime ab utrisque, quum docente experientia illa exanthemata ad essentialia morbi symptomata interdum pertineant, siquidem ex aegrotorum priva et singulari constitutione propullulent: dum alias, et fere saepius, certis annis ex tempestatis constitutione febribus omnibus facile adhaereant, ut fere accidentalis differentiae vim habere videantur.

Aphor. VI.

Quando aestas fit veri similis, sudores in febribus multos exspectato.

Legitur haec sententia, sed uberior, in *Libro de humoribus* cap. VII^{mi} art. 11mo: *Quum vero aestas fiat veri similis, sudores in febribus, et febres faciles, et non peracutae, neque linguae aridae,* (obaridae) *fient. Celsus* Lib. II^{di} cap. 1mo hippocraticam sententiam his verbis latine reddidit: *Ubi vero calor a primo vere orsus, aestatem quoque similem exhibet, necesse est, multum sudorem in febribus subsequi.* Satis liquet, de vere adulto *Hippocratem* loqui, cui ratione tempestatis aestatem comparat. Ver adultum aestati finitimum humiditate, quae in primo vere adesse solet, non adeo excedit, caloreque nondum nimio, sed moderato potius gratum est. Haec tempestas corpus non debilitat, sed roborat potius, atque cerebro imprimis et nervis amica est. Praeterea nullam egestionem cohibet, eamque imprimis, quae per cutim fit perspiratione veluti coeca, quam insensibilem vulgo dicunt, egregie promovet. Atque ex hac veris tempestate, certe saluberrima, si eandem aestas continuat, non nisi optima quaeque aegrotis augurari licet.

Ast commodi quid est, quod ex hac tempestatis ratione aegrotis promittit *Hippocrates*? copiosos quidem sudores febrientibus. Quis vero multos sudores inter febrientium commoda referat? Longe aliter de hoc sudoris in febrientibus effectu judicavit ipse *Hippocrates*, tum alibi tum in hoc Aphorismorum libro: etenim Aph. 56[to] Sect. IV[tae] luculenter docet, *febricitanti sudorem supervenientem, febre non remittente, malum esse, et morbum sic prolongari.* Ex hoc Aphorismo facile est colligere, symptomaticum esse sudorem, quem *Hippocrates* pro noxio declarat, quippe qui febri superveniat (*ἱδεὼς ἐπιγινόμενος*), febrim non mitiget. Itaque in nostro Aphorismo, utilitatem aestatis laudans veris similis, symptomaticos illos sudores in febribus exspectari minime voluit, sed critic os eosque liberales, quibus sub illa tempestatis constitutione febres potissimum perfecte judicarentur. Hanc in condendo hoc Aphorismo *Hippocratis* mentem, quamvis nemo facile in dubium vocaverit in veterum doctrina vel mediocriter versatus: tamen fatendum est, elici potius hunc sensum, quam dilucide exponi. Scilicet mutilus est hic Aphorismus et ex *Libro de humoribus*, omissis iis, qui penitiorem sensum recludunt, oscitanter exscriptus; hic enim *de humoribus Liber*, praeterea quod tantum de sudoribus loquitur, minime de multis, addit etiam, febres exspectari posse faciles, *εὐτρόπους*, nec peracutas, nec cum linguae ariditate conjunctas. Hanc benignam igitur naturam moderate calida et humida veris adulti et primae aestatis tempestas febribus communicat, efficitque, ut criticis sudoribus iisque constantibus judicentur, atque omni linguae ariditate, quae cum febre vel paulo acutiori conjungi consuevit, prorsus careant. Peritos medicos experientia jam pridem docuit, benignas id genus febres saluberrimo adulti veris et primae aestatis tempore adolescentes et juvenes facile corripere, eosque solius naturae praesidio a morbo suo vindicari, ex eoque vel majus sanitatis robur feliciter reportare. Quae observatio medicos etiam movit, ut salutares has febres dicerent, immo veluti aliqua corporis lustratione purgatorias et depuratorias.

Aphor. VII.

In siccitatibus (alii vertunt: in squaloribus) *febres acutae fiunt* (vel gignuntur). *Et siquidem magna ex parte annus talis fuerit, qualem constitutionem effecerit, tales utplurimum etiam morbos exspectato.*

Duae sunt hujus Aphorismi enunciationes sive sententiae: altera particularis, de magni caloris et siccitatis effectu ad generandas febres acutas; altera de morborum natura sive constitutione, persistentis tempestatis constitutione sive qualitate definienda et praenoscenda. Totius quidem Aphorismi doctrinam medicorum attentione dignam puto: ita tamen, ut prior propositio vim exempli potius habeat, ex quo in altera propositione legem condidit *Hippocrates,* cujus ad normam medici de constitutione morborum, saltem annua, sat certum judicium ferrent, eamque praenoscerent. Sed utramque sententiam penitius inspicere atque investigare, operae pretium omnino fuerit.

Prior docet, febres acutas fieri per siccitates; ἐν τοῖσιν αὐχμοῖσι, in siccitatibus, quod nonnulli vertunt, in squaloribus. Profecto haud inepte: αὐχμὸς quidem est siccitas, sive tempestas sicca aridaque, quae efficitur diuturno a solis aestu calore, pluviis non temperato. Haec tempestas si diutius persistit, cuncta exsiccat corpora; agri ex tam continuo calore inaequales et confragosi fiunt, immo dehiscunt; hinc adspectum minime ut alias gratum praebent, sed pulverulentum, hispidum exustumque, qui proprie dicitur squalidus. Ab adspectu igitur, quem solis aestus corporibus communicat, nonnulli ἐν τοῖσιν αὐχμοῖσι, in squaloribus vertunt. Medici eodem squaloris verbo utuntur, ut tristem et exsuccum aegroti habitum ante oculos ponant, quem febris vehementior aut, ut in tabidis fieri solet, diuturnior exhausit, et veluti torruit et adussit. Ex hac siccitate vel squalore febres acutas fieri, docet *Hippocrates*; nullum alium morbum subjungit, ne quidem, frequentes fieri acutas febres, commemorat: fretus nempe observatione, quam Aphor. hujus Sect. XV^to^

memoriae mandavit: *generatim ex anni constitutionibus siccitates assiduis imbribus salubriores esse, et minus letales.* Hinc in sicca tempestatis constitutione eaque calida praeter acutas febres, easque certe non adeo multas, nulli fere morbi facile fiunt.

Itaque facile perspicietis, Auditores, hanc siccam tempestatem, febrium acutarum genitricem, in exemplum proposuisse *Hippocratem*, ex quo colligeret et illustraret alteram suae orationis partem: constitutionem tempestatis annuam esse, ex qua medicus futuros morbos praenoscat, et de natura eorum recte statuat. Hacce observatione, tanquam firmo fundamento, medicinam superstruxit, medicisque veluti clavem communicavit, cujus beneficio occultam morborum naturam reserarent, et ad rationalem curationem viam et aditum sibi quaererent et aperirent. Profecto, qui secum reputaverit, hac doctrina praestantissimos viros usos esse omnes, quotquot medicinae efficacitatem vere augerent, efficerentque, ut a vulgi experimentis avocata ad artis rationalis formam decoram usumque informaretur: nae is ultra fassurus est, *Divum Coum* de arte medica optime meruisse, tantaque beneficia in genus humanum contulisse, quanta maxima vel cogitari possint, verbis pro dignitate satis celebranda nunquam.

Aphor. VIII.

In regularibus (bene et ordine constitutis) *temporibus* (sive tempestatibus), *si tempestive tempestiva fiant* (vel reddantur), *morbi constantes* (minime irregulares, seu inaequalitatis expertes), *et judicatu faciles fiunt: in irregularibus autem* (sive male constitutis), *inconstantes* (inaequales, sua tempora sive stadia non legitime decurrentes), *et judicatu difficiles* (fiunt).

In praecedente Aphorismo *Hippocrates* exemplo febrium acutarum, quae sicca anni tempestate fiant, demonstravit, secundum anni constitutionem, ratione tempestatis persistentis sive regnantis, morbos sive, ut ex genio *Hippocratis* explicem, aegritudines (teutonice dixero: *Formen des Uebelseyns*) exspectari posse. Jam in hoc Aphorismo legem medicis scripsit, ad quam attenti de morborum in symptomatibus suis constantia et aequalitate, aut inaequalitate et inconstantia, legitimo vel illegitimo decursu, necnon de facili difficilique morborum judicatione statuant. Hac lege naturam morborum medicis reclusit *Hippocrates.* Etenim si morbi decursum noverim, aut legitimum aut anomalum et inaequalem, si solutionem sive judicationem, aut facilem aut difficilem, praeviderim: utrum benignum et periculi expertem, an malignum ideoque ancipitem et periculi plenum curandum habeam, facile dijudicabo. Haec omnia *Hippocrates* repeti vult ab anni temporibus, ratione tempestatis legitime vel ἀνομαλῶς decurrentibus: si tempestiva, id est anni temporibus tempestas congrua, tempestive, id est stato sive justo tempore, secundum naturae normam fiunt, aut contrario modo eveniunt. Atque certe, si homini insita vis vitae est, quae hominis sanitati non solum praesit, verum etiam morborum decursum, naturam et eventum praecipue definiat: quanta esse debeat in morbos anni temporum bona pravave indoles, potentia et efficacitas, facile perspicitur. Quid? quod natura, sive potius naturae summus auctor et conditor, eum telluri ad ejus axin positum, eumque circa solem motum dedit et definivit, ut diversis et legitime sese excipientibus anni temporibus orbis terrarum habitabilis fieret. Sine hoc anni temporum ordine inhospitalis fuisset, et vix per exigua temporis spatia habitabilis; quum in regionibus telluris soli semper adversis vim vitae mox consumsisset immanis perpetuusque solis ardor, in iis autem locis ex regionibus, quas sibi aversas sol nunquam illustraret, gelu horridum perpetuumque flammam vitalem mox exstincturum fuisset. Unde mirum non est, perpetuam et constantissimam observationem medicos docuisse, anni tempora, legitime ratione tempestatis decurrentia et sese excipientia, benigna esse in humanum genus: ita ut paucioribus morbis iisque bonae indolis conflictetur, quos sub contraria anni temporum et tempestatis conditione longe plurimos experiatur et valde exitiales. Utinam hac naturae benignitate recte uteretur humanum genus, quod proh dolor felicis sortis, quam natura concederet, impatientissimum, dum bellis in sua viscera saevit, novas prorsus morborum caussas adducit et veluti ex orco provocat, quae vel benignissimam anni constitutionem novis et exitiosissimis morbis contaminant.

Ceterum et hic Aphorismus in *Libro de humoribus* legitur, cap. VII^mo^, his verbis: *Qualia vero sunt anni tempora, tales erunt etiam morbi et constitutiones ex ipsis. Si tempora tempestive et ordinate se habuerint, morbos judicatu faciles faciunt.* Sed totidem fere verbis Aphorismus noster legitur *Lib.* II^{do} *Epidemic.* Sect. I^{mae} art. 20mo. *Celsus* noster Lib. II^{di} cap. 1mo paraphrasi aliqua hunc Aphorismum exposuit. Si qui autem scire cupiant, quem ex sua doctrina usum ad morborum naturam inveniendam et definiendam ipse fecerit *Hippocrates*, legant ex *Libris de morbis epidemicis primum et tertium*; aureos illos et maxime genuinos magni viri libros, quos vel decies legisse ut me non poenituit, poenitebit puto neminem. Quicunque vero legerint, rogo, ut ex se quaerant, tum an unquam legerint medici librum bonae frugis tam divitem et locupletem, tum an aliquis hodie, in tanta doctrinarum physicarum luce, ex anni temporum tempestatis ratione morborum naturam, non dicam felicius, sed aeque feliciter expiscari et repetere possit. Sed tantum valet ingenium et improbus labor!

Aphor. IX.

In autumno acutissimi morbi, et exitiales maxime generatim universimque (utplurimum): *ver autem saluberrimum, et minime letale.*

Legitur hic Aphorismus totidem fere verbis *Lib.* II^{di} *Epidem. art.* 15to et 23^{tio}. *Celsum* jam laudavimus ad Aphorismum praecedentem: *autumnum longe periculosissimum* dicit, *ver autem saluberrimum.*

Puto, de prima autumni parte loqui Aphor., aestati finitima. Certe ex omnium medicorum testimonio constat, morbos in hac prima autumni parte, acutos quidem, in putredinem valde esse proclives, maxi me, si aestatem ultra modum fervidam autumnus exceperit subito humidior frigidiorve; aut, quod fere pejus est, si caloris frigorisque frequentes vicissitudines vel quotidie hominum corpora exerceant. Unde aliter fieri nequit, quin vires majorem in modum debilitentur, corporaque minus repurgentur, perspiratione cutis toties intercepta, bileque, quam fervida aestas movebat, jam veluti evagante, exitum quaerente, et tum sanguifera vasa tum nobiliora abdominis viscera irritante. Tales morbi, ex tot viscerum iniqua adfectione conflati et compositi, languente imprimis vi vitae, nec legitime decurrunt nec, in plurimis saltem exemplis, alium quam funestum exitum habere possunt. Hinc non solum medicis, verum etiam omnibus pessime semper audivit hoc anni tempus: *Gravem*, dixit *Horatius*, *autumnum*, *Libitinae quaestum acerbae*; et *Juvenalis The-*

misonem, celeberrimum in urbe Roma medicum, scholae methodicae alterum post *Asclepiadem* conditorem, hoc verso risit et perstrinxit:

Quot Themison aegros autumno occiderit uno.

Ex quo mordacis poetae lusu simul colligere licet, *Themisonem* summa celebritate apud Romanos floruisse, et praxin medicam, ut hodie vocamus, exercuisse amplissimam, auream profecto, quae forte Poetae salivam moveret, bilemque ureret. Sed haec de autumni pravitate sufficiant. Quod vero ad veris salubritatem attinet, id tantum habeo, quod illustrationis caussa addam: intelligendam esse illam benignitatem de vere adulto, dum primum ver nec hyemalis frigoris expers, nec satis constans esse consuevit.

Aphor. X.

Autumnus tabidis malus.

Veritatem hujus effati Hippocratici experientia ita confirmavit, ut homines etiam medicinae ignari hoc anni tempus phthisicis fatale existiment, paremque in miseros phthisicos malignitatem veri tribuant. Quam item Hippocraticus scriptor *Libri* VI^{ti} *Epidem.* Sect. VII^{mae} Art. 77mo jampridem adnotavit, docens, *phthisicos interire, quum ficus folia producit in modum pedis corniculae*, quod accidit circa veris initia. Enimvero non solum phthisicis tabidisque, verum etiam hydropicis, omnibusque longiori morbo exhaustis solenne est, circa haec anni tempora fato suo fungi. Caussam hujus fatalis termini commentatores quaerunt in tempestate frigida et inaequali his anni temporibus propria, laesis dudum pulmonibus imprimis inimica. Nec hanc causam omnino rejicio; puto tamen, propter exhaustas longiori morbo vires potissimum fieri, ut autumno plurima pars tabidorum et hydropicorum longo morbo confectorum demum pereat, quippe id anni tempus virium languorem natura sua affert. Ver autem, idque primum, praeter aeris asperitatem ejusque vicissitudines, moto etiam interdum praematuro calore, phthisicis quidem non potest non nocere, quorum quippe pulmones novum fervorem, quem ver cum sanguine communicat, sine nova visceris affecti inflammatione, ulcerisque pulmonalis vehementissima irritatione prorsus ferre nequeant.

Aphor. XI.

Quoad autem tempora (sive, quod ad anni tempora attinet), *siquidem hyems sicca et aquilonia fuerit, ver autem valde* (assidue) *pluvium et austrinum, necesse est, aestate acutas febres, et ophthalmias, et dysenterias fieri, maxime feminis, et viris natura humidis* (secundum naturas earum).

Quam in praecedentibus hujus Sectionis Aphorismis proposuit doctrinam *Hippocrates*, mutationes esse in tempestatibus et anni temporibus, quae morbos non solum pariant, verum etiam formam naturamque morborum definiant: hanc in hoc Aphorismo iisque, qui hunc excipiunt, ultra pertexere pergit. Quam quidem rem ita pertractat, ut utilissimae hujus doctrinae praecipuum momentum, verumque ejus recte applicandae principium seu fundamentum, exemplis nonnullis luculentioribus demonstret: nempe in dijudicanda morborum frequentia, forma et natura, medicum intueri oportere, non tam, quod nunc adsit anni tempus, et qua nunc tempestate hoc anni tempus distinguatur; quam potius respicere ad tempestatis vim et naturam, quam praegressum anni tempus declaraverit. Ita profecto est! Praecedens anni tempus, aliquo modo tempestate solenni debitaque excedens, seminium parit morborum, diathesin aliquam morbosam affert, caussarumque praedisponentium vim habet. Secutum anni tempus tempestate sua illud seminium, quod praecedens relinqueret, aut coercebit et exstinguet, aut caussae occasionalis vim exserens, seminium ad actuositatem excitabit et morbos producet. Sic, ex mea quidem sententia, optime explicatur singularis illa morborum natura, quae medicis constitutionis regnantis nomine venit; annuae quidem illius, quae *Hippocrati*, quando morborum frequentiam adducit, epidemiae nomine venit, vi nempe verbi. Anni tempora sueto more decurrentia sporadicos tantum morbos efficiunt; si vero anni tempora a legitima norma magnopere recedunt, plurimos morbos pariunt, ideoque ex *Hippocratis* mente rationem epidemiae habent, scilicet annuae. Hanc *Hippocratis* mentem esse, satis docet Aphor. hujus Sect. VIII^{vus}. Etenim quod ad morborum constitutionem et naturam pertinet, quae, ultra plures interdum persistens annos, hanc illamve aegritudinem stationariam efficiat: hujus quidem caussas una cum *Hippocrate*, cum ignarissimis quibusque me ignorare, ingenue fateor. Saltem ex anni temporibus declarari non potest v. c. febris intermittens, plures interdum per annos stationaria. Hae apud nos constitutiones epidemicae audiunt, quarum ortus, progressus terminusque, quem habiturae sint, ex anni temporum ratione nullo modo perspicitur.

Doctrinam modo Vobis explicui, Auditores, interioremque ejus sensum, nisi egregie fallor, reclusi, quam *Hippocrates* luculentis exemplis in hoc iisque, qui hunc excipiunt, Aphorismis illustrat. Jam haec exempla accuratius contemplemur! Hyems sicca et aquilonia, sive frigida, corporis humani quidem physicas vires augere videtur, immo et vitales per aliquod saltem tempus excitare, eamque ideo cum corpore proclivitatem communicare, quae in inflammationes concipiendas prona est. Et certe sub hac hyemis constitutione inflammatorii morbi, imprimis viscerum spiritualium erunt haud infrequentes. Sed hanc naturam morbi sub ea tempestatis ratione, quam *Hippocrates* in hoc Aphorismo exempli loco proposuit, pergere nequeunt: in contrariam naturam eos ruere oportet, nempe eam, quam ex debilitate morbi contrahunt. Cujus quidem eventus duae caussae sat luculentae sunt: altera, quoniam, si per totam hyemem tempestas plus aequo frigida et sicca fuerit, corpus debilitabitur; siquidem moderati tantum et non nimis persistentis frigoris vis est, ut corpus roboret; altera, quoniam in corpora sicco frigore jamdum debilitata nunc inique agit ver valde pluvium et austrinum: id quod debilitatem non potest non augere. Quam quidem maxime persentient et aegre ferent illae corporis humani partes, quae cum aere antea valde frigido siccoque, nunc pluvio calidoque, maximam necessitudinem alunt; quam certe maxime alunt cutis, oculi, cavitasque oris. Hinc aegritudines etiam intelliguntur, sive formae, quas morbi ex illa tempestatum successione habiturae sunt; nempe dum aestatem versus annus progressurus est, ideoque sub vere adulto primaque aestate, ophthalmiae maxime fient et diarrhoeae torminosae sive dysenteriae. Atque hae affectiones eos maxime corripient, qui natura sunt debiles, feminas igitur virosque debiliores, quos *Hippocrates* dicit: natura instar feminarum humidiores. Enimvero praeter partes aeri accessas illa tempestatis ratio nervorum vim franget, ita quidem, ut debiles sensilesque sanguinis humorumque impetui, aestivo calore jam effrenatiori, nimium cedant. Hinc febrium acutarum ex illa tempestatis ratione elucet origo.

Haec mea est hujus praedictionis interpretatio qualiscunque, in qua si hallucinatus fuero, vix valde movebor, veritate Hippocratici hujus effati, quam experientia demonstrat, contentus. Si qui vero ex humoribus, ex perspiratione hyemali frigore suppressa repetere voluerint hanc morborum constitutionem, minime repugnavero; quippe qui, hisce in rebus suo quemque sensu delectari, facile patiar. Praeivit in hac interpretatione, ex humorum imperio petita, *Galenus*, quem secuti sunt commentatores tantum non omnes, inter quos tamen primas partes *Joanni Heurnio* et *Jacobo Hollerio* defero, qui imprimis legendi sunt, ut astronomici anni apud Graecos exquisitam nobis comparemus cognitionem. Sed ante omnes audiendus est *Hippocrates* ipse, certe optimus sui Aphorismi interpres, quem vel ideo cum magna voluptate vobis praelegam, ut intelligatis, quam curiosus naturae scrutator et explorator *Cous* fuerit; quanta ejus sagacitas, et quam acutum judicium, quo usus est, tum ad explorandam naturam, tum ad elicienda et colligenda ex observationibus suis generalia super rerum natura principia. Legitur vero noster Aphorismus, ejusque interpretatio, in aureo *Hippocratis Libro de aere, aquis et locis*, cap. XXV^to p. 342. Caput integrum legendum est; jam audiamus *Corayum* virum doctissimum, qui in accuratissima aurei hujus libri editione (T. I. p. 53) textum Graecum sic emaculavit, et in hoc quoque loco ita emendavit, ut elegantissima, quam addidit, versio Gallica nihil obscuri in oratione Hippocratica relinqueret: *Si, au contraire, à un hiver sec et boréal succede un printemps pluvieux et austral, il faut nécessairement, que l'été occasionne des fièvres, des ophthalmies et des dyssenteries. C'est que, toutes les fois, qu'une chaleur étouffante arrive tout-à-coup, et que la terre est encore humectée par les pluies du printemps, et par les vents du midi, l'action du soleil, jointe à la chaleur d'une terre très humide, doit nécessairement se faire sentir avec plus de force. Ajoutez à cela, que le ventre ne s'est pas encore resserré, ni le cerveau debarassé des humeurs; puisque dans un pareil printemps toute la substance du corps doit nécessairement ètre abreuvée d'humidité. Ainsi les fièvres seront très-aiguës, surtout chez les sujets d'un temperament phlegmatique; et les dyssenteries attaqueront les femmes, ainsi que les hommes d'une complexion très humide.* Ceterum apud *Celsum* quoque hunc Aphorismum latine eleganter redditum legimus *Libri* II^di^ *cap.* 1mo.

Aphor. XII.

At si austrina hyems et (valde vel assidue) *pluvia, et placida* (sive mitis), *ver autem siccum et aquilonium* (vel boreale), *mulieres quidem, quibus partus circa ver* (vere instat), *ex quavis caussa* (occasionali) *abortiunt: quae vero pepererint, imbecilles et morbosos infantes edunt, ita* (vel adeo), *ut statim intereant, vel tenues* (sive debiles) *valetudinarium vitam habeant* (vel trahant). *Ceteris autem mortalibus dysenteriae et ophthalmiae siccae* (vel aridae) *fiunt: senioribus autem catarrhi brevi tempore interficientes.*

Quod Aphorismo hujus Sectionis XI^mo^ tractare coepit argumentum *Hippocrates*, de morborum forma et natura ex ratione tempestatis annique temporum praenoscenda, idem in hoc Aphorismo exponere pergit. Dixit autem in praecedente Aphor. de tempestatis constitutione, morbisque ex ea metuendis, in qua hyemem siccam et aquiloniam ver exceperit austrinum et assidue pluvium. Jam contrariam horum anni temporum contemplatur constitutionem, in qua hyems austrina fuerit et valde pluvia, mitisque et placida, quam vero exciperet ver siccum et boreale, sive aquilonium frigidumve. Huic anni constitutioni malignam vim tribuit, tum in feminas uterum gerentes, et veris hujus ingrati frigidique tempore partum edituras, tum in prolem, quam pepererint. Feminas quidem gravidas ex quavis occasione abortum passuras esse, praedicit, infantium autem, si qui legitimo partus tempore vitales editi fuerint, tantam imbecillitatem et morbosam naturam praesagit, ut vel ocyus pereant, vel debiles, tenues et valetudinarii vivant. Est autem hic Aphorismus transcriptus ex *Libro de aeribus, aquis et locis*, in quo legitur Cap. XXVI^{to} artic. 4to. Sed audiamus lucidissimum interpretem *Corayum*:

LXI. *Si l'hiver est austral, pluvieux et chaud, le printemps boreal, sec et froid, les femmes enceintes, dont le terme de la grossesse arrive au printemps, risqueront, de se blesser, ou, si elles accouchent naturellement, de ne mettre au monde, que des enfans in-*

firmes, mal sains, qui périront bientôt après leur naissance, ou qui viveront maigres, debiles et maladifs. Voilà ce qui resultera d'une pareille constitution pour les femmes enceintes.

LXII. *Au reste, cette constitution aménera des dyssenteries, des ophthalmies séches, et chez quelques personnes des fluxions de la tête aux poumons. Il est probable, que les dyssenteries attaqueront les hommes phlegmatiques et les femmes, à cause des humeurs pituiteuses, qui descendent de la tête (aux intestins). Les sujets d'un temperament bilieux seront plus exposés aux ophthalmies séches, à cause de la chaleur et de la sécheresse de leurs chairs. Ceux d'un âge avancé auront des fluxions, parceque leurs vaisseaux sont peu serrés et vuides de sang: ensorte que les uns seront frappés de mort subite, et que les autres deviendront paraplectiques de la partie gauche ou droite du corps.*

Celsus hunc Aphorismum latine reddidit Lib. II[di] cap. 1mo.

Ita in oratione *Hippocratis* nil est obscuri. Quod enim nonnulli *εὔδιος* vertunt serenam hyemem, alii tranquillam placidamque, parum discriminis affert, unde etiam ab aliis omissum, ab aliis servatum fuerit. *Corayus* certe ad totius orationis sensum adcommodate vertit: hyems calida. Erunt tamen fortasse Vestrum nonnulli, qui mirentur, *Hippocratem* imprimis de feminis uterum ferentibus dixisse, quod sibi ex hac annua constitutione metuant, quippe quae facile abortiant, aut nonnisi debiles foetus valetudinariosque edant. Quibus hoc scrupulum movebit, sciant, experientiam dudum docuisse, certis annis valde frequentes fieri feminarum abortus, qui aliis annis sat raro accidant. Quod quum ex feminarum natura, viribus tam parum inter se convenientium, prorsus explicari nequeat, necesse est, ut propter communem aliquam caussam cum illis annis conjunctissimam fiat. Hanc communem caussam in aeris et tempestatis ratione quaesivit *Hippocrates*, anomala quidem, hyemem pluviam et austrinam, ideoque calidam, excipiente vere sicco frigidoque. Caussam, cur haec tempestatis ratio hunc effectum habere debeat, juxta suam physiologiam explicuit *Hippocrates Libro de aere, aquis et locis*. Secundum placita, quae nunc in honore sunt, ex debilitate explicabimus, quam hyems tepida pluviaque cum corpore communicaverit, ab insecuto vere frigido minime emendata, sed potius aucta. Atque, quum sub hac tempestatis intemperie omnes cunctaeque corporis vires langueant: tum nutritio imprimis minus prospere succedit, cui alias, sub legitima tempestatis constitutione, serena et moderate frigida, hyems egregie favet, ut debito tempore accedente veris calore nova prodeat instaurataque vitae actuositas. Feminae igitur, urgente anomala illa hyemis verisque tempestate uterum gerentes, dum ipsae alimenta in succum et sanguinem minus commode et parum liberaliter vertunt, nec foetui suo sat alimenti subministrare poterunt; quo fieri aliter nequit, quin foetus tales parum nutriti debilesque, aut in utero pereant, ex eoque abortu rejiciantur, aut vix vitales nascantur, exstinctaque mox vitae flammula diem suum obeant, aut si fato vix feliciori vitam pergant, eam non nisi miseram et inter perpetua adversae valetudinis incommoda ducant. Solent enim hi miseri, vix aliquot menses nati, atrophia, immo rhachitica subinde labe contaminari. Hac debilitate feminarum gravidarum, quam in foetum suum transfundunt, praedisponens caussa, quam internam quoque vocant, sive seminium continetur, ex quo in abortum fiunt proclives; jam si quae vel levior offensa in feminae corpus animumve egerit, abortus propinquus erit. Hinc *Hippocrates* praedicit, sub tali hyemis verisque intemperie feminas ἐκ πάσης προφάσιος, ex quacunque occasionali caussa, foetum esse perdituras. Occasionales hasce caussas nemo non novit: sunt vehementes motus, tum animi tum corporis, hujusque inanitiones per alvi sanguinisve profluvia, quae in his feminis abortum concitant. At enimvero ut feminarum haud paucae, salvo tamen foetu, has potentias nocentes admittunt, adeo quidem, ut scelestae mulieres vel liberali sanguinis missione, vel epoto medicamento, quod vomitum concitet alvumque vehementer moveat, foetus sui vitae nefario ausu, nequicquam tamen irritoque conatu, insidientur: ita ex hoc quoque exemplo elucet, inter morborum caussas praedisponentes et occasionales his minimum, illis plurimum semper fere tribuendum esse.

Jam videamus, quid mali ceteris mortalibus, praeter feminas uterum ferentes, ex illa intempestiva tempestate metuerit *Hippocrates*. Textus in vulgatis editionibus habet: τοῖσι δὲ ἄλλοισι, aliis, sive ceteris; sed in *Libro de aere, aquis et locis* legitur: τοῖσι φλεγματίῃσι, pituitosis. Unde *Lefeburius* in nostro Aphorismo scribi vult, τοῖσι δὲ ἄλλοισιν ὑγροτέροισι, ceteris autem humidioribus natura; profecto haud inepte, adcommodate potius tum ad *Hippocratis* mentem, tum ad naturae veritatem. Humidi enim illi et pituitosi aut natura debiles sunt, aut propter aetatem provectiorem debilitatem contraxerunt, ex qua omnia illa mala, quae *Hippocrates* ex hac tempestatis intemperie iis praedicit, facile propullulant. Sunt vero dysenteriae, ophthalmiae, catarrhi capitis et pulmonum, hique facile internecini. Recte addit in *Libro de aere, aquis et locis*, ex quo hic Aphorismus transcriptus videtur, *seniores quidem ex hac tempestate catarrhis obnoxios fore, ita quidem, ut seniorum alii repentina morte exstinguantur, alii paraplegia* (secundum nostrum dicendi morem, hemiplegia) *dextri sinistrive corporis lateris corripiantur.*

Aphor. XIII.

Si autem aestas (valde, plus justo) *sicca et aquilonia* (vel borealis), *autumnus vero pluvius et austrinus fuerit*, *capitis dolores* (vehementes) *hyeme* (proxima) *oriuntur*, *et tusses*, *et raucedines*, *et gravedines* (destillationes), *nonnullis vero etiam tabes*.

Postquam *Hippocrates* docuit, anni tempora esse, quae morborum naturam definiant, benignam quidem legitime decurrentia, malignam contraria (Aphor. hujus Sect. VIII^vo^): anni tempora respectu naturae, quam cum morbis sunt communicatura, speciatim lustrat. Sic Aph. XI^mo^ affectum docet constitutionis hyemalis siccae et borealis, quam excipiat ver pluvium et austrinum; Aphor. autem XII^mo^ contrariam constitutionem hyemalem, pluviam quidem et placidam, quam insequatur ver aquilonium, siccum et ventosum, contemplatur, atque aegritudines docet, quas proferat haec vernalis tempestatis ad praegressam illam hyemalem ratio. Jam in hoc Aphorismo idem persequitur argumentum, aestatem proponens siccam et aquiloniam, pedissequo autumno pluvio et austrino, atque hanc tempestatis constitutionem declarat capiti imprimis et pectori inimicam. Exscriptus est hic Aphor. ex *Libro de aeribus, aquis et locis*, ubi cap. XXVIII^vo^ haec leguntur: *Si vero aestas sicca existat, et borealis, sequens vero autumnus pluviosus et australis, capitis dolores ad hyemem exspectare convenit, et cerebri corruptiones, ampliusque raucedines, gravedines et tusses, aliquibus etiam tabes.* Morbis ex hac constitutione oriundis hoc libro addit σφακέλους τοῦ ἐγκεφάλου, sphacelos cerebri, qui nobis inflammationes cerebri, cephalitides vel encephalitides audiunt. Quod additamentum in Aphorismorum textum recte recepit textuique restituit *Lefeburius.* Respondet quoque experientiae, graves vehementesque capitis dolores sive cephalalgias ipsum cerebrum facile male afficere; adeo quidem, ut a cerebri inflammatione saepe parum aut fere nihil absint. *Celsus* quidem Aphorismum legisse videtur, ut nos in vulgatis editionibus legimus; transtulit enim Lib. II^di^ cap. 1mo in latinum sermonem his verbis: *At si sicca aestas Aquilonem habuit, autumno vero imbres Austrique sunt, tota hyeme, quae proxima est, tussis, destillatio, raucitas, in quibusdam etiam tabes oritur.*

Sunt vero duo hoc in Aphor., de quibus recte quaeramus: alterum quidem, num hoc *Hippocratis* effatum solenni medicorum observationi satis respondeat? alterum, ex quibusnam demum caussis explicari possit hic tempestatis in valetudinem hominum effectus?

Quod primam quaestionem attinet, experientia medicorum satis constans hujus Aphorismi veritatem confirmasse videtur. Instar omnium esse poterit unius diligentissimi medici testimonium, qui recentiori aevo in effectus, quos anni tempestates in corpus humanum exerceant, valde attentus fuit, suasque observationes cum posteris tum in *Opusculis minoribus*, tum in singulari *Disputatione de temporibus anni insolitis* conscripta communicavit: *Fridericus Hoffmannus*, constantis observationis esse, perhibet, sub longo dominatu ventorum ex austro et occidente spirantium, aere denso et praehumido, hydrargyrum in barometro inferius haerere; si vero subito accedat ventus borealis, brevi subnasci coryzas, tusses, raucedines, odontalgias, arthriticos dolores et rheumatismos. Tempestate haud valde dissimili nuper usi sumus. Etsi enim adulta aestas satis calida fuerit, hanc tamen excepit autumnus admodum pluvius, et propter spirantes perpetuo Zephyrum et Euro-Africum vere austrinus; quo in hyemem transituro, et hyemalis frigoris hactenus vix quidquam habente, eadem fere sanitatis incommoda experti sumus, quae in hoc Aphorismo commemorantur. Sed quod valde mirum est, et *Hoffmanni* suetaeque observationi minime consonum: aere humidissimo hydrargyri in barometro altidudo constanter magna fuit, immo crevit, forte a flantis Euro-Africi impetu, tanto quidem, ut maris undas in fluviorum ostia rejiceret, fluviosque e ripis suis erumpere, seseque in vicinas terras effundere, hasque longe lateque inundare cogeret.

Transeo ad alteram quaestionem, quibusnam ex caussis explicari possit morborum ortus, quos ex hac tempestate futuros praesagit *Hippocrates*. Facile judicabitis, Auditores, unumquemque medicorum has caussas ex doctrina, quae, dum scriberet, in honore esset, repetiisse et ex sua opinione aestimasse. His opinionibus, quibus scholae philosophorum medicorumque omni fere lustro resonant, aliis atque aliis vel obiter recensendis, patientia vestra non abutar. Caussae, quae ipsi *Hippocrati* fuerunt, ut ita statueret, in promtu sunt. Docuit Aphor. hujus Sect. III^{tio}, morborum naturam respondere anni tempestatibus; deinde, ab Aphor. XX^{mo} ad XXIII^{tium}, morbos recensens singulis anni temporibus proprios, inter hyemales morbos, graves illos quidem et majorem in modum vasa sanguifera exagitantes, gravedines quidem et raucitatem tussesque commemorat, quos tamen affectus veri imprimis tribuit. Ver autem tempestate sua eam aestatis constitutionem saepe aemulatur, quam in Aphorismo nostro notavit *Hippocrates*; etenim primum ver siccum et aquilonium saepe excipit vere adulto tempestas diu humida et austrina. Vernales igitur morbos exclusit et peperit haec anomala aestatis et autumni tempestas, talesque omnino, quales in membranis, quas mucosas hodie dicimus, sedem suam figere soleant. Hinc quoque illa phthisis declaranda, quam *Hippocrates* nonnullis ex illa tempestatis constitutione fieri, in fine Aphorismi subjungit. Phthisin interpretor ex catarrho oriundam, vias spirituales vicinosque pulmones male habente, diuque occupante. Quod quidem tabis genus ii praesertim ex acri longoque catarrho sibi metuant, qui, habitu phthisico minime notati, ex hypochondriis potius diu laborantes, chylum parant parum laudabilem, indeque debiles et infirmi magnam vim muci vel quotidie exscreare consueverunt.

Horum ego certe haud paucos vidi, qui, ab aeris vicissitudinibus, quas autumnus afferre solet, aut sibi non satis caventes, aut his tempestatis mutationibus perferendis in summa corporis cura impares, in provectiori adeo aetate ad phthisin pervenirent, longioris catarrhi specie, nido, in quo infelix hic pullus excluderetur, in iis visceribus dudum parato, quae propter diuturnam debilitatem in bonum sanguinem laudabilemque succum alimenta vertere recusarent

Aphor. XIV.

Si vero borealis sit (autumnus) *et sine pluviis, humidis quidem natura et mulieribus commodus* (vel proficuus) *erit; reliquis autem erunt ophthalmiae siccae, et febres acutae, et gravedines* diuturnae: *nonnullis quoque melancholiae.*

Hippocrates praecedente Aphorismo vim explicuit, quam in valetudinem humanam exercet autumnus, praegressa aestate sicca et aquilonia, humidus et australis. Jam in hoc Aphor. effectum praedicit, quem, praegressa illa aestate sicca et boreali, autumnus exserat contrariae naturae, scilicet borealis et sine pluviis, ideoque siccus. Autumnus post aestatem siccam et aquiloniam humidus et australis, ex praedictione *Hippocratis*, pariet vehementes capitis dolores, tusses, raucitates et destillationes, ex quibus in nonnullis tabes — verbo, proferet inflammationes, tum veras tum, quas hodie dicimus, rheumaticas et catarrhales; provocabit irritabilitatem vasorum sanguiferorum et membranarum mucosarum. Autumnus autem, talem aestatem siccam et borealem secutus, etiam siccus et borealis contrarium effectum omnino edere debet: etenim tantum abest, ut vitiositatem sive diathesin morbosam, ex praegressa aestate natam, emendare possit et auferre, ut potius eandem confirmet augeatque. Cui quidem tempestatis constitutioni per aestatem et autumnum persistenti resistent, qui natura sunt humidi, id est laxi debilesque, quales natura sunt feminae; immo non solum non laedentur, verum etiam vires suas firmabunt egregio incitamento, quod ex sicca frigidaque illa tum aestatis, tum autumni tempestate experturi sunt: his igitur hunc autumnum frigidum siccumque omnino salubrem et proficuum dicit *Hippocrates*.

Longe secus res se habebit in ceteris, iis nempe, qui natura strictioris compagis, sicciorisque corporis habitus sunt. Hi quidem, majore corporis irritabilitate natura instructi, eaque ex tempestatis praegressae et adhuc persistentis conditione majorem in modum aucta et excitata, non possunt non in febres incidere tum acutas tum diuturnas. Hae febres, acutae quidem vehementesque, ex remittentium ordine, tum ad inflammationes viscerum infimi ventris pronae, tum in putridas facile degeneraturae, cum magno periculo semper conjunctissimae sunt. Securiores etiam intermittentes refractariae tamen indolis sunt, et non nisi prudente longiorique usu eorum medicaminum feliciter demum persanantur, quae ad expedienda abdominis viscera vi resolvente eaque blanda pollent. Est egregius hisce de febribus scriptor, in observationis studio *Hippocratis* aemulus, quem vix ex merito satis laudare possim, ejusque diligentissimam lectionem Vobis commendare: *Grantius* gente Anglus, qui librum suum inscripsit *de febribus et de constitutione febrium atrabilaria.* Irritabit porro oculos horum hominum siccitas illa frigusque perpetuum aeris. Eodem modo male afficere poterit internas nares, gravedine quidem diuturna, ut lectio nonnullorum, *καὶ κόρυξαι χρόνιαι*, utique defendi possit. Nec est, quod in eo offendamus, *Hippocratem* in praecedente Aphorismo coryzam commemorasse inter effectus tempestatis contrariae ejus, de qua hic Aphorismus loquitur; siquidem alia est coryza, teutonice *fliessender Schnupfen*, autumni pluvialis et austrinae frequentissima soboles, alia gravedo, *Stockschnupfen*, quae sicca diuturnaque imprimis fieri consuevit. Praeterea autem, quum natura strictioris corporis habitus sint, quibus veteres temperamentum tribuunt melancholicum, sive atrabilarium, hi quidem ex illa tempestatis conditione atrabilarios morbos, qui hic uno melancholiae nomine intelligi debent, facile experturi sunt.

Hunc hujus Aphor. sensum esse, a me paraphrasi illustratum forte verbosiori, optime docebit egregius *de aere, aquis et locis Liber*, ex quo hic Aphor. transcriptus est (artic. XXIX^{no}). Legendus omnino totus hic locus, in quo ipse *Hippocrates* ex suae physiologiae placitis has suas praedictiones firmat et illustrat. In eundem prorsus, quo ego explicui, sensum hunc Aphorismum et praecedentem latino sermone reddidit *Celsus* Lib. II^{di} cap. 1mo in fine.

Aphor. XV.

Constitutionum autem anni, generatim universimque (seu in totum), *siccitates pluviis* (assiduis vel imbribus) *sunt salubriores, minusque letales* (seu letiferi).

Praecedentibus Aphorismis, ab XI^mo ad XIV^tum, *Hippocrates* dixit de diverso morborum genere ex diversa tempestatis intemperie, frigida calidaque, humida siccaque, propullulante. Jam in hoc Aphor. intemperiem tempestatis humidam cum sicca confert, hancque illa multo salubriorem minusque letiferam pronunciat. Quam *Divi Coi* sententiam praestantissimorum medicorum observationes nullo non tempore confirmarunt; confirmat quoque locorum salubritas, in habitabili terrarum orbe iis in regionibus semper major, quas sicca aeris temperies distinguit: dum regiones humidae morborum feracissimae sunt, et funerum multitudine infames. Insolenter in *Coum* animadvertit *Galenus*, reprehenditque, quod non praemiserit hunc Aphorismum illis, quos de diversa nocendi potentia tempestatis siccae humidaeque scripsit. Putat enim, illos Aphor., ut perfecte intelligantur, hujus Aphor. sententia indigere. Equidem putaverim, *Hippocratem*, in exponendarum suarum sententiarum ordine, et jure suo usum, et logicae disciplinae sive inductionis praecepta examussim secutum esse; dum particulares enunciationes praemittit, atque ex his demum universalem propositionem tanquam consectariam colligit. Sed mittamus *Galenum*, hominem vanum, et propter intolerabilem jactantiam dignissimum, qui nostris temporibus viveret, et cum magnis ingeniis, quorum adeo ferax est haec nostra aetas, de vaniloquentiae laude concertaret. Enimvero, aut ego egregie fallor, aut si viveret *Pergamenus*, nostris hominibus cedere cogeretur, quippe cui, dum nostri sublimi vertice sidera feriunt, nil ultra petere liceret. Sed mittamus totum hoc thrasonum genus, ab *Erasmo* quondam in encomio Mariae frustra castigatum, et vel tribus Anticyris insanabile. Consultius erit, audire *Celsum*, qui cap. 1mo Lib. II^{di} hunc Aphor. facunde interpretatus est, ita quidem, ut coeptam ab *Hippocrate* tempestatis humidae cum sicca comparationem diserte longiusque produceret: *Saluberrimi sunt sereni dies: meliores pluvii, quam tantum nebulosi, nubilive: optimique hyeme, qui omni vento vacant, aestate, quibus Favonii perflant.*

Aphor. XVI.

Morbi in pluviis (assiduis vel imbribus) *utplurimum* (sive magna ex parte) *oriuntur, et febres longae, et alvi fluxus, et putredines, et epileptici, et apoplectici, et anginae. In siccitatibus autem* (magnis) *tabifici, ophthalmiae, arthritides* (sive articulorum dolores), *stranguriae* (sive urinae stillicidia dolorifica), *et dysenteriae* (sive intestinorum difficultates).

Hippocrates, postquam praecedente Aphorismo statuit, in annuis constitutionibus siccitates assiduis pluviis salubriores esse, jam docet, quinam morbi, constitutione anni humida et pluviosa, exspectandi sint, quinam in constitutione contraria, sicca quidem, metuendi. Textum hujus Aph. iisdem propemodo verbis latine reddidit *Celsus*; leguntur Lib. II[di] cap. 1[mo]. Insunt tamen in *Celsi* interpretatione quaedam mutata: morbis ex siccitate oriundis ab *Hippocrate* recensitis addit febres acutas; memor ut crediderim Aph. VII[mi], in quo febres acutas inter effectus tempestatis siccae diserte commemorat *Cous*. Porro tabificos morbos *Celsus* omittit, forte, quod Aphor. XIII[tio] *Hippocrates* declaravit, tabem ex sicca simulque aquilonia, ideoque frigida tempestate fieri; verissime quidem, ut puto, quum sicca frigidaque tempestas inflammationes, maxime viscerum spiritualium, facile adducat, ex quibus tabes frequentissime oritur. Intestinorum difficultates, sive dysenteriae, torminum nomine *Celso* veniunt; hoc morborum genus Aphor. XII^mo^ *Hippocrates* ex sicca quidem tempestate declarat, sed quam praegressa fuerit hyems austrina pluviosaque. *Σηπεδόνες* cancri vertit *Celsus*; apprime sic vertisse puto, etsi affectiones omnes cum putrida corruptione conjunctas generatim putredinem (*σηπεδόνες*) vocasse, videtur *Hippocrates*. Haec putrida corruptio tum ad vulnera ulceraque facile accedit, minus tamen ob tempestatem siccam, quam ex aere impuro et squalore, in quo vulnerati et aegroti detinentur; tum singularibus aegritudinum formis in corporibus, ad talem corruptionem pronis, sponte oritur. Sed legendus *Celsus* est, totius hujus aegritudinis egregius peritissimusque interpres, mirifice illustrans *Hippocratis σηπεδόνες* Lib. V^ti^ cap. 26to artic. 31. *De ulceribus, quae extrinsecus per vulnera incidunt, curationibusque eorum.*

Ceterum, quae *Hippocrates* in hoc Aphorismo de morbis tum ex humida, tum ex sicca tempestatis constitutione, eaque annua oriundis docuit, ut ipse vidit, memoriaeque posterorum mandavit in I^{mo} III^{tioque} *morborum popularium Libris*: ita omnium temporum experientia confirmavit. Denique, ne quid reliqui faciam, quod huic Aphorismo illustrando inservire possit, Vos ignorare nolim, primo *Philotheum*, antiquum *Hippocratis* interpretem, σηπεδόνες revocasse ad κοιλίης ῥύσιες, ut his diarrhoeas, illis vero diarrhoeas putridas sive dysenterias definiri voluerit; deinde alios, atque in his *Lefæburium*, loco φθινῶδες (substantive) scribere φθινώδεες (adjective), et sic referre ad ophthalmias, nempe quae tabem, sive atrophiam oculorum facile relinquant: utrumque ingeniose, fateor, sed fere nimis argute, ut *Hippocrati* tribui vix possit.

Aphor. XVII.

Quotidianae autem constitutiones (sive status tempestatis), *aquiloniae quidem, corpora densant et valentiora* (seu robusta) *et expeditiora* (facile mobilia), *et coloratiora, et melius audientia faciunt* (seu reddunt); *sed alvos exsiccant, et oculos mordent, et circa thoracem dolorem, si quis prius adfuerit, majorem faciunt. Austrinae autem* (constitutiones) *corpora resol-*

vunt (vel exsolvunt), *et humectant, et graves auditus* (auditum obtundunt), *et capitis gravitates faciunt, et vertigines in oculis, et corporibus difficilem motum* (scilicet inferunt), *et alvos humectant*.

De annuis sive anniversariis constitutionibus, iis nempe, quae anni tempora secum ferunt, in prioribus Aphorismis locutus est *Hippocrates*. Jam in hoc Aphor. constitutiones tempestatis contemplatur, earumque in corpus humanum effectus docet, quae quotidie eveniunt, vel, ut accuratius dicam, singulis diebus evenire possunt, et haud adeo raro accidere solent. Cur vero hoc? annua quidem constitutio diversis anni temporibus continetur, ideoque efficit, ut annus magna ex parte sit vel humidus siccusve, vel frigidus calidusve. Inter hujus tamen annuae constitutionis perennitatem, vel sub hujus constitutionis annuae dominatu, intercidunt subinde, interdum adeo saepius dies, qui constitutionem annuam ad tempus mutant, aliamque tempestatem afferunt; sed ad tempus tantum, ad unum alterumve diem. Haec vero novae et intercurrentis tempestatis ratio non solum in morbos effectus suos exseret, dominantemque eorum naturam aliquantisper moderabitur: sed etiam, quos hic maxime respexisse *Cous* videtur, sanos afficiet, atque inter sanos eos imprimis, qui natura sunt sensiliores, et ad quos minus adcommodata est nova illa tempestatis ratio, uno alteroque die intercurrens. Jam videtis, sapienter egisse *Hippocratem*, quod, minime contentus, annuae constitutionis rationes docuisse, diurnas quoque seu quotidianas hasce tempestatis constitutiones contemplaretur, earumque vim in corpus humanum exponeret; quam certe nemo in dubium temere vocaverit, quum sanissimus quisque eam experiatur. At enimvero, quum haec quotidiana constitutio brevioris temporis sit, ita, ut vix per nonnullos dies persistat, sanis vix nocebit, iisque tantum incommoda erit, qui natura sunt sensiliores; metuenda etiam iis, qui jam aliqua corporis parte infirmi sunt. Inter quatuor vero cardinales tempestatis constitutiones, frigidam et calidam, siccam humidamque, quas ratione annuae constitutionis *Hippocrates* in prioribus Aph. a V^to^ fere ad XVI^tum^, contemplatus est, quotidianas constitutiones ratione effectuum, quos habiturae sunt, ad frigidam tantum et calidam tempestatem revocat; siquidem frigoris et caloris praesentissima in corpus humanum ejusque vires, tum physicas tum vitales, vis est. Agunt sine mora, extemplo, ut ita dicam, frigus calorque, dum nonnisi pedetentim corpus exercent siccitas et humiditas; quae igitur, dum de constitutione temporis per unum alterumve diem sermo est, in censum vix venire possunt. Contrarium quidem sentit *Galenus*, qui, ut solet, minutias venatur, et *Hippocratem* carpit, quod non ante calorem humiditatem scripserit; quippe humiditatis effectus calore tantum augerentur.

Quae vero *Hippocrates* de effectu frigidae calidaeque tempestatis vel per unum diem persistentis docuit, tam evidentia sunt, tamque constante experientia confirmata, ut interpretis diligentiam vix desiderent; nisi forte de horum effectuum rationibus quaesiverimus, quas quodque seculum secundum physicae et physiologiae suae placita dedit et porro, per me quidem liceat, daturum est. *Aquilo*, *Celsus* inquit Lib. II^di^ cap. 1mo, *sanum corpus spissat, et mobilius atque expeditius reddit*; fiunt vero corpora robusta, expeditaque et bene colorata, quoniam, ut *Cous* docet Aph. XV^to^ Sect. I^mae^, *ventres hyeme et vere sunt ca-*

lidissimi. Corporibus tunc calorem innatum majorem, id est vim vitalem actuosiorem tribuit, qui alimenta plurima cupiat; viget ciborum appetentia, digestio facile succedit, paratusque ex alimentis chylus in corporis nutritionem facile vertitur; vigent sensus omnes, auditus acuitur ab aere quoque frigido, plus elateris habente, sonumque facile propagante. Quae moderati frigoris efficacitas ad acuendos sensus per corpus fere ad mentem transit. Ita fit, ut, quae egregia est *Hollerii* ad hunc Aphorismum observatio, tempestate aquilonia ingeniosius ratiocinemur, memoriam experiamur promtam, omnesque sensus vigilantiores. Sed sunt quoque hujus frigidae tempestatis nonnulla incommoda: alvus exsiccari solet; oculos irritat facile Aquilo, nec non spiritualia viscera, imprimis, si quid vitii ante aluerint, vel aliquis saltem dolor thoracem ante male habuerit.

Calida autem, sive austrina tempestas contrarios edit in corpus humanum effectus. Corpora viribus exsolvit, atque imprimis vim cerebri nervorumque debilitat; ita quidem, ut ad motus segnes se praestent musculi, qui voluntatis jussa exsequuntur; mens torpeat, caput cum gravitatis sensu obnubiletur, et sensus, quos externos dicere consuevimus, hebetentur; auditus maxime obtundetur, aere etiam propter humiditatem minus elateris habente; oculi denique vertiginis sensu afficiantur, ad cerebrum certe propagato. Quarum aegritudinum omnium ratio ex eo haud incommode explicari videtur, quod calida humidaque tempestate, sanguine a vasis minus coercito, hic caput versus majore impetu feratur, ibique congeratur, atque sic tum minora vasa sanguifera, tum tenerrimam cerebri nervorumque fabricam in motus provocet festinantiores impetuosioresque. Tanti quum sint pravi effectus, quos humida calidaque tempestas in cerebrum nervosque exserat, merito aliquis miretur, non graviora damna ex ea tempestate hominem pati. Sunt enim illi ingrati sensus fere tales, v. c. capitis gravitas, vertigo, musculorum torpor, quales a gravissimis nervorum morbis v. c. epilepsia et apoplexia parum remoti sint.

Sed praeterea quod hujus tempestatis breve imperium est, crediderim, *Hippocratem* de harum qnotidianarum constitutionum in corpora sana effectu potissimum locutum esse; quae quidem tempestatis frigidae calidaeve influxum omnino sentiant, sed viribus satis instructa sint, ut his potentiis nocentibus, brevi transeuntibus, fortiter resistant.

Aphor. XVIII.

Secundum anni tempora autem, vere quidem, et prima aestate pueri, et his aetate proximi, optime degunt, et maxime valent. Aestate autem, et autumni quadam quidem parte (prima scilicet) *senes: reliqua autem parte autumni, et hyeme, qui medii sunt aetate.*

Proposuit hactenus *Hippocrates* in hoc III^{tio} Aphorismorum Libro potentias nocentes, quas medicorum scholae occasionales caussas dicere consueverunt, in temporibus anni et tempestate, quam haec adducunt, sitas: hac quidem aut sicca humidave, aut calida frigidave; illis autem aut bene ordinatis, aut exlegibus. Cum his rebus, externis quidem, natura nos alere jussit consuetudinem perpetuam. Hae sunt, quae vires nostras vicissim aut incitant aut remittunt, eaedemque, quibus ingrato modo irritemur saepius, tanquam hostibus aggressi, et haud raro victi in labores morbosque conjiciamur. Quae adeo contraria earundem rerum efficacia minime in iis sita esse poterit, sed nostris potius corporibus contineri debet; illa vitae propriae actuositate plus minus instructis, quae si excellit, externarum rerum influxum moderatur sibique omnino accommodat, si his autem potentiis cedit, injurias ab iis experitur, tum molestas tum vitae insidiosas. Justo externarum rerum in nos agentium regimine et dominatu sanitas, earundemve in nos imperio non satis coercito, nostraque sub illarum tyrannide servitute morbi natura generatim universimque continetur.

Quum vero potentiis illis nocentibus et diversa nocendi vis insit, et actuositatis vitalis, pro diversitate aetatis humanae, definitus modus propriaque mensura sit, facile elucet, diversam omnino esse debere, pro diversa hominis aetate potentiarumque nocentium, quibus quaeque aetas patet, varietate, sanitatis latitudinem; ita omnino, ut anni tempus, quod alteri aetati commodum est et salutare, alteri interdum pessime noceat. Quae omnia quidem *Hippocrates* perspicua sua brevitate docuit, dum Aphor. II^{do} hujusce Sectionis monebat, *naturas alias quidem ad aestatem, alias vero ad hyemem bene aut male se habere;* et III^{tio} Aphorismo subjungebat, *et aetates quasdam ad anni tempestates bene aut male se habere.* Haec experientia dudum medicos docuit, qui deinde caussas scrutati sunt. Ver *Hippocrates* laudat primamque aestatis partem pueris, iisque, qui aetate pueris proximi sunt, ideoque adolescentibus. In hac puerili aetate primaque adolescentia perficiendo corpori per laetum incrementum debitumque robur imprimis natura studet; quo in opere grato vernali et primae aestatis calore egregie adjuvatur. Idemque caloris temperamentum hanc aetatem grate afficit, sensu euphoriae cum valetudine prospera conjunctissimo. Degunt igitur optime et maxime valent illis anni temporibus pueri adolescentesque; hi tamen potius vere, illi prima aestate. Huic aetati opposita est senilis, quae, vi vitali jam languida et emarcida, tum ad corporis animique functiones, quantum fieri potest, perficiendas, tum ad gratum bonae valetudinis sensum percipiendum, efficaciori incitamento carere non potest; hocque naturae suae amicissimum ex calore haurit aestivo, in primam sereni autumni partem producto. Qui vero in virili sive media aetate constituti sunt, ut robore omnes antecellunt: ita extrema autumni parte, etsi insolentior in ea tempestas esse soleat, non facile laeduntur, et ex hiberno frigore, nisi modum magnopere excesserit, virium augmentum, corporis expeditiorem agilitatem, mentisque eximium vigorem persentiunt. Quae omnia pulcherrime exposuit *Celsus* Libri II[di] cap. 1[mo], totius hujus Aphorismi sententiam disertis hisce verbis illustrans: *Quod ad aetates vero pertinet, pueri proximique iis vere optime valent, et aestate prima tutissimi sunt: senes aestate et autumni prima parte: juvenes hyeme, quique inter juventam senectutemque sunt. Inimicior senibus hyems, aestas adolescentibus est.*

Aphor. XIX.

Morbi autem omnes (omnis generis) *in quibusvis anni temporibus oriuntur: nonnulli tamen secundum nonnnlla eorum* (quibusdam temporibus) *magis fiunt, et exacerbantur.*

Effatum est, quod experientia docuit: nullus enim certe est morbus ad aliquod anni tempus ita adstrictus, quin alio anni tempore videatur. Quid? quod adeo morbi, plerumque epidemici, alio etiam tempore, quo populares minime sunt, singulos tamen homines male afficiunt, atque tunc sporadicorum morborum nomine medicis veniunt. Sed eadem observatio docuit, suos esse, et veluti proprios, singulis anni temporibus morbos; ita quidem, ut ex antiquissima observatione morborum cohortes secundum anni tempora describerent medici, et in autumnales, hyemales, aestivos vernalesque partirentur. Hos morbos quum in Aphorismis hunc proxime excipientibus recensuerit *Hippocrates*, haec generatim praemonuisse sufficiat. Minime autem sicco pede praetereunda est *Hippocratis* alia in hoc Aphorismo observatio; haec quidem, ad certa quoque anni tempora adstrictas esse morborum exacerbationes. Silent morbi tantum non plurimi, qui hominem exercuerunt, certis anni temporibus, aut saltem his adeo se praebent mansuetos, ut homo jam morbo suo penitus vacare videatur, quem alio anni tempore crudeliter recrudescentem experturus est. Torquet cum mira constantia arthritis legitima suos adulta hyeme primoque vere. Omnes propemodum nervorum morbi diuturni vere facile recrudescunt. Ver adultum calidumque sanguinis profluvia revocat. Autumno tabidi, quos aestas refecit et paulo recreavit, iterum vehementius laborant et, viribus interdum sat illico confectis, celeri gradu ad extremam perducuntur rerum humanarum lineam. Quae observatio quam utilissima sit prudenti medico, vix dicere attinet. Si hostem e longinquo prospicit medicus, eos certe, qui ejus justum metum habere debent, optimis consiliis munire poterit, salutique eorum ita consulere, ut a morbo suo vel immunes salvique maneant, vel, si hoc minus obtabile fuerit, aut prorsus fieri nequeat, morbum suum tamen multo benigniorem experiantur.

Aphor. XX.

Vere quidem insaniae, et melancholiae, et epilepsiae, et sanguinis fluxus, et anginae, et destillationes (gravedines minus accurate), *et raucedines, et tusses, et leprae, et lichenes* (minus accurate impetigines), *et vitiligines, et efflorescentiae* (pustulae) *ulcerosae plurimae, et tubercula, et arthritides* (sive articulorum dolores).

Postquam in praecedente Aphorismo *Hippocrates* docuit, morbos quidem omnis generis in quibusvis anni temporibus oriri, nonnullos tamen quibusdam temporibus, et magis fieri, et exacerbari: jam hocce in Aphorismo et tribus hunc excipientibus morbos recenset, singulis anni temporibus hoc nomine proprios, quoniam in iis maxime oriuntur et exacerbantur. Initium ducit a morbis vernalibus. *Celsus* hunc Aphorismum eleganter reddidit Lib. II^{di} cap. 1mo.

Sensus hujus Aphorismi satis perspicuus est, qui interpretem vix desideret; quaeri tamen haud inepte potest, primo de forma nonnullorum saltem aegritudinum, quorum *Hippocrates* in hoc Aphorismo meminit, deinde de caussis, quae efficiant, ut hae aegritudines vere maxime oriantur.

Quod ad formas morborum sive aegritudines attinet, quae in hoc Aphorismo commemorantur, sunt in illis nonnullae omnino dubiae et incertae. Vix huc retulerim τὰ μανικὰ, καὶ τὰ μελαγχολικὰ, καὶ τὰ ἐπιληπτικὰ, siquidem haec adjectiva omnino referenda sunt ad substantivum verbum, quod praecedens Aphorismus habet, νουσήματα; ut accurate vertenda sint, morbi maniaci, melancholici et epileptici. Experientiae etiam respondet, horum morborum eas diversitates esse, quae non semper, immo fere minus frequenter, forma sua perfecta et absoluta prodeant, sed ea tantum specie et forma, quae ad maniam, vel melancholiam, vel epilepsiam proxime accedat. Hinc factum est, ut medici, in usu verborum accuratiores et morosiores, morbos, quorum perfecte explicita forma est, semper distinguerent ab iis aegritudinibus, qnae illas morborum formas quidem aemularentur, sed non omnino referrent, non penitus exaequarent, hasque nomine affectionum a morbis undique explicitis et forma sua absolutis distinguerent. Boni viri, qui mirarentur paucas hepatitides, paucas splenitides, sat paucas phrenitides, ut vetere verbo encephalitides significem; boni viri, qui existimarent, se affectiones tantum pneumonicas, hepatiticas, spleniticas et phreniticas plerumque vidisse et curasse. Quanto nos hodie oculatiores et peritiores, qui illos morbos explicitos et undique perfectos vel quotidie videmus, ita quidem, ut vix aliquis nostrum reperiatur, qui, dum occidente anno de rebus suis pulcre in medicina gestis ad populum, ut moris est, perorat, non possit inflammationum nobilissimorum viscerum a se feliciter sanatarum exempla saltim per decurias referre.

Sed revertamur ad nostram observationem circa verba illa graeci textus adjectiva. Vere etiam hysterica passio in juvenculis feminis, et oritur et exasperatur, epilepsiae haud raro aemula. Vere quoque mirabiles spasmi pueros exercent, quos superstitioso nomine Choreae S^{ti} Viti insignire consuevimus. Pertinet utraque aegritudo, haec puerorum, illa feminarum, ad *τὰ ἐπιλεπτικά*. Vere teter hypochondriacus morbus juvenes imprimis crudeliter saepe exercet, atque hic certe melancholiae tam affinis est, ut in hunc infelicem exitum haud adeo raro habeat. Prudentissime igitur egit *Cous*, dum non simpliciter scriberet, manias, melancholias, epilepsias vere oriri, sed morbos maniacos, melancholicos, epilepticos, id est affectiones seu aegritudines, ad illa morborum genera referendas. Quod ad ceteras aegritudines attinet, quas hic Aphorismus inter vernales morbos commemorat, de plurimis earum, puta de sanguinis profluviis, de angina, coryza, raucedine atque tussi expedita res est. Scrupulum habere potest lepra, quum haec cutis foeditas diuturna sit, nec ad certum anni tempus revocari possit. *Hippocratem* loqui de leprosis affectionibus apud Graecos notis, minime de lepra Arabum, quam Graeci elephantiasis proprio vocabulo denotabant, nemini dubium esse potest. Haec lepra, ut vulgo dicitur, Graecorum proxime ad impetiginem accedere videtur (*weit verbreitetes, tief eingedrungenes, böses Flechtenübel*), siquidem cum molestissimo pruritu conjuncta cutim asperam, aridam, durioremque efficit, squamisque deturpat, quae, vix secessae, novis renovatisque semper squamulis locum exedunt. Quamvis vero diuturnus fieri consueverit foedus hic cutis morbus, in iis tamen quae ego vidi exemplis, per hyemem mitior, vere semper exasperabatur.

Λειχῆνες interpretes tantum non omnes impetigines vertunt, solus *Lefeburius* lichenes vertit. Ab impetigine quidem haud semper valde remotus est lichen, plerumque tamen mitior; nostrates, *Schwind-Flechten*, dicere solent. Primo vere cutim teneram sensilemque adolescentium puellarumque maxime deturpare solet, tum in facie, tum in brachiis, sed vix diu persistit. Descripsit *Celsus* sat curate papularum nomine *Lib.* V^{ti} *cap.* 28vo *art.* 18vo.

Ἀλφοὶ, vitiligines. Vitiligo a lepra Graecorum et impetigine parum abest. Tres ejus species descripsit *Celsus* loc. laud.

Ἐξανθήσιες ἑλκώδεες, efflorescentiae ulcerosae sive pustulae. Descripsit *Celsus* loc. laud. artic. 15to.

Φύματα, tubercula, designant tumores

inflammatorios paulo majores, pus ocyus vel segnius concipientes, quales vernali tempore in pueris fieri consueverunt.

Explicui, quantum hoc loco fieri potuit, aegritudines, quae in hoc Aphorismo dubiae sunt atque incertae. Etsi vero, quod ingenue fateor, omnem dubitationis ansam non praeciderim, quam in his cutis turpitudinibus non facile praeciderit quisquam; tamen medicos omnes facile consentientes habebo, haec cutis vitia omnesque, quos Aphor. noster commemorat, morbos vernali tempore, et maxime fieri et quotannis saepe exasperari. Venio igitur ad id, de quo secundo loco me dicturum esse pollicitus sum. Caussas quaerimus satis idoneas, ut ex iis hi vernales morbi intelligantur. Quaeque aetas has caussas explicuit suo modo, ex iis nempe opinionibus, quae ea aetate maxime in honore essent: *Galeni* secta ex humoribus repetiit; *Hoffmanni* schola ex physicorum imprimis suo tempore fere novis circa atmosphaeram inventis declaravit. Nolo his repetendis patientia Vestra abuti; crediderim ego, caussas haud adeo inaccessas et obscuras esse, si primo perpendamus, quam corporis conditionem aluerit hyems: deinde examinemus, quasnam in humani corporis partes sedesque vernalis calor sese maxime insinuet, easque ad majorem vitae actuositatem provocet. Hyems, reparandis humoribus nutritionique promovendae destinata, corpus efficit vegetum et opimum succis sanguineque; hic a veris calore turget, ita quidem, ut vasa sua exstimulet, modumque, cujus ipse impatiens est, excedere cogat. Nervos grate quidem excitat veris calor, qui tamen, si natura debiles et justo sensiliores sint, et simul sanguinis turgore frequentiorique ejus motu irritentur, in spasmos facile erumpunt. Cerebrum ex iisdem caussis facile laeditur, ut vel inflammationem concipiat, vel in abnormes staminum suorum motus vibrationesque agatur, mente non amplius regundas moderandasque. Denique in universam cutim, corporis corticem, proxime agit veris calor, ita quidem, ut haud raro cutis fabricam solvat laedatque; cujus luculentum exemplum habemus in ephelidibus, quibus seu tot ustionibus, instar uredinum in segetibus, formosam puellarum faciem veste non satis defensam vitiat matutinus solis ardor.

Aphor. XXI.

Aestate autem et horum nonnulli (vernalium morborum, ex Aphor. praecedente), *et febres continuae, et ardentes, et tertianae plurimae, et vomitiones, et alvi fluxus, et ophthalmiae, et aurium dolores, et oris exulcerationes, et putredines genitalium, et sudamina.*

Pergit *Hippocrates* in morbis recensendis unicuique anni tempori propriis, atque hoc Aphorismo morbos praecipuos aestati solennes commemorat. *Corn. Celsus*, dum hunc Aphorismum latine verteret, *Hippocratis* mentem recte assecutus est, etenim legitur *Libri* II[di] *cap.* 2[do]: *At aestas non quidem vacat plerisque his morbis* (vernalibus scilicet); *sed adjicit febres, vel ardentes, vel tertianas, vomitus, alvi dejectiones, auricularum dolores, ulcera oris, cancros, tum in ceteris quidem partibus, tum maxime obscoenis; et quicquid sudore hominem resolvit.* Docet hac versione sua *Celsus*, morbos nonnullos, immo, ut ipse putat, plurimos vere solennes etiam in aestatem porrigi. Etenim, ver ut in aestatem producitur, adultumque ab aestate prope abest: ita prorsus mirum non est, vernalium morborum haud adeo paucos prima maxime aestate observari. Certe sanguinis profluvia ab aestate non aliena sunt; sed recte addit *Celsus*: *aestas adjicit febres.* Aphorismus noster has febres distinguit continuarum nomine: sunt, quas serior aetas dixit continuas remittentes, ex quarum genere etiam sunt *καῦσοι*, sive febres ardentes, teutonice *Brennfieber* vocatae ab urente cutis calore, eorum perpetuo et constante comite. Est ex sanguifero et bilifero systemate oriunda haec febris, quam hodie inflammatoriam biliosam dicimus. Antiquam curationem docuit *Celsus* Lib. III^tii^ cap. 7mo; quae veterum curatio tota in eo fuit, ut, corpore satis refrigerato, justo tempore bilem, maxime vomitu, expelleret. Inter pestilentes febres retulit *Celsus*, quoniam certis annis epidemica esse consuevit, nec magno periculo vacat, imprimis, si nobiliorum partium viscerumque ei jungantur inflammationes; quod ipse *Celsus* haud obscure indicat, usum aquae frigidae ad compescendam hanc febrim justis limitibus circumscribens. Pertinent porro ad aestivas febres intermittentes tertianae, quae, si epidemia iis favet, aestate plurimae videntur. Sporadicae etiam febres, eaeque intermittentes, prima saltem aestate tertianae plerumque sunt. Inseruerunt nonnulli editores huic Aphorismo **quartanas** quoque **febres** (καὶ τεταρταῖοι), sed male omnino: non solum, quia plurimi codices non habent, sed maxime, quoniam experientiae repugnat, quae febres quartanas autumno maxime fieri docet; ab adulta tamen aestate atque in autumnum vergente minime alienae sunt; inter autumnales morbos refert Aphorismus, qui nostrum proxime excipit, XXII^dus^.

De **vomitionibus et diarrhoeis**, quas aestivos inter morbos Aphor. noster commemorat, satis expedita res est, quum non solum biliosi humores his morbosis excretionibus materiam et pabulum subministrent, verum etiam facilis adeo sub aestivis caloribus corporis refrigeratio vomitionibus et diarrhoeis ansam praebeat, sive, nostro loquendi more, occasionalem caussam commodet.

De **ophthalmiis** jam dictum fuit Aph. hujus Sect. XI^mo^, quum sermo esset de constitutione vernali valde pluvia et austrina, quae exciperet hyemem siccam et aquiloniam. Hujusce autem **ophthalmiae aestivae** natura alia fere esse solet, atque **vernalis**, quae ad catarrhos pertinet; dum, quae aestate sat popularis interdum observatur, communem fervidioris aestatis morborum naturam e bile habet.

Hujusce etiam naturae participes sunt ceterae aegritudines, quas noster Aph. aestati acceptas refert, aurium dolores, oris exulcerationes et genitalium putredines sive ulcera. Etenim si sueto fit naturae ordine, ut sub aestate fervidiori biliosus morbus principatum teneat, hic non solum suos propriosque morbos, febres quidem biliosas, in scenam producit, omnibusque aliis aegritudinibus, v. c. inflammationibus, catarrhis et rheumatismis nonnihil virulentiae suae insinuat: verum etiam, tanquam personatus hostis, innumeris fere aegritudinibus, specie et forma mirum quantum diversis, hominum saluti insidiatur. Prodeunt, morbo bilioso stationario, praeter febres evidenter biliosas omneque morborum genus bile exasperatum, affectiones morbosae plurimae, sede formaque diversissimae, ut vix ex communi aliqua caussa repeti posse videantur; quae tamen nil sunt, nisi tot unius ejusdemque biliosi morbi larvae et umbrae, una eademque morbi biliosi curatione et detegendae et fugandae. Periti medici morbos biliosos anomalos vocant, de quibus olim *Finkius* egregie commentatus est; cujus commentatio certe dignissima est, quae cum *Stollii* observationibus diligentissime conferatur. Horum virorum doctrinam qui ignorat, ei certe, ut in proverbio dicitur, aqua haerebit, si quando caput extollet mirus et portentosus hic biliosus morbus.

Vani prorsus sunt, qui *σηπεδόνες αἰδοίων*, verendorum sive partium genitalium putredines, intelligi putant de ulceribus syphiliticis, exque hoc Aphorismo aliisque dubiis veterum scriptorum locis conficere volunt, antiquissimis jam temporibus syphilidem prorsus incognitam minime fuisse; inter quos doctissimum *Lefeburium* nomen suum quoque professum esse, satis mirari nequeo. Fuerunt certe antiquissimis temporibus partium obscoenarum morbi, phymosis, paraphymosis, inflammationes, ulcera eademque maligna, nec non phymata sive tubercula circa glandem, quod vel unus noster *Celsus* satis abunde docere potest Lib. VII^{mi} cap. 18vo. Omnes tamen hi morbi, ex communibus caussis orti, contagionis et veneni proprii fuerunt expertes, communibusque remediis morem gesserunt. Profecto nec *Galenus*, nec ullus veterum medicorum dubitavit, quin ex calore aestivo, adjuncta humiditate, hanc verendorum putredinem repeteret. Eidemque prorsus caussae *ἵδρωα* sive sudamina tribui debent; nostrates *Schwitzblattern*, *Schwitz-Friesel* haud inepte vocant. Sunt efflorescentiae exanthematis miliaris aemulae, ex sudore imprimis in corporibus mollioribus feminarum oriundae, quae tamen, subinde rheumaticis familiares, in his quotannis redire solent.

Aphor. XXII.

Autumno autem, et aestivorum (morborum) *multi, et febres quartanae, et erraticae* (irregulares, inordinatae), *et lienes* (lienis morbi, tumores), *et hydropes, et phthises, et stranguriae* (urinae stillicidia cum dolore in mictu), *et laevitates intestinorum, et difficultates intestinorum* (apud *Celsum* tormina), *et coxendicum dolores, et anginae, et asthmata* (anhelitus), *et volvuli* (ilei, passiones iliacae), *et epilepsiae, et insaniae, et melancholiae* (affectiones maniacae et melancholicae).

Pergit *Cous*, morbos recensere singulis anni temporibus proprios. Praecedente Aphorismo de morbis dixit aestate solennibus; jam in hoc eos commemorat, qui autumnum praecipue occupant. Ut vero anni tempus alterum tempestate sua in alterum, cui mox locum cedet, paulatim declinat, imprimis si bene et ordinate decurrunt anni tempora, ubi tempestiva tempestive fiunt (Sect. III. Aphor. 8): ita morbi quoque ex uno anni tempore in proximum transferuntur. A vere orsus Aphor. XXmo adnotat, veris nonnullos morbos aestate conspici; Aphor. XXImo eandemque hanc adnotationem repetit de aestivis morbis, in autumnum sese porrigentibus. Enimvero inter anni tempora ver primum adultumque, autumnique initia ejusque in hyemem transitum eo nomine, experientia magistra, recte distinguunt medici: quod morbi his anni temporibus solennes naturam aliquam contrahunt ex praegresso anni tempore; qui autem adultum ver adultumque autumnum distinguunt, jam proximi anni temporis, aestatis quidem et hyemis morbos haud parum aemulantur. Certe, quas aestas protulit, febres continuae et intermittentes alvique fluxus, maxime dysenteriae, ab autumni initiis minime alienae sunt; forma saltem eadem conspicui sunt hi morbi, etsi mores plerumque haud parum mutaverint. Febres continuae in putredinem vergunt; intermittentes quartanae, ante detectum divinum corticem olim mire refractariae et diuturnae, non bilem, sed mucum sive, veterum loquendi more, pituitam prae se ferunt, et primo viscerum partiumque, quae in abdomine reconditae ex alimentis succum nutritium parant, huncque ad sanguinem vehunt, deinde totius corporis vires mirifice frangunt et infirmant. Eaedem sunt febres intermittentes, quae diuturnitate sua visceribus infimi ventris, maxime lieni et hepati, tantam vim inferunt, ut a sanguine lymphaque, nimias in iis propter debilitatem remoras habente, tumeant; immo tandem a legitima sua fabrica miris modis prorsus degenerent, atque sic hydropem tabemque adducant. Qui vero tabem jam ocyus contraxerunt, etiam ex pulmonis ulcere, hi si ad autumnum servati fuerunt, autumno plerumque pereunt. *Autumnus tabidis* vel *phthisicis malus*, professus est *Hippocrates* Aph. huj. Sect. X[mo]; idemque docuit Aph. XI[no], *omnia inter anni tempora, autumnum maxime exitialem et letiferum esse*, caussamque attulit, Aphor. IV[to] docens, *per anni tempestates, quando eodem die modo calor modo frigus fiat, autumnales morbos exspectandos esse.* Ab hac tempestatis vicissitudine, autumno solenni, plurimorum morborum, quos noster Aph. autumno proprios tribuit, origo repetenda est. Dum in cutim imprimis inique agit haec autumnalis tempestas, membranas omnes, quas mucosas hodie dicimus, irritat, et sic alvi profluvia varia, inque his dysenteriam; urinae difficultates et coxendicum dolores, nec minus anginas et ileum sive tenuioris intestini morbum adducit. Anhelitus vero sive asthmatis hoc anni tempore non una causa et ratio est: alii ex longa quartana in perpetuam spiritus difficultatem deveniunt; alii, dum ex impeditis infimi ventris visceribus, labefactoque toto corpore, in hydropis, maxime ascitae discrimina veniunt, de hoc illaetabili morbi sui eventu anhelitu sensim increscente monentur; alii, qui jam longiori tempore hanc spiritus angustiam passi sunt, aestate paulo refecti et recreati novas vehementissimasque morbi sui accessiones autumno experiuntur; imprimis si hic aere crasso valde nebulosus sit. Praeterea nervis et cerebro imprimis inimica esse consuevit extrema pars autumni, tempestatis inconstantia, frigiditate et humiditate insignis, quae malis nebulis vel solis splendorem offuscat, lucique aditum intercludit. Jam singularis languor sensiliores homines occupat; cerebrum, mentis officina, infirmatur, immo interdum turbatur. Hinc fit, ut nonnulli, taedio vitae in pectore dudum recluso et nutrito, subito demum victi voluntaria morte e vita excedant; fere enim putaverim, hoc anni tempore autochiriae exempla esse frequentiora. Certe illa tempestate homines hypochondriaci ineffabiles suas molestias acerbius persentiunt, mulieresque, quas hystericas dicere consuevimus, morbi sui frequentioribus et vehementioribus accessionibus anguntur. Veritati igitur examussim respondet *Hippocratis* in hoc Aphorismo sententia, affectiones epilepticas, maniacas et melancholicas autumno esse frequentiores. Veteres declarasse ex bile, eaque praegressis aestivis caloribus veluti in carbonem adusta atraque, atque in visceribus infimi ventris alte defixa, nemo est, qui ignoret. Ad hanc veterum medicorum opinionem, sive cum peritissimis omnium seculorum medicis accedamus, sive eandem rejiciamus, caussamque ex nervis evidentius repeti existimemus: certum tamen et exploratnm est, bilem et mucum in autumnalibus morbis praecipuas partes agere; ita quidem omnino, ut medici, hanc ad rem satis attenti, oculis usurpare possint, bilem quidem autumno aestati proximo, mucum autem autumno adulto hyemique vicino accumulari et excerni. Coronidis loco diserta *Celsi* hujus Aphorismi interpretatione animum recreemus (Lib. II. cap. 1): *Vix quicquam ex his* (sc. morbis aestivis) *in autumnum non incidit: sed oriuntur eo quoque tempore febres incertae, lienis dolor, aqua inter cutem, tabes, quam Graeci φθίσιν nominant; urinae difficultas, στραγγουρίαν quam appellant: tenuioris intestini morbus, quem εἰλεὸν nominant. Fit item laevitas intestinorum, quae λειεντερία vocatur; coxae dolores, morbi comitiales. Idemque tempus et diutinis malis fatigatos, et ab aestate etiam proxima pressos interimit: et alios novis morbis conficit, et quosdam longissimis implicat, maximeque quartanis, quae per hyemem quoque exerceant.*

Aphor. XXIII.

Hyeme vero pleuritides, peripneumoniae, lethargi, destillationes (coryzae, minus accurate gravedines), *raucedines, tusses, dolores pectoris, et laterum, et lumborum, et capitis dolores* (cephalalgiae), *vertigines, apoplexiae.*

In hoc Aphorismo nil fere obscuri inest; caret facile interpretis opera. Interim nonnulla afferam, quae scitu utilia mihi quidem videntur. Huc vix retulerim, quod *Galenus* monet, *Hippocratem* non adnotasse, hyeme autumnales nonnullos morbos persistere, v. c. febres quartanas: quum tamen hanc communicationem morborum alterius anni temporis cum altero proximo, tum de vernalibus tum de aestivis morbis locutus, diserte commemoraret. Crediderim ego, *Coo* satis visum fuisse, quod ad hanc morborum communicationem bis attentum faceret lectorem, cui certe *Oedipi* sagacitate minime opus sit, ut intelligat, haud paucos autumnalium morborum in hyemem transferri; praesertim in primam hyemis partem, propter tempestatis vicissitudines autumno saepius simillimam. Non nisi morbos hyemi proprios, quippe ex hiberno frigore oriundos, hoc Aphorismo commemorare voluit *Hippocrates.*

Sunt vero hae aegritudines longe notissimae, ut forma earum nemini dubia esse possit. Cur vero lethargum morbis hibernis adnumerat *Hippocrates*? quoniam hiberno tempore lethargus a medicis haud raro visus est cum febre, acutus igitur, saltem haud adeo diuturnus. Ad obscuram cephalitidem pertinere videtur hic lethargus, in hydropem cerebri sinistrum eventum habiturus, eamve apoplexiam, quam veteres serosam pituitosamque dixerunt. Quinam sunt πόνοι ὀσφύος, dolores lumborum? *Celsus* ὀσφύας saepe coxas interpretatus est, atque haec versio placuit *Schneidero*; parum tamen accurata est *Celsi* versio, quod jam pridem ostendit *Foesius*. Intelligenda potius est pars inferior spinae, quam definiunt vertebrae lumbares. De musculis sermo est lumbaribus, tam externis, quam internis, quippe qui ex frigore inflammationes facile contrahant, perniciosas valde. Etenim morbi hyemales unam occasionem habent ex frigore, quod partem animalem, quam proxime attingit, vehementer irritat. Sed simul interna aliqua caussa adest praedisponens sive proegumena, occasionali sive procatarctica caussa longe potior: hyeme sana corpora egregio robore praedita sunt, viget ciborum appetentia, nutritio feliciter succedit, sanguis paratur veluti meracior et efficacior, in quo ex vena sani hominis misso saepenumero conspicua fit membrana illa inflammatoria sive pleuritica, quam propter miram tenacitatem, ut cultro vix scindi possit, ex pituita hyeme abundantiori declararunt veteres. Haec hiberna corporum constitutio efficit, tum ut ex frigore improvide admisso inflammationes nascantur, tum ut morborum constitutio, quam medici vocant inflammatoriam, hyeme principatum teneat. Hyemis in homines sanos eorundemque naturam effectus *Hippocrates* egregie docuit Lib. I[mi] Aphor. 15[to], qui cum nostro Aphorismo, ut penitior ejus sensus perspiciatur, utique comparandus est.

Aphor. XXIV.

In aetatibus (sive per aetates) *autem haec eveniunt. Parvulis quidem et recens natis pueris* (sive infantibus), *oris ulcera* (sive aphthae), *vomitus, tusses, vigiliae, pavores* (scilicet per somnum), *umbilici inflammationes, aurium humores* (sive humiditates).

Pauca verba prooemii loco praemittit *Hippocrates*: ἐν δὲ τῇσιν ἡλικίῃσι τοιάδε ξυμβαίνει, ut doceat, cuilibet aetati suos esse et veluti familiares morbos; quos strictim quidem attamen diligenter recensurus, eos in hoc Aphor. indicat, qui recens natos infantes infestare solent. Terminum hujus aetatis *Hippocratem* circumscribi voluisse septem fere mensibus, initium docet Aphorismi hunc proxime excipientis, ubi haec leguntur: *πρὸς δὲ τὰ ὀδοντοφυεῖν προσάγουσιν*, ad dentitionem vero progressis. Quam ad primam, eamque propter novas quoque aegritudines valde notabilem corpusculi sui mutationem sive, si magis delectamini poetica voce, metamorphosin tenella aetas inter sextum fere septimumque mensem progredi solet. Idem primumque aetatis infantilis stadium ex mente *Hippocratis* definivit *Celsus Libri* II[di] *cap.* 1[mo]: *tum, si qua imbecillitas oritur, proximum est, ut infantes, tenerosque adhuc pueros serpentia ulcera oris, quae ἄφθας Graeci nominant, vomitus, nocturnae vigiliae, aurium humor, circa umbilicum inflammationes exerceant.* Hac aetate debile, tenerum, sensileque pueri corpusculum eas aegritudines maxime experitur, quae ex instrumentis nutritionis, quorum novum exercitium est, deinde ex cute molli, tenera, atque valde perspirabili, novo aere atmosphaerico circumfusa, denique cerebri nervorumque eximia sensilitate, tot prorsus novis incitamentis exercita, originem ducant. Hac aetate formando firmandoque tenelli capiti natura imprimis studet; atque hoc ut potiatur fine, largiori sanguinis humorumque caput versus congestioni indulget.

Hae generatim universimque caussae sunt, in ipsa tenelli corpusculi structura, mutationibusque, quas experiri debet, positae, ex quibus, ceu tot seminiis naturalibus, primae hominis nati aegritudines propullulant. Has tamen paulo accuratius rimemur.

Primo *Cous* aphthas nominat; *Celsus* vertit serpentia oris ulcera, haud male quidem, serpunt enim omnino neglectae per totam fere oris cavitatem, ad imas usque fauces; atque tunc non solum deglutitioni obsunt, verum etiam irritatione perpetua molestaque, doloribus, tussicula et vomituritione tenellum excruciant. Est vero duplex aphthae infantium genus: primum molestum quidem, sed quod, ex neglecta oris munditie oriundum, sollicitae oris repurgationi facile cedere suevit, immo eadem mature et studiosius adhibita plerumque cavetur; alterum, nocentissimum omnino, quod inter infantes, qui in magnis expositorum infantium hospitiis aluntur, magnas strages edere solet: ex alimenti defectu vel eoque incongruo natum, cubiculorum squalore adjutum, et nutricum, quae plures infantes lactare coguntur, papillis, quibus aphthae adhaerent, ad infantes hactenus sanos contagione quadam propagatum. De hoc pessimo infantilis aphthae genere, quippe *Hippocrati* vix cognito, hic sermo non fit, quamvis minime negaverim, pravo tenellorum victu hoc oris vitium haud parum foveri.

Hic pravus victus imprimis est, qui aegritudinem adducit, quam secundo loco *Hippocrates* commemorat, ἔμετοι, vomitiones. Natura pueris recens natis ex lacte materno alimentum assignavit, quod tenelli ventriculus bene ferat, intestina sine molestia concoquant, et vasis lacteis sanguini communicandum tuto committant. Itaque si lac, quod pusioni datur, vel paulo vetustius ideoque spissius fuerit, vomitu rejicitur. Si autem infantes, lactatione prorsus carentes, pulte nutriuntur aut, ut rectius dicam, infarciuntur, ex vomitu aliquod saltem levamen habent; utitur natura vomitu in praesidium tenellorum, dum omnes sunt euemetoi, sive facile et sine incommodo vomentes; unde in his vomitoriorum usus, nisi prorsus temerarius fuerit, periculo vacat, saltem multo securior esse solet, ac in adultiori, maxime annosa aetate.

Recte porro *Hippocrates* inter tenellae aetatis aegritudines tusses refert. His implicantur facile vel ex levi refrigerio, dum in catarrhos proni sunt, imprimis si, multa veste a primo ortu involuti, calidiori regimine male habentur. Saepe aphthis quoque tussis additur, eademque stomachi valetudine haud raro affertur; unde fere ad frequentiores tenellorum morbos tussis pertinet, quae adeo infantibus aetate progressis solennis esse solet, docente id tussi stomachica, et convulsiva sive clangosa. Tussis vero tenellorum nunquam parvi habenda est, dum propter muci abundantiam, pulmonumque debilitatem in catarrhum suffocativum infelicem eventum facile habet.

Perite prorsus inter tenellae aetatis aegritudines, easque notatu admodum dignas, *Hippocrates* vigilias refert pavoresque. Nunquam secura salus est hujus aetatis, nisi somno satis multo, eodemque placido et tranquillo fruitur. Qui hoc beneficio, ad corporis nutritionem et firmitatem in tenellis summo, carent, debilioribus nervis sensiliorique cerebro esse solent, et vix servantur. Loquor de vigiliis, qui sine probabili caussa infantes interdum premunt; etenim quibus dolor aliquis est, aut qui lacte ventriculum vespere nimis onerant, aut qui, matris nutricisve culpa interdiu somno sepulti, non nisi noctu vigiles esse consueverunt: in his quidem omnibus satis evidens caussa est nocturnarum vigiliarum, nocentissimarum semper. Qui autem fallaci tantum somno utuntur pueri, expavescentes saepe ex somno, vel in somno subridentes, pravo victu plerumque vescuntur: hi a convulsionibus haud satis tuti sunt, soletque ille risus in longos clamores fletusque plerumque verti.

Tandem, unde tenellis umbilici vitia, inflammationes herniaeque eveniant, vix dicere attinet. Mirandum potius, non majora damna ex inepta funiculi umbilicalis ligatura, qua olim utebantur obstetrices, infantes passos esse. Vidi tamen haud semel icterum recens natorum ex tali inepta ligatura, filo nimis scindente. Si vero vel levior inflammatio tantum umbilicum corripit, quam aliqua suppuratio facile excipere solet, multa incommoda pusionis valetudo semper patitur; dum fieri aliter non potest, quin, perpetuo dolore agitatus, clamoribus suis umbilicalem herniam sibi consciscat, hujusque longa damna experiatur. Quae quum olim *Joann. Henric. Hebenstreitius*, vir doctissimus, in *Pathologia metrica* vivis coloribus pinxerit, suave erit, facundum audire medicum poetam:

Funiculum foetus postquam secuere ministrae,
Restitat in medio chordae pars infima ventre,
Posthaec funiculus medio de ventre recedit,
Flaccescensque cadit; qua parte recesserat ille,
Firma scrobem facit et medio stat ventre cicatrix,
Quae si laxa manet, tumidis exomphalos extis
Nascitur; aerumnas varias hinc percipit infans,
Faex praeclusa manet, dolor est, clamoribus auget,
Intestina premens, hunc morbum, flebilis aeger.

Denique, ut totum pusionis corpus molle humidumque est: ita in recens natis aures frequenter humescunt, humidaeque sordes retro aures colliguntur; quod aegritudinis genus *Hippocrates* in nostro Aphorismo dixit ὤτων ὑγρότητες. Inde, si mundities negligitur, rubor, calor dolorque, immo aliqua intertrigo subnascuntur, perpetui pruritus dolorisque caussae. Nunquam autem infantis recens nati salus satis tuta est, nisi dolore prorsus vacet.

Aphor. XXV.

Ad dentitionem vero progressis, gingivarum pruritus (molesti vel urentes), *febres, spasmi, alvi fluxus, et maxime, quum jam emittunt caninos dentes. Haec vero crassissimis puerorum, et duras alvos habentibus* (eveniunt).

Quod in praecedente Aphorismo *Hippocrates* aggressus est consilium, aegritudines recensendi singulis aetatibus familiares et veluti proprias, in hoc Aphor. persequitur; atque ut in priori Aph. morbos dixit tenellorum, primis septem circiter vitae mensibus: sic in posteriori aegritudines commemorat, cum prima dentitione haud raro conjunctas, post septimum primi anni mensem ad tertium fere aetatis annum et ultra interdum infantibus molestas, immo perniciosas.

Observate, Auditores, *Hippocratem* iterum aegritudinis genus proponere, non nisi ex prorsus singulari, quam aetas adduxit, corpusculi infantilis mutatione explicandum. Novit igitur, quod nuper jam monui, *Hippocrates* illas mutationes, quas diversae aetatis ordo cum humano corpore communicat, homini ingrato morborum sensu saepissime molestas, immo haud adeo raro internecinas. Hinc haud sine acri judicio hanc rem ita instituisse videtur *Divus Cous*, ut non omnes enumeret morbos, in quavis aetate evenientes, sed eos tantummodo, qui cum definita aliqua aetate sint conjunctissimi; quoniam a mutatione corporis proferantur, quam natura in ea aetate moliatur. Hinc nemo accuratam morborum id genus enumerationem in his Aphorismis desiderabit; nemo mirabitur,

Hippocratem inter infantium recens natorum morbos omisisse, e. g. asphyxiam, trismum, aliasque recens natorum puerorum affectiones morbosas, ipsi certe non omnes prorsus incognitas. Omisit, quoniam minus constantes sunt, eveniuntque haud frequenter, ideoque ex illa mutatione minus explicari poterunt, quam recens nati pueri corpusculum, post auram vitalem plene et sine incommodo haustam, subire debet.

Me, dum haec profiteor, non occupari praeoccupata aliqua opinione, nulloque duci praejudicio auctoritatis, etsi hanc justis finibus circumscriptam antiquioribus viris libenter habeo deferoque: ex hoc XXV^to^ Aphor., ut ex nonnullis aliis, ad quos perveniemus, ipsi facile colligere poteritis, Auditores. Etenim mutationem corpusculi infantilis insignem disertis verbis declarat *Hippocrates*, ex qua morbi progrediantur huic infantilis aetatis stadio proprii: *πρὸς δὲ τὸ ὀδοντοφυεῖν προσάγουσιν*, ad dentitionem vero progressis. Vix igitur existimandum est, *Hippocratem* penitus ignorasse, quid natura in perfectionem totius capitis tenellorum aetate primae dentitionis moliatur; quamvis nonnisi dentitionis incommoda diserte commemoraret. Sed ad Aphorismum penitius explicandum progrediamur. Transtulit *Celsus* fere totidem verbis in latinum sermonem *Libri* II^{di} *cap.* 1mo.

Affectus eorum inter, qui ad dentitionem progrediuntur, *Hippocrates* primo nominat οὔλων ὀδαξισμοὺς; *Celsus* eleganter forte, minus tamen curate, vertit: gingivarum exulcerationes; alii vertunt gingivarum pruritus, alii gingivarum stimulantes prurigines; cum *Lefeburio* verto ego, gingivarum pruritus molesti. Quae interpretationes omnes eundem sensum fere habent edicuntque, dentionem praenosci in infantibus gingivarum pruritu, cum aliqua veluti morsione vel morsiuncula potius conjuncto, quem ideo moleste habeant infantes; ita intelligunt veteres scriptores omnes, quorum loca laudavit *Foesius.* Eadem est hujus vocis interpretatio, quam ex *Philotheo* affert *Lefeburius.* Haud forte praetereunda circa hoc verbum penitus observatio *Krausii*, doctoris Goettingensis, grammaticis potissimum scripta, male dici et scribi ὀδαξισμὸς, scribendum potius ὀδαξησμὸς; quocum consentit *Schneiderus*, qui pro spuria lectione habet ὀδαξισμὸς. Consentio libenter, etsi videam, inter antiquos recentioresque viros, graece doctissimos, *ὀδαξισμὸς*, *ὀδαξησμὸς* et *ἀδαξησμὸς* promiscue scripsisse. Ceterum etymologiam verbi, quam *Krausius* sequitur, apud *Foesium* fere eandem, pluresque formas, ex quibus scribendi verbi modus, qui *Krausio* placet, facile petitur, a *Foesio* diligenter adnotatas invenietis.

Pertinet hic odaxismus, sive odaxesmus, sive adaxesmus, ad signa dentitionis vel nonnullorum mensium intervallo praecursoria, ex quibus deprehendimus, naturam dentium jam studere promotioni. Sentiunt infantes gingivarum pruritum, in cujus lenimen mollem digito frictionem libenter admittunt. Si facilis est dentitio, paulatim attenuata gingiva dens fere sine infantis incommodo protruditur. Sed longe secus res se habet in difficili dentitione: in hac gingiva eo loco, quo dens exitum suum quaerit, haud parum tumet, valde calet doletque, sature rubet, verbo, inflammationem concipit, imprimis si plures simul dentes exitum urgent, periculosam, immo propter multiplices turbas, quibus tenellum sensileque corpus afficit, facile internecinam. Inter haec plurima morbosae dentitionis symptomata ad graviora tantum medicos attentos fecit *Hippocrates*, dum febres nominat, convulsiones et diarrhoeas. Febris non unius semper naturae ex difficili dentitione nascitur, modo acuta inflammatoriaque, modo gastrica, interdum adeo lenta. Convulsiones saepe affert febris vehementia, affert acerbus dolor ex gingiva dura, inflammata, dentique locum non concedente. Alvi profluvium saepe urget propter irritatas primas vias, haud adeo raro sine malo omine sanguinolentum. His si addideritis vigilias, vomitiones et periculosissimum soporem, praecipua habebitis, inter tot alia minora, dentitionis difficilis symptomata. Omnia eleganter exposuit *Joann. Henric. Hebenstreitius*, medicus poeta, tum in eo *carmine*, quod *de homine sano* cecinit, tum in eo, quod *Pathologia metrica* inscripsit. Haud injucundum Vobis puto fuerit, virum audire doctissimum, Lipsiensis Academiae insigne quondam decus et ornamentum, multa medendi arte non minus insignem, quam musarum casto suavique sermone inclytum:

Aetatis primo lactans infantulus anno
Ubere materno vivit: maturior aetas
Consistente magis nutriri postulat esca.
Providet, alveolisque suis, natura, latentes
Educit dentes; prius hos, sed serius illos,
Anteque, quam primus, duodenis mensibus, annus

Exiit, instruitur puer incisivo gemello.
Post reliqui veniunt, parit hinc gingiva caninos,
Denique paulatim se paulatimque molares
Proripiunt latebris, nec septimus ingruit annus,
Quum dentes gingiva decem generavit utrinque.

Haec pathologus noster metricus, qui tamen ratione doloris, quem plus minusve acrem diversi dentes prodituri efficiunt, alio suo in carmine, quod antea laudavi, longe accuratius:

Alveolis surgunt venturi germina dentis,
Membranamque secant, cui dentis stamina subsunt,
Ossaque maxillae cingens periosteum urgent,
Gingivasque terunt vel acuta cuspide laedunt.
Heu quantus labor est duros educere foetus,
Ossiculis reserare viam, diffindere carnes
Et membranosam dentis discindere capsam!
Inde dolent pueri, feriunt vagitibus auras,
Febre calent, sitiunt, mammas nascente fatigant
Dente, pavent somno, meconia foetida purgant.
Haud paucos videas nervo saliente moveri.
Et veluti dentis nascens sub carne corona
Aut secat, aut pungit, vel lata comprimit ora,
Sic dolor asperior pueros, vel mitior, urget,
Incisore minus molitor, sed utroque, caninus
Acrius infestat, nam, pro rationibus istis,
Vel minor est febris, vel plus intenditur aestus,
Maxillis frendent pueri, spumante salivas
Ore movent, et utroque juvant molimine dentem,
Gingivam terit admorsus, sed mollit eandem
Extinguitque simul febrem, spumosa saliva.

Etenim experientia dudum constitit, esse imprimis caninos dentes, qui plurimum doloris infantibus dentientibus afferant, quod item recte in hoc Aphorismo adnotavit *Hippocrates*: καὶ μάλιστα, ὅταν ἀνάγωσι τοὺς κυνόδοντας.

Imprimis vero experientiae observatio *Coi* respondet, dentitioni difficili obnoxios esse pueros crassiores sive pleniores, et qui ventres duros habeant, sive ventre sint adstricti. Ille enim pueri habitus ad concipiendas febres inflammationesque pronus est, sanguini, qui dentitionis tempore copiosior ad caput fertur, frena quasi laxat, ut nil miri habeat, ex tanto sanguinis encephalon versus impetu pessima quaeque symptomata, vigilias, deliria, soporem convulsionesque subnasci. Exstat Hippocratica inter opera *de dentitione Libellus*, quem equidem ad *Divum Coum* non refero auctorem, qui tamen haud pauca habet a rerum usu desumta, et experientia confirmata. In hoc libello haec sententia legitur: *Quicunque dentientes habitiores manent, et altiore somno fruuntur, periculum est, ne convulsione corripiantur.* Huic periculo obviam ire solet natura in dentientium puerorum plurimis alvo molli laxaque; qui alvi fluxus, nisi omnino immodicus fuerit, et in longius tempus excurrerit, magno semper dentientibus pueris praesidio est, multoque securiorem dentitionem efficit. Recte igitur *Hippocrates* affirmat, dentitionis incommodis maxime teneri pueros pleniores, quibus venter adstrictus sit.

Haec quum Tua sententia sit, *Dive Coe*, tot sapientissimorum medicorum experientia confirmata, quid respondebis *Wichmanno*, ante hos triginta annos haud sine aliqua superbia profitenti, nullam esse dentitionem morbosam, quum naturae consonum sit, dentes pueris nasci. Sed manes Tuos, *Dive Coe*, refutandis his argutiis turbare, piaculum duco. Vacant certe mutationes, quibus ad perficiendum hominis corpus natura utitur, vel omni saepe aegritudinis sensu, dum in aliis exemplis, certe haud adeo paucis, hae naturales mutationes cum plurimis pessimisque morbis conjunctae sunt, immo aut in perpetuam valetudinem hominem conjiciunt, aut frustrato naturae consilio mortem adducunt. Docent catamenia, ex quibus naturae immorigeris tot atque tam graves puellis eveniunt aegritudines.

Aphor. XXVI.

Provectioribus autem aetate (sive paulo adultioribus infantibus), *tonsillarum adfectiones* (inflammationes), *vertebrae in occipitio* (sive ad occiput) *introrsum impulsiones* (sive luxationes), *anhelitus*, *calculi*, *lumbrici teretes*, *ascarides*, *verrucae pensiles* (ἀκροχορδόνες), *satyriasmi*, *stranguriae* (urinae stillicidia), *strumae*, *et alia tubercula*, *maxime praedicta.*

Transtulit in latinum sermonem hunc Aphorismum *Celsus Libr.* II^{di} *cap.* 1mo his verbis: *Ubi aetas paulum processit, glandulae, et vertebrarum, quae in spina sunt, aliquo inclinationes, strumae, verrucarum quaedam genera dolentia,* ἀκροχορδόνας *Graeci appellant, et plura alia tubercula oriuntur.* In qua hujus Aphorismi versione non tam adnotanda venit multarum, quas Aphor. commemorat, aegritudinum omissio, quam nonnullarum diserta interpretatio. Sed ad hanc ut animum Vestrum attendatis, facile efficiam, aegritudinum illarum haud adeo expeditam naturam explanaturus.

Antequam vero ad hanc Aphorismi particularem interpretationem veniam, aetas definienda est, cui singulares illas aegritudines tribuit *Cous.* Tertia certe est aetatis infantilis statio, quam ex naturae lege et instituto occupat puer, ut in adolescentiam progrediatur. Prima aetas infantis est recens nati, ad mensem fere vitae septimum (Aphor. XXIV). Secundum aetatis stadium infanti molestum haud raro fit prima dentitione, ideoque fere in tertium quartumve annum excurrit (Aphor. XXV). Jam tertium stadium infans ingreditur, quod pueritia continetur, eamque stationem longius occupat puer; imprimis ex veterum aestimatione, qui pueritiae terminum ad pubertatem, ideoque ad annum aetatis duodecimum vel ultra prorogabant. Dictos putant Grammatici pueros, quasi puros, quod sint impubes, sive pnbe careant circa genitales partes. Per totum hoc vitae humanae stadium natura perfectionem corporis nutritione liberaliori molitur, offendit igitur facile: tum in instrumentis ad perficiendum succum nutricium propriis, glandulis maxime, quas nunc dicimus, lymphaticis; tum in partibus duris rigidisque, sive ossibus, quibus firmitati corporis natura studet, in puerili aetate nondum satis tenacibus durisque, quin cedant pressae. Porro, ut in prima secundaque hominis aetate propter naturae fines sanguinis humorumque impetus caput versus observatur; ita in hoc tertio aetatis stadio partes circa collum positae humorum vim et impetum maxime experiri et excipere videntur. Atque ex his caussae aegritudinum, quae huic aetati propriae sunt, non quidem perfecte perspiciuntur, utcunque tamen intelliguntur. Has aegritudines curatius Vobis exponere, mei officii est.

Παρίσθμια, circa isthmum. Isthmum ex adnotatione *Galeni* intelligere oportet partem, quae os et gulam interjacet; quoniam per similitudinem cum isthmis ita vocatur. Circa hunc isthmum occurrunt glandulae, ad radicem linguae utrinque appositae, quas Romani tonsillas vocant, vernaculo sermone, a formae aliqua cum amygdalis similitudine, *Mandeln* dicimus. Amygdalas quoque tonsillas vocare solent medicinae scriptores Latino-barbari. *Παρίσθμια* igitur in nostro Aphorismo sunt tonsillarum inflammationes; ita tamen ut, quae egregia est *Hollerii* observatio, haec inflammatio non solum de tonsillis, verum etiam de partibus tonsillarum vicinis, in paristhmiis collocatis, intelligi debeat. Sic inflammatio interdum ad fauces propagatur, in iisque altius descendit, aut musculis sese insinuat retro positis. Quam inflammationis speciem synanchem fere dixerunt parasynanchemque veterum medicorum plurimi. Pueros vero inflammatione tonsillarum fauciumque vel ex levi occasione, refrigerio, ciborumque intemperantia facile corripi, ut a medicis veteribus sedulo adnotatum fuit, ita certe nemo est, qui ignoret. Addidit recentior aetas duas anginas, easque nimis saepe internecinas, exanthematis rubeolosi et scarlatinosi indivulsas fere comites. Praeterea seculo XVI[to] latam inter pueros stragem edidit pestilens faucium affectio, quae, etsi ab antiquis scriptoribus non prorsus omissa fuerit, nova tamen videbatur; scarlatinosae anginae certe affinis, ab hac tamen distincta est. Accurate descripta ineunte seculo XVII[mo] a doctissimis Italis, *J. Andr. Sgambati* (*de pestil. fauc. adfectu Neapoli saevienti opusc.* Neap. 1620) et *Marc. Aurel. Severino*, qui Paedanchonem nominavit; postea latissime grassans, a pestifero symptomate nomen anginae gangraenosae tulit. Quae omnia si apud Vos reputetis, affectiones anginosas pueris imprimis familiares esse, judicabitis.

Σπονδύλου τοῦ κατὰ τὸ ἰνίον εἴσω ὤσιες, vertebrae in occipite introrsum impulsiones. Haec est plurimorum scriptorum loci expeditu haud adeo facilis interpretatio. *Celsum*, audivisti, ad totam spinam revocare has vertebrarum inclinationes; *Celsum* secutus est *Lefeburius*, vir doctissimus, τὸ ἰνίον spinam vertens. Atque profecto, variae spinae dorsalis inclinationes a naturae norma recedentes in aetate infantili frequentissimae sunt; nec a veteribus medicis ignoratae fuerunt, etsi antiquis illis temporibus robustiora corpora minus deturparent, atque demum, rachitica et scrofulosa labe penitus explicita, recentiori aevo medicorum majorem provocarent attentionem. Enimvero, utut simplicitate sua nobis placeat haec interpretatio, antiquissimi tamen viri ipseque *Galenus* τὸ ἰνίον de occipite vel occipitio, eique subjecta cervice acceperunt: ut ideo intelligenda sit prima, forte etiam secunda colli vertebra. Veteres de cervice statuerunt, inflammatione musculorum fieri posse, ut primae vertebrae colli intus cederent, et veluti luxatae sub occipite recessum suum fovea distinguerent; quod vitii genus rarissimum certe, a convulsione in infante decem menses nato vidit *Swietenius*. Ad hanc *Swie-*

tenii observationem medicos attentos fecit *Brandeisius*, qui versionem *Hippocratis* teutonicam ante aliquot annos Viennae Austriae evulgare coepit. Quum vero in robustis adeo adultorum corporibus convulsionum vehementia interdum tanta sit, ut vel majorum artuum ossa luxentur: hoc in aetate juniori certe fieri potest, in qua non omnino improbabile videtur, tumore etiam inflammatorio sic e sede sua dimoveri et intus trahi posse colli vertebram. Longiorem *Swietenii* locum quum, ne patientia Vestra abutar, praelegere nolim, indicabo tamen, ut legatis, siquidem et hanc Aphorismi nostri partem omnium luculentissime explicat, et totum hoc aegritudinis genus egregie illustrat: legitur *Comment. in Boerhaav. Aph. T. II*[do] *cap. de angina convulsiva.*

Asthmata, sive spirandi difficultates, in pueris facile eveniunt; innotueruntque serioribus seculis duae pessimae anhelitus in pueris formae: altera inflammatoria, sive angina membranacea, altera spasmodica, sive asthma *Millari*; quod quidem infantes, qui sunt in aetate, cujus morbos hic Aphorismus exponit, maxime corripere solet.

Lithiasies. Calculis vexari pueros, haud adeo raro observatur, cujus morbi tamen in pueris caussae minus expeditae sunt. Si propter diuturnum aliquem morbum diu lecto affixi sunt, calculus in vesica facile concrescit. Quum vero in nonnullis tantum regionibus dirum hunc morbum puerorum plurimi experiantur, facile elucet, propriis ali hanc aegritudinem illis in regionibus caussis.

De vermibus intestinalibus, lumbricis asoaridibusque nil est, quod afferam; his enim implicari pueros, notissima res est. Forte non omnibus aeque notum est, Hippocraticum scriptorem, auctorem *Librorum de morbis* (*Lib.* IV[ti] *partic.* 27[ma]) asseruisse, lumbricos latos, sive taenias in pueris jam nasci, dum adhuc in utero sint, nec facile postea in nato infante nasci posse; pro congenito igitur morbo taeniam habuit antiquus ille scriptor.

Ἀκροχορδόνες (ex *ἄκρη*, summa vel summitas, cujus verbi minus latini veniam precor, et *χορδὴ*, fides) verrucas pensiles vertunt. Pertinent utique ad verrucas, praesertim, ubi verrucis simillima acrochordona tenuissimo filo pendent; sed plerumque e cute subnascuntur verrucis duriores asperioresque, in filumque haud adeo tenue elongantur, in latioremque summitatem orbicularem desinunt. Optime cum cutis vitiis ejusdem generis descripsit *Celsus Lib.* V^{ti} *cap.* 28vo.

S a t y r i a s m i. Hoc vocabulo denotatur indecora faciei forma, similis illi, quam pictores tribuunt Satyris; optime definivit *Galenus*: g l a n d u l o s o r u m corporum juxta aures oblongos tumores. Quos et parotidum et glandularum colli juxta positarum tumores pueris satis familiares esse, nemo nescit; epidemicae quoque parotidum inflammationi, quam nunc p a r o t i d e m appellant, puerilis aetas adolescentiae propior imprimis obnoxia esse suevit. Sunt, qui nomen a libidine repetant, Satyris a poetis tributa; vix vero tanta libido hujus aetatis est. De omnibus hujus verbi significationibus consulendi sunt *Foesius*, *Hollerius* et *Lefeburius*.

S t r a n g u r i a e, urinae stillicidia; haec in pueris fere minus eveniunt, quam in tenellis, in quibus haud adeo raro urina parcior cum dolore mittitur. Ceterum hoc verbum in plurimis vetustis codicibus omissum est.

S t r u m a e e t a l i a t u b e r c u l a, m a x i m e p r a e d i c t a. Haec verba interprete facile carent; ostendunt tamen luculenter, atque vel ideo attentionem merentur, veteribus id vitiositatis genus, quod scrofulosum nunc dicunt, minime fuisse prorsus incognitum.

Aphor. XXVII.

Aetate autem provectioribus — omittit haec verba *Lefeburius*, quae omnino videntur superflua, dum, quae sequuntur, aetatem, de qua sermo fit, accurate definiunt — *et ad pubertatem progressis, ex iis* (sive illis supra dictis) *multa, et febres diuturnae magis, et sanguinis ex naribus cursus* (sive profluvia).

Celsus hanc sententiam vertit *Libri* II^di^ *cap.* 1mo totidem fere verbis. Terminus aetatis, dum ad pubertatem progrediuntur adolescentes, quod jam in versione hujus Aphorismi monui, satis definitus videtur: complectitur vitae partem ab anno aetatis circiter XIV^to^ ad XVII^mum^ vel XVIII^vum^. Certus annus indicari omnino non potest, dum non solum pro gentium, coeli, regionumque diversitatibus pubertas modo festinat, modo tardat; verum etiam priva individuorum corporum natura, quam ex parentibus, nec non educatione moribusque contraxerunt adolescentes, in pubertatem accelerandam vel retardandam plurimum potest. Dum hac aetate perficiendo corpori studere pergit natura, plurimis eorum morborum, qui puerili aetate paulo provectiori ex praecipuis nutritionis instrumentis ortum habent, et nunc locus conceditur. Verba igitur ταυτέων τὰ πολλὰ, sive illorum plurima, intelligenda esse de morbis puerorum, quos in Aphorismo XXVIto commemorat *Cous*, nemo non videt. Sed praeterea, dum in pubertatem contendit puer, nova prorsus vitae incitamenta experitur, eaque valde actuosa. Partes, quarum in generatione usus esse debet, jam explicantur, phantasia novis agitatur indulgetque imaginibus, imprimis vero sanguis veluti meracior et elaboratior novo impetu vasa sua exercet. Itaque pugna veluti et lucta agitur cerebrum inter nervosque, atque movendi sanguinis instrumenta. Quod inter duo praecipua corporis systemata discidium et veluti intestinum bellum demum componitur, ut certo pacis foedere junctae conspirent, adolescentia fere absoluta; saltem hoc ita fit in corporibus sanis, si natura finibus suis potita fuerit.

Morbi igitur huic aetatis humanae particulae proprii revocari poterunt, tum ad intestina illa inter nervos sanguinemque discidia, unde febres, eaeque et frequentiores et subinde in pueris, antequam pubescant, diuturniores; tum ad sanguinis in propria vasa actuositatem et impetum, unde sanguinis profluvia, quae ex naribus maxime pueris grandioribus adolescentulisque fieri, nemo ignorat. Legitur apud Hippocraticum scriptorem, auctorem *Libri Epidem.* VI[ti], *Sect.* III[tia] *part.* 42: *Postquam Venere uti coeperint, aut hircire, sanguis ipsis e naribus erumpit, αἱμοῤῥαγέουσιν,* quo verbo, ut illo haemorrhagiae, si simpliciter scribuntur, semper denotari narium haemorrhagiam, quam recentiores epistaxin dicere consuescunt, notissima res est.

Aphor. XXVIII.

Magna autem (sive plurima) *ex parte pueris morbi judicantur* (sive solvuntur), *alii quidem intra quadraginta dies, alii autem intra septem menses, alii intra septem annos, alii ad pubertatem progredientibus* (sive circa pubem imminentem). *Qui autem* (scilicet morbi) *pueris permanent, neque circa pubertatem soluti* (vel finiti) *fuerint, in feminis vero circa mensium eruptionem, in longum trahi consueverunt.*

Celsus hoc *Divi Coi* oraculum latine interpretatus est *Libri* II[di] *cap.* 1[mo]; quae *Celsi* interpretatio *Hippocratis* mentem satis accurate explicat. Sunt vero duae praedictiones, eaeque minime parvi faciendae, quas hic Aphorismus medicis offert: altera de morborum, quibus aetas infantilis generatim implicari consuevit, termino; altera de eventu, quem illi morbi habituri sunt, si pubertate, tanquam extremo eorum termino, non fuerint soluti.

In prima praedictione satis manifestum est, septenarii numeri rationem aliquam *Hippocratem* habuisse. Die quadragesimo finitur sexta infantis nati septimana; ea nempe septimanarum computatione, cujus in morbis rationem haberi voluit *Hippocrates*. Cf. Sect. II^dae^ Aph. 24^tum^, ex quo elucet, primam septimanam finiri die VII^mo^, secundam die XIV^to^, tertiam die XX^mo^, quartam die XXVII^mo^, quintam die XXXIII^tio^, sextam denique die XL^mo^; duobus septenariis alternatim inter se conjunctis et disjunctis. Porro laudavit *Hippocrates* septimum mensem septimumque annum, ipsiusque pubertatis initium circa annum XIV^tum^, septenarium iterum, ponendum est; quae tamen omnia sic statuisse *Hippocratem* puto, non quod superstitione duceretur, sed quod ab ipsa natura ita edoctus esset. Natura enim haec vitae infantilis stadia notis satis certis luculenter distinxit; nec hodie quisquam mutationes corporis infantilis insignes illis vitae stadiis temere negaverit, nec inficias iverit, illis temporibus, maxime quidem cum pubertate, solvi gravissimos puerorum morbos.

Altera praedictio hujus Aphorismi sortem exponit, quae pueros manet, qui circa pubertatem, puellasve, quae circa mensium eruptionem a morbis suis non vindicantur. Horum morbos diuturnos fore, docet *Hippocrates*, ex quo facile colligitur, pro insanabilibus fere habendos esse; atque hujus effati veritatem innumeris exemplis experientia declaravit. Adnotandum tamen est, quod ipse quoque Aphorismus innuit, pubertatis terminum in masculis minus accurate definiri, quam in feminis, catameniorum quidem eruptione. Pubertatis igitur in masculis paulo liberalior prorogandus est terminus: prorogavit ipse *Hippocrates* in epilepticis ad annum XXV^{tum}, et sic mentem suam luculento exemplo declaravit; palam ostendit Aph. Sect. V^{tae} 7^{mus}: *Quibus epilepsiae ante pubertatem contingunt, mutationem habent. Quibus vero accidunt viginti quinque annos natis, his plerumque commoriuntur.*

Aphor. XXIX.

Juvenibus autem sanguinis spuitiones, tabes* (sive phthises), *febres acutae, epilepsiae* (morbi comitiales), *et alii morbi, maxime tamen praedicti.

Pergit *Cous* in recensu morborum, qui cuivis aetati proprii sunt, ideoque ex ipsa aetatis ratione originem suam praecipue ducunt. Jam recensitis morbis, qui infantiam, pueritiam primamque adolescentiam maxime infestare solent, morbos dicit, a quibus juvenes sibi imprimis metuant. *Celsus*, dum hunc Aphorismum latine transcripsit, adolescentes juvenibus recte jungit, ita enim habet *Lib.* II^{di} *cap.* 1mo: *adolescens enim dicitur octodecim vel viginti annos natus, juventus autem ad annum trigesimum vel trigesimum quintum prorogatur.* Hac qui in aetate versantur, praeterea quod eximia virium vitalium efficacitate instructi sint, vasorumque sanguiferorum majore irritabilitate polleant, a sanguine fervidiori et in orgasmum proni perpetim excitata, majorem hunc sanguinis impetum in pulmones praecipue experiuntur. Quo fit, ut sanguis, qui in junioribus ex naribus innocue proflueret, jam cum ingente sanitatis damno exitus sibi quaerat habeatque ex pulmonibus. Etenim haec aetas ab anno fere XVIII^{vo} ad annum fere XXX^{mum} funestam haemoptysin maxime patitur. Si qui vero hanc pulmonum labem haereditate contraxerunt, truculenti morbi primas accessiones hac aetate experiuntur; ita quidem, ut ex repetito haemoptysis insultu ad internecinam pulmonum tabem sive phthisin ocyus seriusve perveniant. In hac demum aetate pulmones hactenus sani morbosam illam fabricam concipere videntur, quam egregiis observationibus illustravit, atque tot phthisicorum extispiciis demonstravit *Laennecus*. Ex hac singulari morbosaque fabrica, in quam pulmones ea demum aetate degenerare videntur, ratio nobis accessa est, tum cur, adnotante jam pridem *Coo* nostro (Sect. VII^{mae} Aph. 15to), sanguinis e pulmonibus rejectionem puris sputum malo omine excipiat; tum, quam vere *Boerhaavius* unicum eorum praesidium, qui labe pulmonum haereditaria affecti essent, in eo quaesivit, ut a haemoptysi iis caveatur. In quo tamen consilio exsequendo, etsi optimo unicoque, frustra operam nostram collocabimus, si infelix tale germen natura pulmonibus, dum formantur, indiderit, quale absolutis fere adolescentiae annis demum efflorescat, venenatosque suos fructus ferat. Insanabilibus igitur morbis phthisis ex haemoptysi hodieque adnumeranda est, eodem prorsus censu habenda, quo habuerunt veteres, juxta illud *Ovidii Nasonis* poetae:

Non est in medico, semper relevetur ut aeger,
Interdum docta plus valet arte malum:
Cernis, ut e molli sanguis pulmone dimissus,
Ad Stygias certo limite ducat aquas.

Medicus igitur vere peritus spem, inveniendi tandem remedii alicujus, ut vocant, specifici ad arcendam phthisin pulmonalem, hodie prorsus abjiciet totam, atque veterum exempla imitatus non nisi a victu et regimine idoneo, atque ab ulceribus satis mature in pectore excitatis, immo ex *Hippocratis* consilio inustis, insanabilis morbi prophylaxin exspectabit.

Juvenes porro, ut Aphorismus noster commemorat, in febres pronos esse, nemo certe mirabitur. Ex sensibilitate enim et irritabilitate juvenibus propria, atque ex utrarumque virium in illis facili discidio, omne febrium genus facile oritur. Maxime tamen febres experiuntur, ex sanguinis aestu inflammatorias, biliosasque ex bilis fervore; atque intermittentibus febribus frequenter implicantur; forte, quod in sensilia adeo juvenum corpora epidemici morbi plurima semper vis est.

Juvenibus porro comitiales morbos tribuit *Hippocrates*; quo asserto suo scrupulum movit interpretibus. Etenim quum epilepsia puerorum morbus sit, a quo pubertate vindicentur, vix perspici poterit, cur juvenibus tribuatur, imprimis quum ,in juvenili aetate vix oriatur. Voluit quidem epilepsias, quas Aphorismus noster juvenibus tribuit, *Riegerus* revocare ad hystericam passionem, epilepsiae haud raro aemulam, feminis juvenili aetate solennem; sed in hac interpretatione perspicuam *Hippocratis* orationem nimis desidero, quam ut ei calculum meum possim adjicere. Itaque nec ego ab omni difficultate hunc locum expediam; ingravescere tamen saepe vidi epilepsiam, quae puero erat, nec pubertate solvebatur. Forte in hanc diri mali in juvenibus excandescentiam attentos medicos facere voluit *Hippocrates*.

Hi morbi sunt, quos tanquam proprios et familiares juvenibus tribuit *Cous*; ita tamen, ut hanc aetatem ab aliis morbis non penitus declaret immunem liberumque. Generatim universimque professus est *Cous*

(Sect. II^{dae} Aph. 39no), *juvenes magis aegrotare, senibus*; quam sententiam quisque facile amplexurus est, qui secum reputavit, juvenes propter magnam tum corporis tum animi incitabilitatem, qua praediti sunt, propter frequentes in victu et regimine errores, a quibus vix sibi satis caverit juvenilis aetas, denique propter animi affectus, qui huic aetati illecebris suis maxime insidiantur, morbis prae ulla alia aetate patere, quibus quidem occasionem et accessum vel quotidie parant.

Aphor. XXX.

Ast hanc aetatem supergressis (sive his, qui hanc aetatem superarunt), *anhelitus, pleuritides* (sive morbi laterales), *peripneumoniae* (sive pulmonum inflammationes), *lethargi, phrenitides, febres ardentes, alvi dejectiones longae* (sive diuturnae), *cholerae, dysenteriae* (sive intestinorum difficultates), *intestinorum laevitates, haemorrhoides.*

C. Celsus hanc Hippocraticam sententiam *Lib.* II^{di} *cap.* 1mo in latinum sermonem transtulit. Sermo fit hocce in Aphorismo de morbis, qui v i r i l i a e t a t i sunt familiares; quae aetas, quum a XXX^{mo} anno fere incipiat, et ad L^{mum} porrigatur, partim juventutis continua, partim senectutis vicina est.

Prima virilis aetatis pars, ut morbis juvenilis aetatis haud paucis satis frequenter laborat; sic altera, ad senectutem propior, hujusce morbis jam obnoxia est. Dicuntur in consistente sive constante aetate versari, qui virilem assecuti sunt, quoniam in hoc summo vitae modo et mensura corpus suas vires sine ullo notabili decremento vegetas tuetur. Ex quo elucet, hoc vitae humanae tempore, nimis proh dolor brevi, eximio robore corpus instructum esse, judicio maturato mentem vigere, voluntatem constantia pollere, omnesque tum corporis tum mentis animique vires egregie inter se conspirare. Sunt tamen et huic aetati singulares propriorum morborum caussae, tum in corpore insitae, tum ex animi affectibus negotiorumque actione, cui haec aetas vacat, facile oriundae. Corpus quod attinet, sanguis virili aetate in abdomine maxime colligitur, atque in vasis paulatim labefactatis remoras agit, et offendicula experitur, atque sic molestias adducit plurimas, haemorrhoidalium nomine medicis notissimas. Porro, dum plurimum sanguinis vegeti viri parant, qui in corporis dispendia amplius verti nequeat: ut ab hac onerosa mole sese natura liberet statis temporibus crudeli arthritico dolore artus exercet. Animus autem virilis dum, docte canente *Flacco*:

Quaerit opes et amicitias, inservit honori,
Commisisse cavet, quod mox mutare laborat.

quot miseriis et aerumnis expositus est, quantisque agitatur motibus! sive intra rei familiaris curam liberorumque educationem vir sese contineat, sive reipublicae operam suam commodet. Quantis afficitur, immo subinde conficitnr curis, quanto trepidat metu, ne male cedant, ne spem suam fallant, quae in negotiorum actione diu et per tot noctes insomnes meditatus, tandem ut perficeret, elaboravit. Quam ingratus, apud invidos saltem, ex prospero aemulorum successu sensus! Quanta, plurimorum certe, animi abjectio, immo vitae fere desperatio, si pravis simulatorum amicorum artibus se circumversos, delusos in machinationibus suis se persentiunt, atque inimico hactenus personato, nunc irridenti, victoriam cedere coguntur. Sunt vero hi animi affectus, qui viros potissimum exercent, natura sua ita comparati, ut in abdominis viscera imprimis saeviant, bilem exasperent, sanguini remoras nectant, nervosque irritent. Ex quibus omnibus elucet, pessimum in eventum conspirare naturalia, quae in virili corpore insunt, morborum seminia cum rerum potiundarum cupidine, gloriae venatu, honorumque ambitione; qui animi affectus, quo curiosiori studio eos occultare et dissimulare virum saepius oportet, eo gravius damnum sanitati inferunt.

Haec de caussis morborum, qui viris proprii sunt, generatim universimque monuisse sufficiat: jam morbos lustrabimus, qui ex *Hippocratis* sententia virilem aetatem prae ulla alia infestare consuescunt. Si autem horum morborum naturam curatius rimemur, facile intelligemus, plurimos ita comparatos esse, ut alii in juvenes, in viridem vel saltem incipientem senectutem alii, vim suam non minus exerceant, eorumque pauciores tantum viris proprii dici queant. Juvenes fere sunt, quos pleuritides, peripneumoniae, phrenitides, febres ardentes et cholerae male habere consueverunt; contra senes eosque, qui a senectute parum remoti sunt, spiritus difficultates lethargique male habere solent. Atque hac incolumitate et secundae valetudinis constantia optimae virilis aetatis parti natura prospicere voluit, dum in summo vitae vigore morborum caussis efficaciter virile corpus resistit. *Hippocrates* alio loco (*de aeribus, aq. et loc.* Art. IV. 7 et 8) de morbis virorum propriis mentem suam accuratius exposuit. Etsi vero *Hippocrates* in hac morborum secundum aetates distributione ad regiones respexerit, ad solem ventosque minus bene sitas, aquarumque salubritate carentes: facile tamen perspicitis, pauciores esse morbos, et praeter eos, quos sanguinis abundantia, ejusque in abdomine mora viris inferat, fere nullos, qui virilis aetatis vere privi et proprii dici possint. Miratur *Galenus*, omisisse *Hippocratem* in his morbis melancholiam, affirmatque, se in nonnullis horum Aphorismorum exemplaribus hanc quoque scriptam invenisse, sive aliquis ausus sit addere, quod ab *Hippocrate* praetermissum judicaret, sive ab aliis, qui exemplarium errori fidem adhibuerint, additum fuerit. Enimvero non omisit biliosos morbos *Hippocrates*: quo enim, sagacissime *Galene*, retuleris ardentes febres, choleras, phrenitidesque? Cadunt quidem atrabilarii morbi in virilem quoque aetatem, eam tamen praesertim, quae jam in senium vergit.

Aphor. XXXI.

Senibus autem, dyspnoeae **(spirandi difficultates),** ***destillationes tussiculosae*** **(tussim inferentes),** ***stranguriae*** **(sive mictiones dolore molestae),** ***dysuriae*** **(urinae difficultates),** ***articulorum dolores, nephritides*** **(renum dolores, minime inflammationes; recte vertit** ***Brandeisius: Nierenleiden),*** ***vertigines, apoplexiae, mali corporis habitus, pruritus totius corporis, vigiliae, alvi, et oculorum, et narium humiditates, visus hebetudines, glaucomata*** **(sive glaucedines),** ***auditus graves.***

Celsus hunc quoque Aphorismum, ut ceteros, qui aetatum morbos edicunt, vertit *Lib.* II^di^ *cap.* 1mo. Longam hanc morborum seriem, qui senes male habent, si nobiscum reputamus, facile judicabimus, dum tot tantaque mala corpus senis torquent, animum multiplici aegritudine carere non posse; nec profecto est, quod miremur, animum adeo mutari in senibus, ut si juvenis, virique, ejusdemque senis mores inter se contuleris, vix idem homo esse videatur. Est vero imprimis totius corporis sui imbecillitas, quam quotidie fere crescentem senex experitur, quae efficit ut, res suas valde dubias incertasque persentiens, omnia timeat, et pessima quaeque sibi metuat, felicissimamque suam juventutem frustra desideret, in qua, meliora omnia olim expertus, nunc multo deteriorem suam conditionem aegre ferens, facilem communemque senilis aetatis errat errorem, res ipsas in pejus mutatas esse, quum non nisi ejus conditio ex naturae lege mutata et illaetabilior faota fuerit. Ex senectutis igitur natura, senilis corporis conditione potissi mum adducta, vitia profluunt, quae non minus vere, quam ingeniose *Venusinus* poeta in senibus carpit, canens in *epistola ad Pisones:*

Multa senem circumveniunt incommoda, vel quod
Quaerit, et inventis miser abstinet, ac timet uti;
Vel quod res omnes timide gelideque ministrat,
Dilator, spe longus, iners, avidusque futuri,
Difficilis, querulus, laudator temporis acti
Se puero, censor castigatorque minorum.

Hos animi mores ex corporis imbecillitate in senibus et nasci, et corporis senilis molestias animo vicissim augeri, satis perspicuum est; quum perpetuae, inter quas senex versatur, curae corporis vires non possint non deterere et consumere. Qua quidem re id quoque efficitur, ut, qui juventutem bonarum artium studio diligenter alerent, vitamque agerent minime otiosam, sed honestam, civibus et reipublicae utilem, multo minora persentiant senectutis incommoda, rude senili longius careant, viridem suam senectutem prorogent; ita quidem, ut eorum pauci ad decrepitam illam senectutem, sensus motusque fere expertem, non nisi plantarum vitae comparandam, ideoque longe miserrimam, perveniant. Miserrimam certe vocaverim senis decrepiti vitam, quam prudentior nemo sibi optaverit, nisi insito vitae amore victus, in cujuscunque pectore alte defixo. Quantum est miseriarum in sene! quarum, ut praeteream picturas longe notissimas, minus vulgatam producere non taedet, quam sapientissimus poeta olim dedit, qui ficto *Marcelli Palingenii* nomine, in carmine *Zodiacus vitae* inscripto, seculi sui mores pravamque superstitionem acriter perstrinxit, et severa sapientiae praecepta suavi musarum sermone temperavit; versus hi sunt:

Obvenit canis rugosa senecta capillis,
Secum multa trahens incommoda corporis atque
Mentis: nam vires abeunt, speciesque, calorque:
Necnon deficiunt sensus: audire, videre,
Languescunt, gustusque minor fit; denique semper
Aut hoc aut illo morbo vexantur, inermi
Manduntur vix ore cibi, vix crura bacillo
Sustentata meant: animus quoque vulnera sentit,
Desipit, et longo torpet confectus ab aevo.

De caussis senectutis nil est, quod afferam, sunt enim notissimae. Parcior semper fit nutritio; hinc totius corporis marcor; instrumentorum, quibus corpus tum in sui conservationem, tum ad munia sua perficienda utitur, major quotidie inertia rigorque; crescens quotidie virium languor, harumque demum plena exstinctio. His ex caussis morbi, quos senibus proprios Aphorismus tribuit, satis intelliguntur; perspiciturque simul eorum veritas, quae de morbis hujus aetatis professus est *Hippocrates* Aph. Sect. II^{dae} 39no et 40mo. Thorax in valde senibus dilatari impotens, fere immobilis riget, impeditus ossea natura, quam cartilagines costarum contraxerunt. Cordis valvulae, venaeque arteriaeque in artus distributae multis in locis, ex mutata naturali in osseam fabrica, motus suos peragere recusant. Inde vita in extremis corporis partibus veluti haesitat et deficit; unde senilis in pedum digitis gangraena. Vidi senem hac gangraena demum exstinctum, in quo, etsi nulla ipsi deessent vitae pabula, iisque ille egregie et laute uteretur, arteriarum pulsus intra sexagesimam horae partem vix vigesies micarent. Hoc morbi senilis genere demum exstinctum audivi *Swietenium*, virum immortalem, cujus nomen honoremque laudesque nulla unquam obliterabit aetas. Ceterum morbi, de quibus in Aphorismo sermo fit, vix quidquam obscuri habent, atque interprete facile carent; aliquot tamen observationes addam, quae inserviant nonnullis eorum recte intelligendis.

Urinae difficultates ejusque suppressio, quam ischuriam vocamus, ad pessimos senum morbos pertinet; et quoniam ex vesicae urinariae degenerata in tunicis suis fabrica crassitieque ortum habet, pessimaeque indolis inflammatio facile accedit, fere semper letalis est. Catheter vix admittitur, breveque tantum solamen vesicae punctio promittit, celerrimumque in gangraenam eventum hic morbus apud senes habet.

Nephritides, renum inflammationes, hoc loco dolores intelliguntur, ex calculis potissimum oriundi. Familiare senibus malum; imprimis quando, propter virium decrementum, podagrae accessionem quotannis experiri desinunt.

Cachexiae; de cachexia senibus propria, de summo totius corporis marcore et languore, sive de marasmo senili intelligi debent.

Glaucosies. Etsi de vero glaucomate, sive depravatione humoris vitrei omnino accipi possit, ad suffusionem tamen sive cataractam, in senibus frequentissimam, puto, revocari debere.

Absolvimus tertium Aphorismorum librum, in quo talia nos docuit *Divus Cous* artis medicae principia, qualibus, longo multorum seculorum usu confirmatis, meliora certioraque nulla serior aetas detexerit. Accepimus in hoc libro praecipuas morborum caussas, tum occasionales, ex anni temporibus et tempestatis vicissitudinibus repetendas, tum praedisponentes, quas in diversa vitae humanae aetate insitas esse natura voluit. Quibus ex caussis quum plurima pars morborum propullulet, facile elucet, plurimorum morborum accuratiorem cognitionem, rationalesque curationes nobis hoc libro tradidisse *Hippocratem*.

SECTIO QUARTA.

Illustravi hactenus tres priores Aphorismorum libros, ut ad quartum jam transire liceat explicandum, et in usus nostros vertendum. Hic Aphorismorum ordo, septem libris descriptus, ab *Hippocrate* certe profectus non est, antiquissimis tamen temporibus genuini *Divi Coi* discipuli, similitudine aliqua argumenti ducti, magni praeceptoris sententias eo ordine, quo nunc legimus, disposuerunt. Etenim in primo libro sermo potissimum fit de victu et evacuatione, tanquam praecipuis acutorum morborum praesidiis. In secundo libro longe plurima ad signa in morbis et dierum criticorum rationes pertinent. Tertius liber, quem nuper absolvimus, praestantissimis observationibus morborum caussas illustrat, tum ex diversa hominis aetate, tum ex anni temporibus et tempestatis ratione ejusque vicissitudinibus declarandas. Quartus Aphorismorum liber, ad quem nunc venimus, etsi sententiarum et muliplicis observationis varietatem contineat, magna tamen ex parte ad semioticen pathologicam spectat; praemissis nonnullis sententiis, quae ad evacuationes pertinent, medicorumque in iis regundis moderamen.

Aphor. I.

Praegnantes (sive uterum ferentes, seu gravidae) *purgandae, si turgeat* (scilicet materia), *quadrimestres* (seu quarto graviditatis mense), *et usque ad septimum mensem: has autem minus; minores autem* (sive juniores), *aut grandiores foetus vereri* (sive cavere a minoribus et grandioribus foetibus; addunt nonnullae editiones χρή, expedit, oportet).

Antiquissimis temporibus medici gravidis, nec venam secare, nec purgans aliquod medicamentum porrigere ausi sunt, verentes, ne his evacuationibus abortionis periculum adducerent. De sanguinis missione eam in gravidis mulieribus experiri, vetus non esse, *Celsus Lib.* II^{di} *cap.* 10mo diserte commemorat, siquidem veteres sibi persuaserunt, mulierem gravidam, quae ita curata esset, abortum esse facturam. Quod autem ad medicamenta purgantia attinet, ab iis gravidas non penitus interdixit; etenim φαρμακεύειν hoc loco non est medicamento aliquo uti, sed medicamento purgante; horum tamen usum duabus conditionibus circumscribi hoc Aphorismo voluit: altera a materiae, quae exitum urget, turgore et impetu petita, altera respectu temporis graviditatis, sive aetatis foetus.

Primo, nonnisi turgeat materia, ἢν ὀργᾷ, purgandas esse, censet *Hippocrates*, gravidas. Vox ὀργᾷν, turgere, petita est ab animalibus oestro venereo percitis, dum, ingente Veneris stimulo incitata, summa inquiete agitata hinc inde decurrunt. Cum hoc motu comparavit *Hippocrates* humoris morbosi citum exitum maxime per ventriculum quaerentis motum. Isque fere non nisi in biliosis febribus observari, et cum summa inquiete et aliquo anxietatis sensu conjunctus esse solet; ita, ut aegroti situm in lecto continue mutent, suique fere inconscii sint. Sermo fit de hoc turgore Aph. 22do Sect. Imae; si vero ibi *Hippocrates* juxta naturae veritatem monet, *plurima in morbis non turgere*, hoc imprimis de gravidis dicendum est, quae, nisi forte in victu magnam in se admiserint culpam, vix in adeo vehementem humoris intestinalis motum erumpunt. Quod si vero quando fiat ingluvie magnoque in victu errore, si femina alias bene valet, in cito alvi fluxu et morbus erit, et praesentissima medela; adeo, ut medici consilium vix expetatur. Fac autem, hoc opus videri, quoniam vehementior alvi fluxus non illico sistatur: medicus tamen primo motus nimios remediis propriis, iisque, quantum fieri potest, mitissimis compescet, atque post sedatum tumultum demum alvum mitiori et roborante remedio, quale ex rheo imprimis petitur, alvum ducet atque intestina firmabit.

Deinde *Hippocrates* purgari vult, non nisi quadrimestres, usque ad septimum mensem, atque has quidem septimo mense minus, id est, non adeo facile et cum majore providentia. Docet vero utique experientia, primis mensibus graviditatis, immo tertio, facillime abortire feminas; atque etiam quinto mense feminas abortum fecisse, haud raro vidi; septimo mense graviditatis fere absoluto, feminae interdum pariunt, ideoque medicinae purgantis usum sine abortus, sive, ut accuratius dicam, sine partus praematuri periculo vix ferunt. Experientia igitur duce *Hippocrates* medicos ad tempora graviditatis attentos fecit, quibus praegnantes aliquo modo secure purgare liceat, quibus minus. Itaque, etsi generatim universimque gravidas a purgantium usu non interdixerit *Cous*, valde tamen angustis finibus purgantis medicinae usum in gravidis circumscriptum esse voluit. Sunt fortasse, qui putant, gravidis hodie securius hoc medicamentorum genere a nobis succurri, quippe longe mitioribus id genus remediis instructis; enimvero et antiquis viris haec remedia mitiora non prorsus defuerunt, dum sero lactis et lacte asinino alvum purgarent. Praeterea vel quotidiana experientia docet, non solum feminas robustas purgantia medicamina incommoda ferre, et graviores morbos, qui in intestinis utero vicinis consistunt, ideoque magnum foetui periculum minantur, v. c. colicas vehementes, alvi profluvia, ipsamque dysenteriam feliciter superare, salva manente foetus vita; verum etiam scelestas puellas, illegitima Venere usas, ut castitatem mentiantur, foetus corrumpendi caussa vehementissima remedia purgantia, et impune, et nefaria sua spe frustratas, devorare. Sed haec exempla robustarum feminarum pauciora ad feminas longe plurimas imbecilliores sensilioresque male applicantur; imprimis, si, qua in observatione utique rei cardo vertitur, abortum jam semel, vel adeo aliquoties passae sint. His quidem uterum ferentibus, illo imprimis graviditatis mense, quo uterus apud illas foetum rejicere solet, remedia, quae alvum moveant, etiam mitissima, parum secure dantur; ita quidem omnino, ut nec lotionum mollissimarum, si in alvum ducendae ejus caussa iterato infundantur, satis tutus usus sit.

Recte igitur *Hippocrates* medicamentorum purgantium in gravidis usum valde angustis finibus circumscripsit; nec hodie horum remediorum necessitas facile urgere poterit, quum, si gravidae ingluvie forte ventriculum intestinaque debilitaverint, non purgante remedio iis opus sit, sed digestivo, ut vocant: quale irritabilioribus feminis ex sale lixivioso paramus, acore citri temperato, segnioribus ex radicis rhei minoribus praebiis. Sed, quod magis miremur, Hippocraticae simplicitatis immemor serior aetas abortus adeo arcendi praesidium in purgantibus remediis quaesivit; dum medici persuásum habebant, abortum gravidis minari, tum plenitudinem, maxime sanguinis, tum cacochymiam. Quarum caussarum prior locum certe saepius habet, tolliturque opportuna sanguinis missione.

Cacochymia autem, qua, accuratiori sensu accepta, feminae nonnullae non vacant, quamque ipse uterus interdum prodit purgamentis pituitam referentibus: utut inter abortus caussas referri debeat, corrigenda in his feminis est, dum uterum non gerunt; quum gravidae usum remediorum resolventium vel paulo acriorum, vel uteri vim vitalem aliquantisper provocantium, sine praesentissimo abortus periculo minime ferant.

Itaque prorsus sibi constat *Hippocrates*, non nisi rarum usum purgantis medicinae gravidis concedens. Ipse Aphor. 33^{tio} Sect. V^{tae} adnotavit, *mulieri uterum gerenti, si alvus multum profluat, abortionis periculum esse*, quem locum latine interpretatus est *Celsus Lib.* II^{di} *cap.* 7mo his verbis: *mulieri gravidae, sine modo fusa alvus, elidere partum potest.*

Ceterum eorum in gratiam, qui verborum graecorum accuratiorem interpretationem non fastidiunt, adnotamus, *Hippocratem* ad definiendam foetus aetatem minorem majoremque distinctis vocibus hoc in Aphorismo uti; minores sive juniores foetus τὰ νήπια, aetate autem majores, ideoque grandiores et proceriores πρεσβύτερα vocat. Quam verbi *τὰ νήπια* significationem lexicographi omiserunt, adnotarunt autem et accurate exposuerunt *Foesius* et *Hollerius*; prior in *Oeconomia Hippocratis*, praestantissimo libro, sed hodie satis raro et vix comparando; posterior in commentario ad hunc Aphorismum.

Aphor. II.

In medicamentorum purgantium usu eadem (sive talia) *e corpore educere* (scilicet oportet, sive educenda sunt), *quae* (sive qualia) *et sponte prodeuntia utilia sunt: quae autem contrario modo prodeunt, sistere* (vel cohibere) *oportet* (sive sistenda vel cohibenda sunt).

Aphorismus, qui hunc excipit, tertius hujus Sectionis quum idem doceat, singulari quidem argumento ab experientia petito, una cum priori commode elucidari poterit.

Aphor. III.

Si qualia purgari debent (vel decet), *purgentur, confert* (sive prodest), *et facile ferunt* (aegroti): *contraria vero* (sive, si contrarium fiat), *moleste* (sive difficile ferunt).

Fingite mecum animo, Auditores, adesse nos jam antiquis viris, primis medicinae conditoribus, ut observemus, quam ingrediantur viam, ut principiis artis salutaris potiantur, iisque satis firmis et ad usum accommodatis. Quid tractare, quid agere eos videmus? Toti occupati sunt in morborum observatione: naturae vim et molimina curiose explorant, ut inveniant, quod consilium natura humana sequatur, quibus utatur motibus spontaneis, ut morbis suis medeatur. Motus perniciosos, quibus morbus augetur, distinguunt a motibus et mutationibus, quibus morbi vis luculenter decrescit, aegrotusque tandem a morbo suo vindicatur. Itaque priores motus inimicos morbo, posteriores salutiferos naturae de morbo victrici tribuunt: hos adjuvandos, illos coercendos esse, recte judicant. Utrumque motuum genus cum evacuationibus conjunctum plerumque esse vident; sed evacuationes, ex quibus nil proficit aeger, quibus adeo morbus ejus augetur, quasque hodie vocamus symptomaticas, ab iis, quae spem faciunt rediturae salutis, tum qualitate modoque, tum excretionis viis et instrumentis, prorsus differre observant. Excedunt modo et mensura, ut parcae nimis sint, evacuationes, quae aegrotum nil juvant, morbumque adeo augent; dum salutares evacuationes morbi magnitudini respondent. Hae quoque vias accommodatas legunt, et instrumentis excernuntur idoneis, talibusque, qualia a materia, quam e corpore proscribere nititur natura, admodum laedi nequeant. Sed imprimis, quum facile in conspectum veniat materiae, quae in morbis evacuatur, adeo diversa qualitas, priscorum virorum attentionem mereri debuit. Facile invenerunt, evacuatam in morbo materiam, quo minus qualitatibus suis sensibilibus a naturali in homine sano excretione aliena esset et recederet, eo minorem morbum esse plerumque, praesentioremque in majore etiam morbo salutem. Atque haec omnia in nulla alia evacuatione tam conspicua sunt, quam in alvina; ad hanc igitur antiqui viri valde attentos sese praebuerunt. Periculosas esse observarunt egestiones per alvum sinceras, impermixtas, lividas, cruentas, valde graveolentes, nigras, multorum colorum, albasque; salubres viderunt contrarias, naturalis egestionis alvinae aemulas. Nisi operosius Vobis fuerit, omnes has faecum alvinarum differentias diligenter adnotatas in his Aphorismis invenietis, duce quidem accurato indice, quo Aphorismorum suam editionem olim auxit *Almeloveenius*. Plures horum Aphorismorum jam explicui, alios suo tempore explicaturus.

Jam videtis, ex sola naturae observatione natum esse apud priscos viros primum circa moderandas evacuationes praeceptum: eo nempe videre, et in id consilia sua dirigere, ut evacuationes, maxime alvi, in aegrotis ab iis, quae sanorum sint, minus differant. Sed mox ultra progressi sunt, via jam expedita, antiqui viri; etenim solius observationis beneficio facile deprehendere eos oportuit, sordes et humores alvo rejectos, diversis qualitatibus suis, distinctis morborum generibus respondere et veluti proprios esse. Sic mucus, sic bilis, sic quam atram dicebant bilis, propriis in morbis, maxime febribus, evacuatione alvina sese luculenter produnt; atque si alvi excrementa naturae morbi respondeant, et cetera congrue fiant, spem utique faciunt, fore, ut aegrotus ex evacuatione morbo suo consona lenimen experiatur, immo salutem reportet. Ex his observationibus alterum collegerunt prisci medici medendi praeceptum: in evacuationibus omnibus, etiam alvina, tum victu, tum medicamentorum purgantium delectu, id curandum esse, ut materia evacuetur morbo propria.

Haec prima fuerunt pathologiae, quam postea humoralem dixerunt, fundamenta. Antiquissima omnino est haec pathologia, quae primo sese offerre debuit medicis e simplici naturae adspectu, postquam a sapientiae studio, ideeque a philosophorum commentis, medicinam separasset et vindicasset *Divus Cous.*

Sed quo tendit oratio mea, Vobis forte longior visa et verbosior? Certe, ut Vobis ostendam, Aphorismorum hodie illustrandorum exemplo, artis nostrae rationalis originem. Facilis Vobis jam erit et nullo modo impeditus horum Aphorismorum genuinus sensus, quem forte paucis complecti juvat. Adnotavit *Hippocrates* Aphor. 2do Sect. I^{mae}: *In alvi perturbationibus* sive profluviis, *ut in vomitibus, nec non in evacuationibus vasorum, quae sponte eveniant,* id est naturae motu, *conferre, si, qualia oportet evacuari, evacuentur, hasque evacuationes facile ferre aegrotos. Si vero talia non evacuentur, qualia evacuari oporteat, non conferre, nec facile ferre aegrotos,* qui potius post tales evacuationes incongruas pejus se habeant. Jam in apricum positum videtis primum medendi praeceptum, a sola naturae humanae observatione erutum. In Aphorismis vero, quos hodie legimus, tertio quidem, hoc primum praeceptum confirmatur; alterum praeceptum sive legem medicis proponit, cui obtemperent toties, quoties evacuationibus, imprimis alvina, morbis mederi cupiunt, ut nil moliantur inepte, iisque remediis evacuationes sollicitent, quae usus maxime apta esse demonstraverit ad talia e corpore ducenda, qualia in definito morborum genere sponte prodeuntia utilia ipso medicinae usu sese declaraverint.

Aphor. IV.

Purgare (sive repurgare), *aestate magis* (sive potius) *superiores ventres: hyeme vero, inferiores* (scil. ventres purgare convenit, vel praestat).

Veteres majores humani corporis cavitates, capitis, pectoris et abdominis, ventres vocarunt, collo quidem ad caput relato, haecque divisio fere ad *Wieslowii* tempora medicis placuit; hic enim fere primus collum, propter eximias, quas continet, partes, vasa sanguifera majora, nervos insignes, aerisque et nutrimenti vias, pro singulari cavitate haberi voluit et diligentissime descripsit. Superiores autem ventres purgantur vomitu, inferiores dejectione; sensus igitur Aph. hic est: aestate magis vomitoriis, hyeme autem purgantibus medicamentis utendum esse. Cujus asserti ratio in promtu est, quoniam aestate biliosi humores, hyeme autem mucosi hominibus molestiores sunt, bilisque aestate sanguinem humoresque in superiores partes commovet, et sursum turgere solet, dum mucosi humores, adstricta etiam frigore cute, ad intestina potius confluunt, et ex his commode rejiciuntur. Enimvero textus noster verbum μᾶλλον, magis sive potius, addit, ut doceat, hanc curandi rationem medicis generatim tantum universimqne praescripsisse *Hippocratem*. Fieri enim omnino potest, ut contraria medendi ratione, ideoque aestate medicamento purgante, hyeme autem vomitorio, opus sit. Etenim in medicinae evacuantis usu suprema semper lex est, quam *Hippocrates* condidit Sect. I[mae] Aph. 21[mo]: *Quae oportet educere, quo potissimum vergunt, ducenda, et per loca convenientia.*

Non itaque omnino *Hippocrati* contradixit antiquus scriptor *Libri de salubri diaeta, Hippocratis* nomen ementitus, quando plurimis verbis docet, *hibernis mensibus vomitum, aestivis purgantia medicamenta praestare.* Etenim potest talis esse epidemici morbi indoles, talis singulorum hominum natura, qualis hanc curationem, a solenni et plerumque saluberrima diversam, quasi per modum exceptionis sibi poscat. Exceptio tamen legem non tollit, sed confirmat. Legimus in *Libri laudati Cap.* V^{to}: *At vero vomitibus et alvi per infusa elotionibus hoc modo utendum est. Sex menses hibernos vomendum est. Hoc enim tempus pituitosius est aestivo, et morbi circa caput fiunt, et regionem eam, quae est supra septum transversum. Quum vero aestas et calor fuerit, infusis utendum est. Hora enim haec aestuosa est, et corpus biliosius, et lumbi ac genua gravantur, et calores oboriuntur, et in ventre tormina fiunt. Quapropter corpus perfrigerare oportet, et quae in sublime elevantur, inferne subducere ex istis locis.* Hunc locum *Celsus* transcripsit *Lib.* I^{mi} *cap.* 3^{tio}; profecto hanc rem accuratius cognoscere potuisset, si ex genuinis *Divi Coi* libris Hippocraticam doctrinam haurire voluisset; siquidem in hoc IV^{to} Aphorismorum Libro indicationes tum vomitoriorum tum purgantium medicamentorum sat luculenter exponuntur, Aphorismis a nobis illustrandis hujus Sectionis VI^{to}, VII^{mo}, VIII^{vo}, IX^{no}, XVII^{mo} et XVIII^{mo}.

Aphor. V.

Sub cane, et ante canem, molestae sunt (vel difficiles) *purgationes* (scilicet per medicamenta purgantia).

Quam multifaria doctrina medicum informatum et instructum esse oporteat, hic quoque Aphorismus docere potest. Etenim, ut accurate definiatur, quo anni tempore, et quibus anni mensibus *Hippocrates* a medicamentis purgantibus medicos sese temperare jubeat, veteres astronomi consulendi sunt; qui tamen hac in re dubitationi locum faciunt, utrum de toto sidere, an de lucidissima ejus stella, Sirio, hic Aphorismus Hippocraticus intelligi debeat. *Galenus* de toto astro intelligi vult: Sirius vero quoque dicitur *προκύων*, id est anticanis, quod ante totum sidus oriatur. Enimvero et mihi videtur, *Hippocratem* de toto sidere, neque solummodo de lucidissima ejus stella locutum esse; nihilque aliud dicere voluisse, quam, diebus canicularibus medicamenta purgantia, eaque imprimis fortiora, fugienda esse. Horum dierum quadraginta numerarunt veteres, ab ortu caniculae usque ad ortum Arcturi, a mense Julio usque ad mensem Septembrem. Jam procanis sive anticanis, sive, ut in nostro Aphorismo audit, ante canem, πρὸ κυνὸς, definit tempus a solstitio fere aestivo ad exortum caniculae. Experientiae quoque apud nos interdum, sub calidiori autem coelo saepius, respondet, menses ante canem, Majum scilicet et Junium, vehementioribus caloribus molestos esse: contra diebus, quos caniculares vocamus, aestivos calores jam decrescere. Generatim igitur *Hippocrates*, remediorum purgantium usum molestias afferre et periculosum esse, censuit, sub magnis aestatis caloribus: sive acritatem metuerit, quam solis fervore cum sanguine facile communicarent; sive pessimam debilitatem, ex his medicamentis in corporibus calore jam majorem in modum debilitatis et lassatis utique pertimescendam; sive, quae *Galeni* opinio est, quod invita natura sub magnis aestivis caloribus hoc medicamentorum genus in usum vocatur, siquidem eo tempore natura cutim versus humores ducat, alvumque cohibeat; unde moleste natura ferat, si a solenni motu et via, nempe cute, in prorsus contrariam, nempe intestina, vehementer et impetuose agatur. Ceterum eadem cautio de medicamentorum purgantium usu praecipitur in *Libello*, *de purgantibus* inscripto, *Hippocratis* nomen prae se ferente; qui liber, etsi ab *Hippocrate* certe profectus non est, utilissima tamen praecepta de purgantium in febribus continentibus continuis damno continet. Ex eodemque libro intelligitur, de medicamentis purgantibus acrioribus, quae drastica hodie dicuntur, sermonem fieri: mitiora enim remedia, quibus hodie maxime utimur, quae alvum blande movent, quum calorem temperent et moderentur, adeo reformidanda non sunt, nisi in horum remediorum usu modum excedamus; quo abusu pessima debilitas ventriculo et intestinis facile infertur, morbi gastrici, in scholis medicorum olim adeo infames, aut adducuntur, aut pejores efficiuntur. Ventres enim, ut hyeme et vere calidissimi sunt (Sect. I. Aphor. 15), ita aestivis caloribus debilitantur. Denique, qui astronomiae veterum rationes, quantum ad hujus Aphorismi sententiam pertinet, accuratius perspicere cupiunt, inter commentatores *Joann. Heurnium* et *Jacobum Hollerium* consulant.

Aphor. VI.

Graciles, et facile vomentes, sursum purgare (oportet), *vitantes hyemem* (sive, multo cautius hyeme).

Non displicet lectio *Lefeburii*, qui καὶ omittit, ut jam vertendum sit, graciles, si facile vomant; quoniam hic sensus experientiae respondet, magis etiam consonus videtur Aphorismo, qui hunc proxime excipit. Vix enim *Hippocratis* consilium esse potuit, ut praeciperet, graciles generatim sursum purgandos esse, sed ea tantum sub lege, si facile vomant. Sunt enim omnino homines, qui adeo facile vomant, ut nullam inde molestiam experiantur; sunt alii, qui valde difficulter, et post longas molestias, summosque denique inter angores ad vomitiones coguntur; iidemque a vomitu valde debilitari et viribus fere exsolvi solent. Sunt praeter hos omnes alii, etsi omnino pauci, qui a dato vomitorio nauseent quidem et mirifice angantur, vix autem vomant, sed, si remedium ad vomitum ciendum acrius datum fuerit, deorsum vehementer purgentur. Quam ob caussam antiquus *Libelli de remediis purgantibus*, quem modo laudavi, scriptor medicos haud inepte monuisse videtur, ut medicamentum, vel sursum vel deorsum purgans, aegroto daturi, hunc prius interrogent, an ex medicamento sursum vel deorsum purgante, olim sumto, facilem difficilemque purgationem fuerit expertus, eo quidem fine et consilio, ut medicamentis utatur medicus ad hominis naturam adcommodatis, ideoque modo mitioribus, modo fortioribus. Denique ratione minime caret idonea, cur *Hippocrates* hyeme cautius versari medicum jubeat in vomitoriorum usu; etenim hoc anni tempore etiam gracilibus minus molestus esse suevit biliosus humor, qui nec hyeme in illis facile sursum turget, sed ad intestina potius divertere solet. Memor igitur fuit *Cous* praecepti, quod antea medicis scripsit Aphorismo hujus Sectionis IV[to]. Praeterea autem hyemale tempus in gracilibus, natura sua plerumque irritabilioribus, inflammationis metu minime vacat. Ceterum, hoc anni tempore gracilibus omnino et semper denegasse *Hippocratem* vomitoria, minime existimandum est; cautius tantum dari voluit. Male igitur ὑποστελλομένους χειμῶνα vertunt editiones tantum non omnes, vitantes hyemem: vertendum potius est cum *Lefeburio*, cautius, cum majore circumspectione, hyeme. Quam hujus verbi vim quisque facile perspiciet ex annotationibus desideratissimi *Schneideri* ad hoc verbum.

Aphor. VII.

Difficulter autem vomentes, et modice carnosos, deorsum (purga), *aestatem vitantes* (vel, aestate cautius).

Hunc Aphorismum praecedente satis illustrari, puto. Gracilibus opponit modice carnosos, illis facile vomentibus hos difficulter. Modice carnosi intelliguntur, qui non prorsus bene carnosi sive εὐσαρκοὶ sint; hi enim medicina facile carent, et victu atque regimine, si opus fuerit, optime curantur. Illi, modice carnosi, haud raro alunt nimiam pinguedinis copiam, quae efficere solet, ut, spiritum aegrius ducentes, haud facile vomant, nec sine periculo ad vomitiones cogantur. Iidem plerumque muco abundant, ideoque purgante medicamento, ad superiores ventres levandos, saepe illis opus est. Quoniam vero hoc hominum genus, imprimis si multa pinguedine corpus oneratur, imbecillum esse solet, quod vel pinguedinis collectio et accumulatio docet: in purgantis medicinae usu viribus semper parcendum erit, quae quum aestate facile vacillent, immo collabantur, hoc anni tempore hos homines a purgantis medicinae usu non quidem prorsus interdicit *Hippocrates*, sed haud sine providentia et cautione iis dari vult. Praeterea mucosi humores, his hominibus molesti, ad intestina securius a supremis partibus revocantur, et cum levata spiritus angustia levatoque capite deorsum expurgantur. Quamvis vero haec ita se habeant, atque nec fallat nec fallatur *Hippocrates*, negare tamen nolim, mori et consuetudini suorum temporum, forte etiam coelo, hac in re nonnihil dedisse summum virum. Antiquissimum enim est hoc medicinae *ἄνω* et *κάτω* purgantis genus, cui ad arcendos morbos plurimum tribuerunt veteres; *Herodotus*, antiquissimus apud Graecos historiae scriptor, Lib. II^{do}, qui *Euterpe* inscribitur, commemorat, prudentissimis Aegyptiorum longo in usu fuisse, omni mense aliquoties vomitiones moliri, et alvum eluere.

Aphor. VIII.

Tabescentes (ad tabem dispositos vel tabi obnoxios, vix tabidos) *vero, caveto* (vel cautius) *sursum.*

Docuit *Hippocrates* Aph. VI[to], graciles, si facile vomant, sursum purgandos esse, cautius tantum cum iis hac in medicina agendum esse hyeme. Quum vero, tabidorum vel hominum in tabem proclivium gracilia esse corpora, solenne sit, hos in hoc Aphorismo a vomitoriis prorsus interdixisse videtur *Hippocrates.* Atque hanc *Coi* mentem fuisse, commentatores a *Galeno* omnes et singuli consentiunt, si unum excipio *Prosperum Martianum.* Hic attentum fecisse videtur *Lefeburium*, qui, consultis codicibus *Meletii* et *Damascii*, hunc VIII[vum] cum VII[mo] conjunxit, ita ut legendum sit: *ταὺς μέσως εὐσάρκους, δυσεμέας, κάτω καὶ θέρεος· ταὺς φθινώδεας ὑποστελλάμενος*, i. e. modice vel mediocriter carnosos, sive plenos, si difficulter vomant, deorsum (purga) et aestate; tabidos autem cave, vel saltem cautissime deorsum purga. Quae si accuratior est hujus Aphorismi lectio, tabidos a vomitoriis minime, sed potius a medicamentis purgantibus interdixit *Hippocrates.* Sed cur fidem potius habeamus *Meletio* et *Damascio*? nonne praeferenda est *Galeni* omniumque, qui hunc secuti sunt, interpretum auctoritas, qui omnes hunc Aphorismum legerunt, ut in novissima *Bosquillonii* editione typis exscriptus est, tabidisque medicinae sursum purgantis usum vetat? Misera certe foret et supra modum manca medicina, immo virorum bonorum studio vix digna, et pessime consultum foret aegrotis, si a librariorum negligentia, vel philologorum ingenio aut argutie, fides artis nostrae penderet. Si librarii, dum *Hippocratis* codices transcriberent, saepius dormitasse videntur, si grammaticorum judicium dubium videtur, naturam consulamus, falli nesciam, ut *Hippocratis,* fidissimi naturae interpretis, sententias recte intelligamus. Natura autem constantissima observatione semper docuit, remedia, quae alvum vel paulo copiosius movent, phthisicis plurimum damni semper afferre: debilitatem in his miseris augent, sputa supprimunt, immo diarrhoeam pessimam, in phthisicis adeo pertimescendam, vel ante tempus adducunt, ideoque fata phthisicorum facile praecipitant. Contra, quae vomitum movent, remedia, si prudenter in usum vocentur, si aegroto satis prospiciatur, ut faciles experiatur modicas vomitiones, nec medicamentum deorsum purget: profecto spiritus angustias illico levat vomitus, sputa faciliora efficit, et febrim, saltem ad tempus, mirifice minuit. Quas vomitorii prudenter in usum vocati virtutes haud raro expertus, saepe non satis mirari potui; atque haec hujus medicinae efficacia, quam tamen brevem semper reperi, medicos nonnullos ita in adversum duxisse videtur, ut sibi persuaderent, vel solo hoc medicamentorum genere phthisin persanari posse. Quo nomine inter recentiores viros imprimis reprehendendus est *Thomas Reidius*, gente Britannus, medicus alias peritus, qui repetito vomitoriorum usui totam phthisicorum salutem credidit, atque hac in re, sueto medicorum more, asseclas nimis multos suo tempore habuit. Itaqne non a vomitoriorum, sed a purgantium potius medicamentorum usu phthisicis caveri voluit *Hippocrates.* Antiquus *Librorum de morbis* in Hippocraticis codicibus reperiundorum scriptor, doctrinae *Coi* minime prorsus ignarus, in morborum formis describendis et vivis coloribus pingendis longe diligentissimus, hunc locum impeditum et vexatum haud parum illustrat: leguntur vero haec *Lib.* II[do], *artic.* 46, 47 et 48. Ibi ad diversas phthisis pulmonalis formas seu species hellebori usus commendatur, sed valde providus et circumspectus, imprimis, ne alvum moveat; contra medicamentorum purgantium usus prorsus rejicitur. Locos longiusculos addere nolim, dignissimi tamen, qui legantur, vel ob accuratiorem descriptionem formarum morbi, v. c. phthisis laryngeae, ejusque scrofulosae et trachealis. Quodsi vero putatis, et recte quidem, *Hippocratis* hac in re consilium doceri non posse a scriptore, vetusto quidem et laude digno, qui tamen Cnidiae potius scholae, quam Coae, nomen suum dedisse videatur: saltem hoc ex scriptore recte colligimus, vetustissimis temporibus in vomitione phthisicorum praesidium et solamem quaesivisse medicos, a purgante vero medicina penitus abhorruisse.

Enimvero, quum hic morbus, si inveteravit insanabilis semper, in longius tempus plurimis saltem in exemplis excurrat, diversaque veluti stadia emetiatur, fieri omnino potest, ut remedium, quod, dum morbus oritur vel progredi videtur, non nisi cum magno periculo datur, morbi tamen progressu eum levet, nonnullaque ejus symptomata, ad tempus saltem, coerceat. Atque sic prorsus res se habet in vera phthisi pulmonali: vera inquam, de ea enim, quam pituitosam vocant, hic sermo non est. Habent certe juvenes, qui ad veram phthisin seminium alunt, ex toto corporis habitu facile deprehendendi, quod a vomitoriorum usu sibi caveant; nisi morbus alius generis, isque satis gravis, nec sine vomitionibus coercendus, vomitorii usum omnino suaserit; in quo tunc semper curandum est, ut facilem vomitum cieat. Qui autem phthisi penitus jam affecti sunt, vel si biliosi sunt, ex corporis quidem constitutione, vel hypochondriis simul laborant, ut in phthisicorum haud adeo paucis fieri solenne est: ad febris moderamen, calorisque temperamentum, sputorumque faciliorem rejectionem, magnum saepe solamen ex vomitu experiuntur, modo mitissimo medicamento provide cieatur; illisque, quorum morbus inveteravit, si ex haemoptysis iteratis accessionibus pulmonum purulenta labes originem duxerit, metusque recidivi sanguinis profluvii locum habeat, a toto hoc curationis genere cavendum est.

Hunc genuinum Hippocraticae hujus sententiae sensum esse, puto: vomere noluit eos, qui ad phthisin pulmonalem luculenter dispositi sunt; quos vero phthisis jam occupat, de his in Aphorismo sermo non est, quippe qui ex vomitu solamen interdum experiantur, a purgantibus vero medicamentis in majorem modum semper laedantur. Nolite vero credere, me in hunc sensum *Hippocratis* effatum vel obtorto collo trahere, ut summi viri tuear auctoritatem: etenim *Foesius* jam pridem adnotavit, et ex Hippocraticis libris demonstravit, φθινώδεας ab *Hippocrate* dici et illos, qui ad phthisin pulmonalem sunt dispositi, et qui in hunc morbum jam penitus devenerunt; de his quidem *Hippocrates* minime, sed tantum de illis in hoc Aphorismo dicere voluit, dum a vomitoriis phthisicos generatim interdiceret.

Aphor. IX.

Melancholicos (atrabilarios) *autem, largius deorsum* (purga); *eadem ratione contraria adhibens.*

Melancholici veteribus dicuntur a μέλαινα χολή, atra bile, cujus sedem inesse putabant tum in bile, tum maxime in sanguine, abundante partibus crassioribus tenacioribusque, saturi admodum coloris; quam sanguinis qualitatem recentiori tempore explicarunt a phlogisto sanguinis, nunc ex principio carbonico plerumque explicant. Talis fere sanguis est sanorum etiam, quem venae vehunt. Sed, qui temperamento, ut veteres vocarunt, melancholico natura praediti sunt, illa parte sanguinis abundant: venae illis ampliores arteriis sunt, coloremque illius sanguinis transmittunt; unde etiam color corporis fere nigrescit, capilli plerumque nigri sunt, habitusque totius corporis siccus est et musculosus. Sanguis in his hominibus diutius in venis moratur, atque imprimis in abdomine, in venis venae portae radicibus, tardius movetur, immo veluti restagnat. Tardiorem alvum experiuntur, unde faeces in pleniori intestino accumulantur et exsiccantur. Haec corporis constitutio cum singulari animi et mentis aegritudine conjuncta esse suevit, quam seu satis notam copiosius exponere, merito supersedeo. Certe inter omnes satis constat, hos homines, dum sani sunt, ingeniosos, propter perpetuam contemplationem in tractandis studiis severioribus versatissimos, sed etiam morosos, subinde vero metu anxios tristesque, in melancholiam et tetram hypochondriasin pronos esse, ut tandem in delirium et maniam haud raro incidant. Veteres igitur, et recte quidem, operam dederunt, ut sanguinem istum fluidiorem efficerent, ejusque stagnationes expedirent: quem in finem, praemissis medicamentis selventibus, helleboro nigro imprimis usi sunt; estque omnino hujus medicamenti laus ad melancholicos morbos persanandos longe antiquissima. Referunt veteres scriptores, atque ex his *Plinius*, *Melampum*, pastorem, vatem et medicum, *Procti* regis filias insanientes ab insania liberasse usu lactis caprarum, quas pascuerat helleboro nigro; cui hanc ob caussam nomen Melampodii apud veteres mansit. Nec hodie in vera melancholia (de nervosa hic sermo non est) alia medendi ratione utimur, nisi quod mitioribus remediis, quae antiquis viris praesto non erant, rem peragamus. Manet tamen hodieque helleborum nigrum illa laus, quod imi ventris viscera et intestina egregie incitet, sanguinisque profluvia, tum per haemorrhoides, tum ex utero, efficaciter promoveat; in magnum profecto multorum melancholicorum commodum. Ex his omnibus satis elucet ratio, cur melancholicis purgationes deorsum commendaverit *Hippocrates*.

Sed quid sibi volunt verba nostri Aphorismi: *τῷ αὐτῷ λογισμῷ τἀναντία προστιθείς*, eadem ratione contraria adhibens? Puto, referri debere ad Aphorismos priores, VI^{tum} quidem, in quo gracilibus, si facile vomant, vomitiones commendat, idque tantum hyeme cautius fieri debere jubet: contra inter graciles phthisi obnoxios a vomitu prorsus interdicit Aphor. VIII[vo]; idem contraria medendi ratione, purgatione nempe deorsum, in modice carnosis et melancholicis utitur. Ita corporum diversitatis, motuum naturae spontaneorum, anni temporis et tempestatis rationes semper habuit, diversamque pro illis conditionibus medendi rationem esse oportere, recte omnino docuit.

Aphor. X.

Purgare oportet (vel purgandum est) *in valde acutis, si turgeat* (scilicet materia), *eodem die* (scilicet, quo turget): *cunctari enim* (vel morari, vel exspectare) *in his ipsis* (vel talibus morbis), *malum.*

Aphorismo hoc *Hippocrates* paucioribus verbis argumentum longe gravissimum mira perspicuitate exponit; cujus sensum, ut Vobis penitius recludam, observationibus utar singularibus. Itaque primo de purgationis tempore in morbis valde acutis praecipit *Cous*, docetque, si turgeat materia, eodem die purgandum esse.

Morbi valde acuti sunt *Hippocrati*, qui ultra primum quaternarium, vel certe primum septenarium non excurrunt, simulque cum tanto periculo conjuncti sunt, ut intra hoc breve tempus, nisi expugnentur, occidant. *Hippocrates* non distinxisse videtur acutos inter morbos, sive primis quatuor diebus, sive primo septenario finiantur: totum genus peracutum vel valde acutum dixit. Postea medici acutissimos morbos dixerunt, quorum terminus ultra primum quaternarium non prorogatur; valde acutos, qui septimo die vel primo septenario terminantur. Hac sua brevitate, cum vitae periculo conjunctissima, hi morbi differunt, tum a brevibus morbis, quos, quippe periculi expertes, acutos non dixerunt medici veteres, tum a morbis simpliciter acutis, qui vel duos vel tres plerumque septenarios, antequam finiuntur, percurrunt. Qui denique, absoluto hoc simpliciter acutorum curriculo, longius persistunt, aegrotorumque periculum protrahunt, quoniam paulatim, attamen satis constanter, in melius verti consueverunt: nisi, quod utique interdum, attamen rarius fit, nova vehementia aegrotum opprimant, febres vocamus acutas ex decidentia sive deciduas.

Quo citatiori cursu acuti morbi feruntur, eo celeriori gradu ad fastigium suum (statum sive acmen medici vocant) properant, ut vix orti celerrime increscant, et ad summum vigorem perveniant. In his igitur morbis debellandis medici festinatione utique opus est: cunctari, aut morari et exspectare nullo modo debet; nisi enim principiis strenue obstiterit, nimis sero et frustra prorsus medicinam parabit morbo, qui, si laxatis frenis ad summum vigorem pervenerit, in hoc ipso aegrotum occidet. Sapienter igitur *Hippocrates* pronunciavit, malum esse, hisce in morbis cunctari: eodem die, quo turgere materiam deprehendimus, consilium festinandum est, paucis horis post facile irritum futurum.

Quam vero medicinam proponit *Cous* ad coercendam hanc horum morborum saevitiem? *φαρμακεύειν*, purgare, quod tum ad vomitiones, tum ad alvi ductionem referendum est; eodem enim verbo utitur ad designandum utrumque medicamentorum genus, docentibus id quidem praecedentibus hujus Sectionis Aphorismis, imprimis IV^{to}. Quibusnam vero haec inter medicamina aegroti salutem medicus potissimum credat, utrum iis, quae deorsum purgent, an iis quae sursum, *Hippocrates* luculenter docet, dum purgari aegrotos docet, si materia turgeat, eodemque, quo turget, die. Quid sibi velit hic turgor, quem sensum *Cous* tribuerit verbo ὀργᾷ, perspicue exposuimus, quum Aph. 22^{dum} Sect. I^{mae} explicaremus, in quo haec leguntur: *Concocta purgare et movere oportet, non cruda; neque in principiis, nisi turgeant. Plurima vero non turgent*, scilicet a morborum initio. Explicuimus illud verbum ὀργᾶν, quod proprie denotat summam animalium inquietem, hinc illincve cursitationem, qua feruntur oestro venereo percita et agitata. Cum hac animalium inquiete et instabilitate *Hippocrates*, teste *Galeno*, dysphoriam et anxietatem aegrotorum comparavit, quam experiuntur, dum materia, potissimum biliosa, exitum e corpore quaerit urgetque: summa tunc premuntur anxietate aegroti, situm perpetuo mutant, nec tranquillitati redduntur, antequam biliosum humorem, vel sursum vel deorsum, plerumque utraque via reddiderint. Suntque in illis motibus naturae spontaneis signa satis luculenta, quae medicum doceant, quam potissimum viam natura affectet, quam medicus igitur praeparet et expediat, ut naturae motus adjuvet, ex ejusque consilio prudenter agat.

Itaque secundum naturae nutum, id est secundum signa vel sursum vel deorsum turgentis materiae, medicus quoque sursum aut deorsum aegrotum purgabit, utique memor legis, quam *Hippocrates* scriptam reliquit Aphor. 21do Sect. I^{mae}: *Quae ducere oportet, quo maxime vergant, eo ducenda, per loca convenientia*; quem Aphorismum suo tempore copiosius explicuimus. Enimvero non nisi in biliosis morbis, iisque valde acutis, has celeres purgationes jubet *Hippocrates*; monuitque simul, rarissime, in horum morborum paucioribus, biliosum humorem a morbi principiis turgere. Saluberrimus ille turgor potius consilio medici, potu quidem et medicina solvente, venaesectione interdum, saepius vesicatorio emplastro, balneo tepido, immo opio interdum adducendus est; ita omnino, ut vix ante tertium diem efficaciores illi et spontanei naturae motus luculenter prodeant, ideoque secundo vel tertio morbi die medicinae vel purganti vel vomitoriae locus esse possit; natura tunc demum biliosum humorem ad ventriculum et intestina deponente, turgorisque signa luculenta satis exhibente. Sub fervido autem Jove biliosae febris tanta saepe est vehementia, ut vel primo morbi die magno cum impetu exitum quaerat biliosus humor, insigni acrimonia partes animales lacessens. Quem tunc illico evacuari, magnopere expedit, ne partim inflammatione, partim putredine, citam mortem afferat. Quamvis vero hic maturus turgor in febribus biliosis, quibus indoles haud adeo maligna est, quales in nostris regionibus occurrunt, rarissime conspiciatur, ut *Hippocrates* vere affirmaverit, plurima sive plerumque non turgere: fieri tamen solet, ut, neglecto tempestivo medicinae evacuantis usu, etiam hae febres, etsi benignioris indolis, in putridas degenerent.

Enimvero mitissimis remediis haec res utique peragenda est, qualibus quoque veteres medici hunc in finem usi sunt; atque optabile semper est, ut vomitione biliosus humor plurima saltem ex parte evacuari possit, quum purgantia medicamenta, si benignos tamarindorum fructus, nec multo efficaciorem tartarum depuratum exceperitis, debilitatem, hisce in febribus valde ominosam, facile adducant. Est tamen, ubi fortiora remedia minime reformidanda sint: fit enim interdum, maxime in morbis biliosis vehementioribus, iisque epidemicis, ut magna biliosi humoris colluvies in ventriculum intestinave simul incumbat, tantaque sit harum partium imbecillitas, ut impares sint tantae colluviei, quae vires prorsus supprimat, expellendae. Tunc profecto aegrotus in magno discrimine versatur, nisi medicamentum sat efficax, aut vomitorium aut purgans, illico in usum vocaverit medicus; etenim talis est canalis alimentarii languor, immo torpor, qualis mitioribus remediis, aut efficacis medicinae praebiis minoribus, pedetentim oblatis, ad evacuationem excitari nequeat. Jam periti medici est, si sursum turgeat morbosus humor, ipecacuanhae non minimam dosin augere tartaro stibiato; si autem deorsum turgeat, mercurio dulci ad frequentiores dejectiones intestina incitare. Atque his caussa continetur, cur in febre biliosa Americanorum eaque pessima, quam flavam dicunt, ab aurigine, qua sat cito totum corpus perfundit, mercurii dulcis usum saluberrimum repererunt *Rushius* medicique hunc secuti.

Quae vero de febre biliosa hactenus ad illustrandum hunc Aphorismum proposui, ad totum morborum biliosorum genus applicanda sunt. Profecto verissime parasiticam naturam bilioso morbo tribuit *Stollius*, ut eo tempore, quo in morbis dominatum habuerit, morbis fere quibuscunque, etiam gravioribus, v. c. apoplexiae, epilepsiae, erysipelati maligno, exanthematibus acutis, peripneumoniae, aliisque bene multis forma diversis naturam suam communicet.

Fuerunt quoque inter majores, qui hunc Aphorismum ad inflammationes referrent, rati, de sanguinis missione quoque intelligi posse, ad curationem gravioris inflammationis, imprimis, si nobiliorem partem teneat, illico instituenda. Sed ut certissima sit haec in hoc morborum genere curatio: sic veteres tamen de sanguine nunquam dixerunt, quod turgeat, nec de sanguine crudo vel cocto disputarunt; quibus cruditatis et coctionis notionibus, ad biliosum morbum proprie pertinentibus, tota haec veterum medicorum doctrina nititur. Ceterum inter commentatores hunc Aphorismum optime illustrarunt *Hollerius* et *Riegerus* (*Hippocratis Coi Aphorismi notationibus variorum illustrati*. Hagae Comit. 1767).

Aphor. XI.

Quibuscunque tormina, et circa umbilicum labores (sive molestiae vel dolores), *et lumborum do-*

lor, si haec non solvantur nec purgatione, nec alio modo, in hydropem siccum firmatur (vel confirmatur, scil, morbus),

Legit *Lefeburius*: *τὰ δὲ μὴ λυάμενα μήτε ὑπὸ φαρμακίης*, i. e. quae non solvuntur, vel, si haec non solvantur nec etc, oratione fortasse accuratiori, cujus idem tamen est sensus. Transcriptus videtur hic Aphorismus ex antiquissimo *τῶν κοακῶν* Libro (*Coacarum praenotionum Libro*), locis, quae mox indicabo.

Hydrops iste siccus, secundum recentiorum medicorum sententiam, idem prorsus est morbus, quem tympaniam vel tympanitem dicimus hodie, vernaculo nostro sermone *Trommelsucht*. Siccum hydropem vocasse existimant, quoniam forma et specie exhibeat tumorem abdominis hydropicum, atque sic ascitem aemuletur; minime tamen esse cum colluvie aquae vel seri, quamvis omnino diuturnitate sua tandem hunc hydropem humidum sive ascitem sibi consociet; quae omnia de tympanite recentiorum recte praecipiuntur. Num vero ad hydropem siccum, de quo in nostro Aphorismo sermo flt, jure referri et adcommodari possit, in epilogo hujus lectionis examinabo, dicturus primo de illo morbo, quem tympanitem hodie medici vocant. Est vero in hoc solus spiritus, sive aer elasticus, quem hodie post *Helmontium* Gas vocamus, qui intestina, atque in his maxime colon in tumorem expandit. *Hebenstreitius*, medicus poeta, olim in *Carmine de homine sano et aegroto* versibus sat eleganter pinxit:

Aerei quandoque tument abdomine flatus,
Tympana dant nomen morbo, nec nomen abhorret,
Scilicet ut tenso resonant cava tympana velo
Contentaque tremunt, si quis percussit, ab aura.

Aphorismus noster, praecipue in exponendis signis versatus, ex quibus primam tympanitae, nostri etiam verique, originem deprehendamus, commemorat tormina, variosque circa umbilicum molestias, doloresque ad lumbos propagatos. Atque hae molestiae circa morbi initia statim adsunt. Potest autem medico ab initio dubium esse, num forte colicus morbus adsit, maxime illa colicae species, quam flatulentam dicunt, in qua alvus etiam clausa est. Sed colica non adeo in longius trahitur, alvoque emollita fluxaque finitnr. Quam ob rem tum olim factum est, tum hodie haud raro fit, ut medici, qui ab hoc morbo sibi imponi patiantur, ad usum purgantium medicamentorum, etiam efficaciorum, quum alvus per plures dies pertinaciter clausa sit, animum vertant. Quo pessimo consilio nihil aliud efficitur, nisi ut morbus, qui vix incoeperit, celerrime crescat, et prorsus firmetur. Veteribus, si hunc errarent errorem, ignoscendum, quum erroris justam veniam ex natura morbi nondum satis cognita et perspecta utique mereantur. Nostri autem homines, si eadem chorda oberrent (oberrare tamen video recentiores adeo therapiae scriptores), nil profecto habent, quo temeritatem suam excusent. Etenim jam pridem *Fridericus Hoffmannus* naturam tympanitae accurate exposuit, eamque in spasticis intestinorum motibus, quibus, contracta una intestini parte, vicina majorem in modum dilatetur et expandatur, collocandam esse, recte statuit. Hanc morbi naturam quum, duce experientia, penitius perspectam haberet *Hoffmannus*, damna, quae tum purgantia remedia afferunt, tum ex carminativis calidiora, si praemature in usum vocantur, ingenue adnotavit. Cur vero, si tam noxius est in hunc morbum medicinae purgantis effectus, hujus tamen medicinae meminit *Hippocrates*? Etsi vero nostrum tympanitem

Cous minime novisse videtur, tamen crediderim, purgantis medicinae mentionem fecisse, ut medicos commonefaceret, ut a toto hoc medicamentorum genere aegrotis caverent, in quibus tympaniticae affectionis vel aliquis metus esset. Atque in hac mea sententia argumento confirmor Aphorismorum, qui hunc proxime excipiunt: siquidem in his sermo fit, tum de iis morbis, qui purgantis medicinae usum vetant, tum generatim de provido hujus medicinae usu cautelisque, quas in ea recte administranda observet medicus. Haec de damno, quod purgantia medicamenta his aegrotis inferant, monuisse sufficit: satis jam est, aegrotorum dolores, morbique graviora symptomata non tolli, sed augeri potius hoc medicamentorum genere.

Addit vero Aphorismus noster, morbum in siccum hydropem firmari, si nec purgatione, nec alio modo solverentur horum aegrotorum dolores. Cognitum igitur habuit *Cous* alium modum, aliam forte medelam, quam natura huic morbo afferat. Cognovisset certe, si morbum ex sua cognitum habuisset experientia; haec enim utique medicos seriorum temporum docuit, tympanitem frequentiorem esse in feminis, in quibus tum ex fluxu menstruo, eoque suppresso, tum quoque e lochiis interceptis oriatur. Nec salus his feminis redit, nec morbus perfecte sanatur, nisi uterus officio suo, menstrua quidem purgatione, legitime fecerit satis. Inter viros morbus raro observatur; si obvenit, fere ad morbum haemorrhoidalem pertinet, solviturque demum in juniori aetate haemorrhoidum fluxu. Haec medela est, quam natura feminis virisque affert tympanite affectis. Viri aetatis provectioris, quae a senectute parum abest, si aliqua tympanitae specie laborant, mox ad ascitem perveniunt. Rarissimus certe est verus tympanites in juvenibus: unius tantum memini juvenis, qui inter rusticos labores, dum fervida aestate, messis tempore, corpus aestu et sudoribus fractum, puta ex vicino fonte, aqua frigidissima reficere vellet, subito in verum tympanitem incidit.

Explicui et illustravi hactenus Aphorismum, sententiam secutus doctissimorum virorum, qui de tympanite intelligendum esse volunt. Fateor quoque, totam Aphorismi orationem ad hunc morbum declarandum aptam mihi videri et adcommodatam. Audiendus tamen est *Prosper Mar-*

tianus, qui, ut propter longum artis salutaris usum inter *Hippocratis* commentatores medicis semper maxime probaretur, ita eruditionis laude nemine inferior est. Hic quidem, argumentis usus minime levissimis, contendit, de tympanite recentiorum prorsus non sermonem fieri in hoc Aphorismo, sed potius de singulari hydropis ascitae forma, quam siccum hydropem vocaverit *Hippocrates*; quoniam esset cum sicca corporis constitutione. Porro haud male contendit, inepto sermone usum fuisse *Hippocratem*, si hydropem morbum vocasset, in quo nulla esset aquae accumulatio. Dum omnia sua argumenta fusiori sermone exposuit *Prosper Martianus*, praecipua tantum protuli; reliqua ipsi legitote, si praestantissimo scriptore potiri poteritis. Quaerenda autem non sunt in *Commentario in Aphorismos*, in hoc enim hunc Aphorismum prorsus omisit, ut facere solet, si rem alio loco jam pertractavit: exposuit vero sententiam suam in *Commentario in Librum Hippocratis*, qui inscribitur *de ratione victus acutorum morborum*, et quidem *Sect.* IV[ta]. Addam *Prosperi Martiani* argumentis aliud, idque, si quid recte video ego, minime levissimum: puto, si de tympanite dicere voluisset, *Hippocratem* vel in hoc Aphorismo, vel saltem in aliis suorum librorum, miri adeo morbi symptomata luculentius descripsisse. Nunquam autem memini, me in *Coi* libris luculentam legisse tympanitae descriptionem; commemorat quidem hydropem siccum in *Coacis*, in fine *Sectionis* II^dae^ *art.* 279, nec non in *Sect.* III^tia^ *art.* 286, sed hisce ex locis nil lucis affunditur Aphorismo, qui potius ex iis, imprimis ex priori loco, transcriptus videtur. Videtur igitur antiquissimis temporibus nondum satis cognitus et perspectus fuisse hic tympaniticus morbus. Certe morbus, quem Graeci Romanique artis medicae principes tympanitae nomine descripserunt, quem postea illustrarunt veteres *Hippocratis*, etiam post instauratas bonas literas, commentatores, ad tympanitae eam formam pertinet, quam, ascitae junctam, abdominalem dixerunt recentiores medici. *Baglivus* fere primus fuit, qui tympanitae intestinalis veriorem exhiberet ideam, quam postea egregie illustravit *Fridericus Hoffmannus*. Itaque, quem *Hippocrates*, ex quo omnes discerent et sua haurirent veteres medici, hydropem siccum vocavit, solius intestini morbus vix fuit, sed ascites, qui aliquem sonum abdomine pulsato exhiberet, quemque ideo *Cous* siccum diceret, quoniam in corporibus siccioribus calidioribusque, seu, secundum nostrum loquendi morem, irritabilioribus conspiceretur (cujus hydropis ex mente *Hippocratis* sicci, sed jam longius progressi, singulare eximiumque exemplum in schola clinices nostrae a nonnullis diebus Vobis propositum est): quum contra ascites, longe plurimis in exemplis, homines laxos torpidosque male habeat, et non nisi lente increscat, et molliorem abdominis tumorem, saltem ab initio, exhibeat; qui certe pulsatione non prius resonet, quam in summo morbi fastigio, peritoneo et abdominis velamentis majorem in modum distentis. Vix igitur dubius haereo, quin ad *Prosperi Martiani* accedam sententiam, hydropem, quem in nostro Aphorismo vocavit *Hippocrates* siccum, ad tympaniam recentiorum referendum minime esse, sed potius atque omnino ad ascitem pertinere, quem siccum vocaverit propter siccitatis, tum in distento abdomine tum in toto corpore, signa luculenta, in plurimis, qui ascite laborant, propter contrariam corporis constitutionem, laxam nempe et torpidam, minime conspicua.

Aphor. XII.

Quibus alvi lientericae (sive, qui laevitate intestinorum afficiuntur), *hyeme sursum purgare, malum.*

Hoc in Aphorismo *Hippocrates* vetat vomitoriae medicinae usum in lientericis, atque id quidem hyeme. Ex quo sequitur, ut generatim universimque hujus medicinae usum in curatione hujus morbi minime vetuerit. Quid? quod in II^do^ *morborum popularium Libro* (*Sect.* II^dae^ *Art.* 49. sed cf. quae praecedunt), quem tamen *Hippocrati* vindicare nolim, exemplum *Lyciae* occurrit, quae lienteria affecta hellebori potu sanata est. Quem locum *Celsus* (Lib. IV^ti^ cap. 16to) ante oculos habuisse videtur, quum ad *Hippocratem* provocaret, *prodesse lientericis vomitum, etiam albo veratro evocatum, si cetera parum proficiant.* Itaque, quum vomitum in lientericis non prorsus rejiceret *Cous*, cur malum pronunciat tempore hiberno? me quidem caussam non perspicere, quae efficiat, ut imprimis hyeme noceat haec medicina, ingenue fateor; nec rationes mihi faciunt satis a commentatoribus excogitatae, etsi ex *Galeni* illustratione haud parum lucis in hunc Aphorismum spargatur. Sed ad *Pergamenum* revertar, de caussis morbi dicturus. Vetuit quidem *Hippocrates* Aphor. hujus Sect. IV^{to}, hyeme superiores ventres purgari, quo anni tempore inferiores potius purgari conveniat; vetuit Aph. V^{to} purgationes per inferiores ventres aestate; idemque docet Aph. VII^{mo} de iis, qui difficulter vomant. Quae *Coi* doctrina de vomitoriae medicinae tempore aestivo, et de purgantis praestantia hiberno tempore, utique consona est pathologiae *Hippocratis*, naturam morborum aestivorum ex bile, hyemalium autem ex muco sive pituita declarantis. Constanti quoque experientiae respondet, bilem facilius sursum, mucum contra deorsum optime expurgari. Porro, quum adstrictiora corpora sint hyeme, hoc anni tempore difficilior et molestior fit vomitus, imprimis vehementiori remedio provocatus; qua de re *Hippocratem* ipsum audiemus Aphor. hujus Sectionis XIII^{tio}. Quae omnia vero etsi satis doceant, cur hyeme non facile dederit medicamen vomitorium *Hippocrates*, ex his tamen nullo modo liquet, cur imprimis illo anni tempore rejiceret in lienteria.

Habetis, Auditores, quae afferri possunt

pro *Hippocratis* hoc in Aphorismo sententia, lientericos a vomitoriae medicinae usu hyeme interdicente; quae partim quoque attulerunt commentatores veteres, dum recentissimis, qui de honore hodie concertare videntur, *Divi Coi* oracula explicandi, de hac difficultate ne per somnium quidem quidquam in mentem venerit. Enimvero, etsi imparem me profitear huic nodo extricando et solvendo, rei satis obscurae nonnihil tamen lucis affundere me posse puto, si, quae ad cognoscendam penitiorem naturam lienteriae pertinent, Vobiscum communicavero. Etenim, natura hujus morbi perspecta, facile dijudicabitis, non quidem, quo anni tempore vomitorium medicamentum lientericis praebere satius fuerit: sed hoc tamen, quando cum vomitorio medicamine in hoc morbo satis se cure periculum fiat, quando contra hujus medicinae usus prorsus temerarius sit, et penitus rejiciendus.

Notas sive signa hujus aegritudinis strictim quidem, satis tamen accurate, exposuit *Celsus*, loco, quem antea laudavi, inquiens: *intestinorum laevitas, qua continere nihil possunt, et quicquid assumtum est, inconfectum protinus reddunt.* Ab hoc celeri alimentorum vixdum assumtorum, et concoctionem non expertorum per intestina descensu morbus nomen traxit, dum medici veteres putabant, celerrimum illud ciborum vix assumtorum et parum mutatorum profluvium non cogitari posse, nisi magna lubricitate et veluti laevitate peccarent intestina. Vocabulum graecum, λειεντερία, verbotenus latine reddidit *Celsus*, morbum dicens laevitatem intestinorum; quem imitati sunt Germaniae nonnulli medici, qui morbum nominabant *den glatten Bauchfluſs*. Hodie a nonnullis nominari video, *die Magenruhr*; certe minus apte, dum in dysenteria faecum potius adest retentio, minime profluvium. Recte *Celsus* in luculenta dysenteriae, quam tormina vocat, descriptione: *cum dolore exiguum aliquid emittitur*; itaque, si cui sordet Graecum Romanumque hujus aegritudinis nomen, ut ad naturam morbi vernaculo sermone exponat, vocare debet minime *die Magenruhr*, sed potius *den Magendurchfall*. Veterum autem medicorum nonnulli, ut rationes sibi redderent de illa intestinorum laevitate, morbi caussam invenisse sibi visi sunt in aliqua intestinorum vulneratione sive ulceratione, quae efficiat, ut irritata cibis intestina ciboscontineri nequeant. In hac sua opinione confirmati quum viderent, dolores saepe adesse in hoc morbo, in eoque acria simul descendere alvi excrementa, saniemque referentia, immo adeo vermes (quod in *Coacis* adnotatum jam legitur, Sect. III[tia] art. 297 et 300): rejectae huic veterum opinioni aliam substituerunt postea, quam imprimis *Ruyschius* ultra se deprehendisse putavit, totamque morbi naturam ex pyloro nimis patulo et relaxato declaravit. Quod secus tamen visum est *Morgagno* (*De sedib. et causis morbor. Ep.* XXI. *No.* 15), qui pylori orificium vidit multo quam soleat amplius, et nullo exstante annulo instructum, majori saltem ex parte, idque in sene, qui nil lienterici per totam vitam esset passus. Illa vero lienteriae species, quae cum dolore et torminibus est, et in qua simul per intestina morbosus humor descendit, cum ulceratione intestinorum utique esse poterit, ut adest interdum in dysenteria longiori. Ex quo colligimus, lientericum morbum modo simpliciorem esse, si cibi concoctione immutati sine dolore, celeriter, dum vix assumti fuerint, per intestina descendunt: modo accessione alius aegritudinis auctum sive, ut nunc in scholis dicimus, compositum, si una cum cibis parum concoctis, immo corruptis, morbosae sordes, juncto etiam dolore haud exiguo, celeriter ex alvo recluduntur. Simplicem lienteriam, quippe ex nullo alio praegressoque morbo, sed per se ortam, dicimus primariam seu protopathicam; compositam autem, quoniam effectus est praegressi alicujus morbi, secundariam sive deuteropathicam nominamus. Quod vero ad caussam continentem sive proximam lienterici morbi, maxime primarii, attinet, ea subtilior mihi videtur, quam ut sensuum ministerio deprehendi, aut post mortem hominis cultro incisoris possit ostendi. Etenim de iis, quae extispicio declarantur, tantum non semper dubium manet, utrum caussarum loco, an pro effectu morbi, imprimis longioris, habenda sint; quod imprimis valet de pyloro ampliori et relaxato, si in funere lienterici reperitur. Recte igitur veteres medici, atque inter hos vel primus *Galenus*, eo contenderunt, ut contemplatione totius morbi aditum sibi pararent ad cognoscendam proximam ejus caussam; de qua haec habet *Galenus: Fit ex facultatis retentricis debilitate; consequitur autem ad omnium, quae ad alvum pertinent, instrumentorum intemperiem, hoc est ipsius ventriculi, in quem cibos devoramus, et eorum, quae illos ex hoc suscipiunt atque transmittunt, intestinorum.* Quae *Galeni* verba, si eo sermone interpretamur, qui nostrae doctrinae hodie respondet, lienteriam fieri, dicemus, ex defectu illius actuositatis vitalis, quae ventriculo et primo intestino ad concoctionem ciborum priva et propria est. Sive igitur hae partes justo sensiliores sint, ut in feminis hystericis, quas interdum hic morbus male habet; sive irritabilitate excedant, sive digestivi liquores satis efficaces nec parentur, nec chymo admisceantur; sive denique, quod fere aliter longiori in morbo cogitari nequeat, omnia illa simul paulatim concurrant vitia: lienteria oritur, eaque primaria. Quod vero cibi in chymum non mutati, concoctionemque aut nullam aut admodum imperfectam passi, per intestina celeriter descendant, prorsus mirabile non est, quum valde incommodo sint intestinis acri stimulo, qui ad citam transmissionem et excretionem intestina urgeant. *Aretaeus*, cujus pauca tantum de hoc morbo ad nos pervenerunt, breve *Hippocratis* dicendi genus interdum sat feliciter imitatus, lienteriae caussam ex calido in intestinis refrigerato, id est, ex vi vitali harum partium labefactata repetit, cum *Galeno* igitur consentit. Profecto! his meliora de caussa et natura hujus morbi vel hodie non noscuntur, nec meliora attulit recentissimus de hoc morbo scriptor *Friedreichius*, Professor Herbipolitanus.

Hactenus de lienteria primaria, quae certe minus frequens est, dum plurima hujus morbi exempla ex aliis morbis demum progrediantur, ideoque ad eam lienteriae formam pertineant, quam vocavimus secundariam. Nascitur haud adeo raro haec lienteriae species ex longiori alvi profluvio, imprimis ex dysenteria diuturna. Originem quoque trahere posse ex aliis morbis viscerum abdominis, maxime eorum, quae liquores digestivos secernunt, jecoris et pancreatis, porro ex intestinorum et mesenterii ulceratione, scriptoribus id affirmantibus facile crediderim. In hac lienteriae specie alvus non profert cibos, ut assumti fuerint, immutatos, sed aliquam concoctionem expertos: una vero prodeunt faeces acres, saniosae, male olentes atque in putredinem pronae, sociis interdum, quod vetustus *Coacarum* scriptor jam adnotavit, vermibus intestinalibus. Hujus lienteriae ut sibi rationes redderent, veteres, *Galeno* et *Aretaeo* testibus, statuerunt, ulcuscula nasci in intestinis, aphthis oris simillima, quae etiam cicatricibus suis intestina laevigent, efficiantque, ut continere nil possint; addit vero perite *Aretaeus*, has cicatrices non semper adesse. Praeterea vero, quod cum aliqua exulceratione intestinorum, vel partium prope sitarum, lienteria utique esse possit, fefellit facile veteres medicos, ut pro aphtharum reliquiis haberent mucum coactum et in squamarum speciem formatum, qui in omnibus gravioribus longioribusque alvi profluviis cum excrementis saepe rejicitur.

Habetis jam, Auditores, meam hujusce morbi explicationem; quam eo libentius Vobiscum communicare volui, quo magis intelligerem, scriptores lienteriae accuratiorem explanationem neglexisse. Quod vero ad usum m e d i c a m i n i s v o m i t o r i i adversus hunc morbum attinet, facile jam perspicietis, huic remedio locum tantum esse in lienteria primaria, morbo nondum adeo inveterato, et ex majore, saltem abnormi ventriculi irritabilitate ortum habente; ut metus gravioris morbosae affectionis, vel in ventriculo, vel in intestinis, vel in partibus hisce vicinis, prorsus absit. Ex quo sequitur, ut vomitorium medicamentum in lienteria secundaria tantum non semper temere propinetur, caussa morbi altius recondita. Nec in primaria lienteria vomitum ciebimus fortiori medicamento, sed mitissimo, quo nunc potimur, ipecacuanha. Cujus rei minime ignarus *Aretaeus*, sed mitioribus medicamentis destitutus, in morbi initio simplicem laudat a cibis vomitum, veteribus familiarem, periteque addit, si per aliquod tempus morbus prorogetur, ejusque caussa firmam sedem occupet, nihil opis vomitum adferre. Quae quum ita sint, morbusque non solum medicorum conatus prospero eventu facile frustretur, verum etiam ad tabem hydropemque aegrotos ducat: facile intelligitis, cautissime versari oportere medicum in praesagiendo morbi eventu, curationisque effectu. Quae vero ad totam in hoc morbo prognosin faciunt, nullibi accuratius adnotata invenietis, quam apud *Hippocratem*, *Praedictorum Lib.* II^{di} *art.* 31mo.

Ut vero ad quaestionem revertar, cur hyeme vomitorium in hoc morbo rejiciat *Cous*, hanc denuo animo volventi et mecum reputanti illico in mentem mihi venit Aph. 15^{tus} Sect. I^{mae}, in quo *Hippocrates*, demonstraturus, *tempore hyemis copiosiori cibo indigere homines*, hanc caussam affert, *ventres hyeme et vere calidissimos esse, ideoque cibo copiosiori reficiendos*, hancque suam doctrinam firmat adolescentium et athletarum exemplo. Ex quo Aphorismo, ut hoc obiter adnotem, id quoque perspicitur, de quo inter doctos viros dudum convenit, calore illo hominis naturali, quem connatum quoque *Hippocrates* dicit (θερμὸν ἔμφυτον), *Coum* significasse vim vitae sive actuositatem vitalem, in humano corpore omnibusque ejus partibus insitam; τὰ ὁρμῶντα, sive impetuosius moventia aut impetum facientia, vim vitae alias dixit *Hippocrates*. Atque certe calor insignis est τῶν ἐνορμώντων effectus cum ipsa vita conjunctissimus. Quibus Vestrum haec antiquissima *Hippocratis* placita de vi vitae homini congenita nondum sordent, legant doctissimam *Commentationem*, omnibus certe numeris absolutam, quam de hoc impetum faciente *Hippocratis* olim scripsit *Abrahamus Kaau Boerhaavius*, immortalis avunculi, cujus nulla unquam aetas silebit nomen, doctissimus nepos. Quid ergo? si ad Aphorismum nostrum revertens dixero, *Hippocratem* lientericos a vomitoriae medicinae usu hyeme interdixisse, ne acriori medicamento exstingueretur naturalis ventriculi calor; qui forte et in his aegrotis eo anni tempore paulo rediret auctior, aut saltem cujus imminuendi majus esset hyeme periculum. Sed haec, qualiacunque sint, Vestrae meditationi committo, immo etiam commendo: quum vero perspexerim, scriptores recentiores, si unum *Swietenium* excepero, et pauciora illa, quae de hoc morbo habent *Rud. Aug. Vogelius* et *Burserius*, parum studii et diligentiae collocasse in definienda lienteriae natura et curatione, totam hanc rem diligentius exposui, eo imprimis consilio, ut, perspectis et expensis lienteriae caussis, de morbi curatione, vomitusque in ea usu ipsi judicaretis.

Aphor. XIII.

Ad helleboros (latine, ab helleboris), *qui non facile sursum purgantur, iis ante potionem* (scilicet hellebori) *praehumectare corpora* (scilicet confert, vel praehumectato), *pleniori* (copiosiori) *cibo, et quiete.*

Paulo aliter hunc Aphorismum legit *Lefeburius* et quidem sic: His, qui haud facile sursum purgantur in helleborismis (scilicet, administratione hellebori), ante potionem (hellebori) praehumecta (seu praehumectare convenit) corpus pleniori (seu liberaliori) sorbitione, et dein cibo exiguo firma, scilicet ventriculum. Videtis, lectionem *Lefeburii* ab ea, quam post *Galenum* omnes secuti sunt, non nisi in eo discedere: primo, quod addat, corpora praehumectanda esse ante potionem hellebori πλέιονι ῥοφήματι, pleniori sive copiosiori sorbitione; deinde quod τροφῇ, cibo vel alimento, intelligi velit de cibo exiguo; denique quod ἀναπαύειν, quiescere, per metaphoram roborare vel recreare et reficere vertat, et ad ventriculum revocet. Qua in re, quod ad copiosiorem sorbitionem attinet, cibumque exiguum medicamento praemittendum, *Dioscoridem* sequitur *Lefeburius* (Lib. IV. cap. 145 apud *Mathiol.*): *Dioscorides* vero nil dicit, nisi quod alii helleborum propinent cum alicae cremore, succo ptisanae, aliave sorbitione, alii autem paucum antea dari cibum praecipiant. Atque certe veteres medici in dando helleboro, rationes habentes tum totius corporis, tum ventriculi virium, non uno semper eodemque modo vehementissimum praebuerunt medicamentum. Sed hac de re postea. Quoad *Lefeburii* observationem circa verbum ἀναπαύειν: verum quidem est, Aph. 3^{tio} Sect. I^{mae} ἀνάπαυσιν dici de refectione corporis per cibum; sed praeterea quod ceteri cuncti ibi legant ἀναθρέψιες, minime ἀναπαύσιες, etsi de hac refectione in nostro Aphorismo sermo esse utique possit, quum brevi ante hellebori potionem ventriculum pauco cibo firmare et reficere praestet: tamen, quoniam primarius verbi ἀναπαύειν sensus de quiete utique intelligendus est, atque quies ad humectanda corpora plurimum confert; de hac quoque ad helleborismum praeparatione in Aphorismo *Hippocratem* praecepisse, verisimile est. Subtiliorem hanc verborum perscrutationem minime debemus fastidire, neque putare, ad philologos tantum pertinere et grammaticos; etenim nisi de verbi sensu sat accurate constiterit, vana est interpretatio: hanc contra, medicinae consonam, frustra requiremus a grammatico, medicinae ignaro. Itaque, quicunque medicorum e purissimis limpidissimisque veterum scriptorum fontibus haurire volunt, in linguarum eruditarum studio satis versati esse omnino debent.

Sed jam aggrediamur nostri Aphorismi argumentum. *Hippocrates* postquam Aphorismis hoc prioribus medicinae vel sursum vel deorsum purgantis rationalem usum docuit, ad medicamentum venit ad utramque purgationem efficacissimum, idemque vero vehementissimum, helleborum, quem quando simpliciter laudat *Hippocrates*, albus intelligendus est. Isque ad ciendas vomitiones efficacissimus est, quamvis alvum non minus vehementer moveat. Longissimo usu (pertinet enim helleborus, ut nuper jam monui, ad antiquissima medicamina) didicerunt veteres medici, quo citius e corpore eliminaretur, eo minus periculi in hoc remedio inesse; contra, si non facile vomitu rejiceretur, robustis imprimis corporibus summum periculum strangulatione et convulsionibus inferre (Sect. IV. Aph. 16. Sect. V. 1.). Hinc delectu prudenter habito homines inter facile et difficile vomentes (*εὐημέας* et *δυσημέας*), quibus posterioribus cautissime helleborum concedebant, omnes, quibus hoc remedium daturi essent, ita ad vomitum praeparabant et disponebant, ut a sumto remedio citum et expeditum vomitum experirentur. Atque de hac curatione ad helleborismum praeparatoria Aphorismus noster praecipit, huicque curationi tempus interdum dabant plurimorum hebdomadum. Quae vero hunc in finem laudat, ita comparata sunt, ut et ventriculum et totum corpus non possint non mollire, laxare, et justo moderamine debilitare. Vult enim, corpus satis praehumectari, eo certe victu, quem praescribit in *Libro de victus ratione in acutis*, nempe ptisana hujusce cremore, succo alicae, similibusque in sorbitionem datis. Recte vero atque prudenter brevi ante medicamentum exiguum cibum aegrotis offerebant, probe gnari, faciliores semper vomitiones experiri, qui non penitus jejuni sint. Quod consilium hodieque sapienter sequimur, si aegrotos debiliores mitioribus nostris medicamentis ad vomitiones cogimus.

Porro, ut securus fiat ab helleboro vomitus, hominem quiescere jubet; motu enim vis medicamenti magnopere augetur. De quo quietis motusque contrario in vomiturientes effectu pluribus nos erudiet *Hippocrates* duobus Aphorismis, XIV^{to} et XV^{to}, qui nostrum proxime excipiunt. Hanc curam veteres medici adhibuerunt, ut debita corporum praeparatione, justoque remedii exhibendi modo, aegrotique post sumtum remedium regimine, acerrimum remedium, cujus actuositatem cum vi ignis comparat *Aretaeus*, secure darent. Haud minus cauti fuerunt in medicamine parando. Dabant cum sorbitione, affundebant acetum, primisque infusionibus rejectis, tanquam acrioribus, tertiam vel quartam demum remedii infusionem propinabant. Raphano rusticano nonnullas hellebori fibras inserebant, acetumque affundebant, atque ex hoc aceto exemtum raphanum, remotis antea curiose hellebori fibris, aegrotis mandendum dabant. Pani, qui fornace coqueretur, indabant hellebori nonnihil, ut coctione mitesceret; quem in finem quoque mel addebant, singularique artificio vinum helleboro infecisse videntur. Etsi vero tam cautos se praeberent in hujus medicamenti administratione, quam ex longo usu nossent securam: tamen non nisi in longorum morborum, eorundemque ad mitiora remedia refractariorum medelam in usum vocarunt; in acutis autem morbis totum id medicinae genus, vehementiores quod facile inferat motus, prorsus rejecerunt. Quam blanda curatione acutos morbos tractarent, quam benignis in horum morborum curationem uterentur remediis, ut vomitum molirentur, alvumque ducerent, imprimis videre est apud *Celsum Lib.* II^{do}, qui dignus certe est, non solum ut legatur, sed ut in exemplum, quod hodieque imitemur, proponatur. Contra a vehementiori motu et commotione, qua helleborus viscera exerceret, salutem sperarunt in diuturnis morbis, iisque longe gravissimis, v. c. epilepsia, vertigine, melancholia, mania, lepra, elephantiasi, febre quartana, ischiade, aliisque plurimis corporis humani adfectibus, satis certae atque mitioris curationis antiquis illis temporibus expertibus. Longo usu edocti eo tandem pervenerunt veteres, ut multi securiorem dandi hellebori rationem invenirent, discerentque, celerius erumpere remedium paulo liberalius datum. Atque sic factum est, ut, *Plinio* (*Natur. hist. Lib.* XXV. *cap.* 5) teste, tam promiscuus demum esset hellebori usus, ut plerique studiorum gratia, celebri *Carneadis* contra *Chrysippum* disputaturi exemplo, ad perridenda acrius, quae commentabantur, sumtitarent.

Brevi sermone Vobis hactenus exposui, Auditores, quantum pretium veteres statuerent helleboro, quantam virtutem tribuerent remedio, ad quod, seu ad sacram anchoram, confugerent in maximis et fere desperatis morbis. Nonne merito doleamus, cum seriori aetate nos non potiri tanto morborum praesidio et Deo veluti averrunco? nostrum enim veratrum a veterum helleboro satis diversum, nec manca sui hellebori, quam veteres nobis reliquerunt, descriptio sufficere videtur ad definiendam, qua veteres usi sunt, plantam. Enimvero vix esse puto, cur doleamus: remediorum enim paucitate adeo non laboramus, ut obruamur potius multitudine; doleamus potius, tot praestantissimos veterum medicorum libros iniquis fatis et injuria temporum perditos! Exstat in Hippocraticis codicibus parvus *Libellus de helleboro* (περὶ ἐλλεβορισμοῦ) inscriptus, sed ex omni parte vix genuinus; initium tamen libelli Hippocraticam doctrinam utique redolet, quo etiam cum nostro Aphorismo ii, qui hunc proxime excipiunt, leguntur, ideoque ex illo libro transcripti videntur. Si qui vero Vestrum has curationes, quas helleboro perficiebant veteres, accuratius nosse cupiunt, doctissimam legant commentationem, quam *de helleborismis* veterum quondam scripsit *Joannes Henricus Schulzius*, vir suo tempore ut in historia medicinae, ita in antiquitatibus hujus artis longe versatissimus.

Veratrum nostrum venenositate sua Graecorum illud fere vincere videtur. Tentatum tamen fuit inter primos fere, ni fallor, a *Conrado Gesnero Tigurino*, viro incomparabili, qui floruit seculo XVI^to^, atque vinum suum helleboratum et oxymel helleboratum plurimis celebravit laudibus. Nostra memoria cum nostro veratro pericula instituerunt *Gredingius*, cujus auctoritati plurimum defero, et *Wendtius*, qui Erlangae olim medicinam professus est. Priori profuisse visum est maniacis et melancholicis, sed perfectae sanationis exemplum desidero. Neque tam magna praebia remedii summe venenosi maniacis et melancholicis offerre ausim, etsi minime ignorem, acerrima subinde sat impune ferre hos miseros. Digna porro sunt, quae legantur, observationes, quas locupletissimus *Dioscoridis* commentator, *Petrus Matthiolus*, de sagittis commemorat, succo radicum veratri venenatis, quae vel cum ipso, quod inferrent, vulnere animalia exstinguerent. Ceterum periculorum cum nostro veratro institutorum brevem, sed satis accuratam historiam, quam legisse certe Vos non poenitebit, Vobis enarravit *Joann. Andr. Murrayus* in *Appar. medic. Vol.* V^to^. Etenim brevitati studui ego, non solum, ne taedium Vobis afferrem, verum etiam, ne oleum et operam perdere videar in explicanda re, quam prorsus infructuosam judicavit recentissimus Aphorismorum interpres, *Theotiscus Pitschaft*, qui certe hoc suo commentario de hominibus bonarum literarum ignaris tonsoribusque bene meruit, et gallice loquendo, *qui a mis Hippocrate à la portée de tout le monde!*

Aphor. XIV.

Ubi (quum, simulac) *biberit quis* (aliquis) *helleborum, ad motus corporum magis agere* (vel, ducere oportet). *Ad somnos vero, et quietem, minus. Indicat autem navigatio, quod motus corpora turbat* (sive, motu turbari corpora).

In praecedente Aphorismo *Hippocrates* docuit, antequam daretur helleborus, corpus plurima sorbitione et quiete praehumectandum esse, maxime in eo, qui difficulter vomeret. Jam in hoc Aphorismo, eoque, qui hunc excipit, docet, quae agenda sint, quae a medico imperanda aegroto, postquam helleborum biberit. Vult, aegrotum compellari, ut corpus moveat, nec facile permitti aegroto, ut quieti et somno se dedat; etenim eo minus in hoc remedio est periculi, quo citius rejicitur vomitu. Et in hoc vehementiori et praesentiori remedii effectu summum quaesiverunt veteres medici longorum gravissimorumque morborum praesidium. Hoc quidem se potituros esse, opinati sunt, non adeo vomitionibus largioribus iteratisque, sed potius motu et agitatione enormi et vehemente, quam helleborus in toto corpore excitaret, cum omnibus partibus communicaret, et vel tenerrimis insinuaret particulis. Ex hac totius corporis perturbatione, quam helleborus inferat, salutem exspectarunt, in morbis maxime, ad mitius curationis genus omnino refractariis. Quod vero helleborus efficacius in corpus agat motu adjutus, pulcre *Cous* illustrat et demonstrat eorum exemplo, qui, imprimis si navigationi minus assueti fuerint, se mari committunt: hi ingentem sat illico totius corporis aegritudinem experiuntur, quam a praecipuo molestissimoque hujus morbi symptomate Graeci *ναυσίαν*, Romanique nauseam vocarunt; Nostri, *die Seekrankheit*, significantius dicunt. Minus molesta fieri consuescit haec aegritudo, facilique largissimaque vomitione citius in iis compescitur, qui vim morbi aprico in aere in navis constrato sustinent; contra, qui in recessus navis interiores se recipiunt, horrenda nausea et vomituritione inani sic anguntur, ut, ad verum vitae taedium adducti, mortem sibi praeoptent. Tanta quum sit non corporis solius, verum etiam animi perturbatio, quam sanis etiam inferat navigatio, veteres medici navigatione usi sunt ad curationem gravissimorum morborum; quanta vero cum prudentia vim navigationis temperarent, et ad debilia corpora adcommodarent, ex *Celso* disci poterit, *Lib.* III^{tii} *cap.* 22do, quo tabidorum curandorum rationes exponit. Imprimis vero navigationis commoda ad instaurandas vires Methodicorum secta magni fecit; ita quidem, ut navigationem, inter curationum suarum cyclos seu circulos, ad metasyncriticum sive, ut barbare vertit *Caelius Aurelianus* (*Lib.* I^{mo} *chronic.* 1mo *cap. de cephalaea* 24), recorporativum referrent, quo totius corporis habitum mutare et emendare studebant. Qua de re qui accuratius erudiri cupiunt, praeter *Caelium Aurelianum* et *Oribasium*, *Foesium* consulant et *Gorraeum*: priorem in *Oeconomia Hippocratis*, posteriorem in *definitionibus medicis*, utrumque voce μετασυγκρίσις. Brevem quoque, satis tamen accuratam hujusce rei notitiam in *Historiae medicinae* T. II^{do} suppeditabit *Curtius Sprengelius*, vir vere doctissimus, qui in enarranda artis nostrae historia tantam multiplicis eruditionis solidiorisque doctrinae copiam palam fecit, ut omnium politiorum populorum hac de re scriptores longissimo intervallo post se relinqueret.

Sed jam ad Aphorismum nostrum revertamur. Ut efficacitatem hellebori auget corporis motus: ita quies et somnus motus ex eo medicamine oriundos sedat et componit; quo etiam fit, ut quiete atque imprimis somno purgationi, quam medicamentum provocavit, obex ponatur, et veluti frenum injiciatur. Quae tamen quietis et somni potissima vis est ad sistendam purgationem, quae deorsum fit; etenim alvi profluvia, nisi maligniora fuerint, ut in dysenteria fere esse solent, nocturnos inter somnos conquiescunt. Accidit tamen quoque, ut gratus somnus superveniat ei, qui effreni vomitione corpus majorem in modum debilitavit et fere exhausit; atque hoc somno vomitus praecidi plerumque solet. Etenim somno et quiete omnes corporis excretiones, praeter sudorem, minuuntur et sistuntur.

Aphor. XV.

Quando (simulac) *volueris*, *magis agere* (vel ducere) *helleborum*, *move* (vel moveto) *corpus*. *Si vero quiescere* (vel, sistere voles helleborum), *somnum fac* (vel conciliato), *et non moveto*.

Continuatio est hic Aphorismus ejusdem argumenti, quod in superioribus tractavit *Cous*; imprimis vero praecedentis Aphor. consectarium continet et veluti applicationem. Itaque illustratione et interpretatione sat commode carere posse videtur. Quaerere tamen jure Vestro ex me poteritis, p r i m o, q u a n d o post helleborum is, cui hoc medicamentum datum fuerit, corpus movere incipiat, ex sententia quidem *Hippocratis*, u t r u m, dum sumserit, statim et illico, a n post unam alteramve a sumto medicamento horam; d e i n d e, quibus demum remediis somnum aegroto conciliarunt veteres, si sistendam esse judicarent medicamenti nimiam in aegro actuositatem.

Quod ad p r i m a m quaestionem attinet, quae veteres jam occupavit medicos, alii voluerunt, statim post sumtum remedium corpus movendum esse; alii contra statuerunt, aegroto praecipiendum esse, ut non nisi post unam alteramve horam corpus moveat. Neutri, opinor, recte: siquidem a nullo facile mihi persuaderi patiar, *Hippocratem* vel statim post sumtum helleborum motum imperasse aegrotis, vel omnino ad certam horam motus initium constituisse et adstrinxisse. Res profecto eodem modo se habet, ac potus, quo hodie utimur ad facilitandum vomitum. Si illico post sumtum remedium aegro offerimus, vomitum non promovebimus, sed efficiemus, ut potior vis medicamenti ad intestina perveniat, alvumque vehementer moveat; quo fiet, ut in consilio nostro fere penitus fallamur. Quapropter periti medici aegros monent, ut tunc demum potum tepidum affatim hauriant, quando signa instantis vomitionis, frequens spuitio, salivae ex ore fluxus, nausea ipsaque vomituritio satis se prodent. Easdem rationes veteres in jubendo post helleborum vomitu secutos esse, cum *Hollerio* putarem.

Ad alteram autem quaestionem, quomodo somnum aegro conciliaverint, et medicamenti virtutem justo diutius persistentem coercuerint veteres, facilis et expedita est responsio. Etenim primo, nimis exercita vehementi remedio vis cerebri ad somnum invitabit; deinde partium extremarum frictiones, veteribus usitatae, irritatos nervos egregie mulcent, et placidum somnum adducunt; tum medicamentis et mitioribus et efficacioribus, quibus somnifera vis inest, minime caruerunt veteres, quod vel ex uno *Celso* facile disci poterit, qui *Lib.* II^di^ *cap.* 32do mitiora id genus remedia proponit, *Lib.* IV^ti^ *cap.* 25to autem plures catapotiorum compositiones recenset, ex quibus somnum, immo, si improvide porrigantur, stuporem aegroti capiant. Habent haec catapotia papaveris lacrymas sive opium, castoreum, semina hyoscyami et cicutae; ibidemque mitioris ex opio parandi medicamenti somniferi ratio docetur, syrupo diacodion similis. Quae remedia fere cuncta tum ad somnum adducendum, tum ad vomitum sedandum potentissima sunt; imprimis, si ventri simul talia medicamenta admoventur, qualia firmandis intestinis et ventriculo egregie inserviunt, quorum plura *Cael. Aurelianus* proposuit.

Longiori mihi in explicando hoc Aphorismo, nulla fere difficultate impedito, veniam date. Est tamen meum adhuc, quod eorum in gratiam adnotem, qui editione Aphorismorum *Lefeburii* mecum utuntur:

siquidem *Lefeburios* duos hos, quos hodie explicui, Aphorismos paulo aliter legit; ita tamen, ut, praeter verborum ordinem, in sententia *Hippocratis* parum mutetur. Legit tamen Aphor. XIV^{to} non *ναυτιλίη*, navigatio, sed *ναυσίη*, quod verbum nauseam interpretatur. Apud *Galenum* reperio, suo jam tempore nonnullos codices hoc verbum *ναυσίη* habuisse; quae si genuina esset lectio, hunc sensum utique haberet, nauseam ex vehementiori motu ortam docere, motu turbari corpora. Ex qua tamen interpretatione *Hippocratis* observatio minime recta, sed potius impedita et aliquo modo detorta procederet, corpus movendum esse, ut helleborus efficacius agat. Itaque lectioni huic Lefeburianae, etsi perantiquae, vulgarem praefero, atque exemplum a navigatione desumi puto, quippe quae orta aegritudine navigantium, quam *ναυσίην* Graeci, Romanique nauseam vocant, luculenter doceat, quod ostendere vult *Cous*, motu eoque solo corpus vehementer turbari, et ad perpetuas excitari vomituritiones vomitionesque, huic navigantium morbo proprias. Ceterum, ut hic Aphorismus in nostris editionibus legitur, ut eundem in codice suo legit *Galenus*: ita totidem fere verbis, non omissa *ναυτιλίη* sive navigatione, in vetere *Libro* περὶ ἐλλεβορισμοῦ, *Hippocrati* quem tribuunt, scriptus legitur.

Aphor. XVI.

Helleborus periculosus iis, qui carnes sanas habent: spasmum enim (sive convulsionem) *infert* (sive inducit).

Prima enunciatio hujus Aphorismi totidem verbis in *Libello Hippocratis*, quem nuper laudavi, *de helleborismo* legitur: *Helleborus periculosus est, qui sanas partes habent*; posterior autem Aph. enunciatio, qua periculum definit, quod helleborus minatur sanas carnes habentibus, in illo libello omissa est. Quantum tamen sit eorum periculum, qui ex hellebori usu in convulsiones incidunt, *Hippocrates* docuit Aphor. 1[mo] Sect. V[tae], quo *fere letales convulsiones ex helleboro* pronunciat. Sunt vero, qui sanas carnes habent, huic ab hellebori usu periculo ex nostri Aphorismi sententia expositi. Carnes deprehendimus in iis, qui musculis eximiis et torosis instructi sunt, qualibus fere veteres statuarii eximium Herculis robur in herois statuis indicare solebant. De corporibus igitur non solum sanis, verum etiam valde robustis sermo est in Aphorismo; atque haec sunt corpora, quae ab hellebori usu *Hippocrates* penitus interdicit, quod vere jam docuit Sect. II^{dae} Aphor. 36to et 37mo. Has *Magni Coi* sententias ante oculos *Celsus* habuit, dum *Lib.* II^{di} *cap.* 13^{tio}, quod *de vomitu* inscriptum est, adnotabat: *Illud scire oportet, omne ejusmodi medicamentum, quod potui datur* (scilicet ex helleboro), *non semper aegris prodesse, semper sanis nocere.* Illud hominum genus, cui eximia est robustaque corporis fabrica, ut mediocri stimulo parum afficitur, ita a vehementiori veluti excandescit, et majorem in modum movetur. In his ad securum hellebori usum non sufficit, corpus praehumectasse, quod in difficulter vomentibus consilium proposuit *Hippocrates* Aphor. hujus Sect. 13^{tio}, quoniam haec eximia corporis constitutio brevi tempore satis laxari non poterit.

Cur vero convulsionem his praedicit vel metuit *Hippocrates*? quum tamen Aphor. 36to Sect. II^{dae} citam virium exsolutionem (*ἐκλύονται ταχέως*) iis praesagiat, qui sani vehementer purgentur: recte et apposite omnino, quoniam ibi sermo fit de pessimo medicinae efficaciter deorsum purgantis in corporibus sanis effectu; hic vero de vehementissimo remedio sursum purgante, quod violenta et effreni irritatione ventriculum et septum transversum, totque nobilissimos nervos juxta positos acerrime lacessat, et totum nervorum systema ad consensum provocet. Vix autem Vos requisituros me esse puto, cur *Hippocrates* hanc de pessimo effectu hellebori in sanis robustisque corporibus sententiam proferret, quum sani homines tum omni medicamento, tum adeo vehemente omnino debeant carere; nisi forte interdum tantum salutaveritis hanc scholam, ut callido consilio Hippocraticos vos olim profiteamini in vitae enarratione, calci libellorum Vestrorum academicorum addenda. Etenim si operam mihi diligenter dedistis, minime ignoratis, antiquissimum et vulgatissimum fuisse vomitionis prophylacticae usum, sive rectius abusum, quem igitur hoc Aphorismo *Hippocrates* reprehendat et pessimum declaret.

Aphor. XVII.

Si cui sine febre, cibi fastidium, et cardiae morsus (vel dolor), *et tenebricosa vertigo, et os amarum, sursum purgans medicamentum dandum esse, indicat.*

Legitur haec quoque sententia in *Hippocratis Libro*, quem saepe laudavi, *de helleborismo.* Postquam in praecedentibus Aphorismis cautiones docuit *Hippocrates* in danda vomitoria medicina observandas, et diserte monuit, tam efficax remedium iis minime concedendum esse, quorum corpus eximio robore praeditum est: nonnullas jam subjungit dandi medicamenti vomitorii indicationes, quarum prima hoc Aphorismo continetur, petita a biliosa materia exitum quaerente sursum. Etenim omnia, quae hoc Aphor. exponit, signa sat luculenter docent, haerere materiam circa praecordia, quam mobilem et ad evacuationem dispositam cito et sursum expelli conveniat. Omnia, quae in hoc Aphorismo commemorantur, symptomata talia sunt, qualia naturam proferre solenne sit, si molestam materiam vomitu expellere satagit. Cibi fastidium, os saepe amarum, orisque ventriculi, sive cardiae, ingrata sensatio docent, biliosam materiam in ventriculum confluxisse. Jam si vertigo accedit eaque tenebricosa, indicio est, tum instare vomitum, tum haud adeo facile, sola naturae vi, sponte absolvi posse; quum cerebri nervorumque consensu vertigo hominem male habeat oculorumque caligo, quin tamen vomitu rejiciatur materia ventriculo molesta. Quae signa si cuncta in aegroto deprehendantur, nil esse videtur, quod medicum in jubendo vomitorio medicamento dubium faciat. Addit tamen *Hippocrates* limitationem verbo ἀπυρέτῳ, si homo febre omnino vacat; itaque hanc generalem legem sive absolutam indicationem, dandi sine omni metu vomitorii, *Hippocrates* proponit, si cum ceteris signis, in hoc Aphorismo commemoratis, simul adsit febris absentia. Fac enim, febrim adesse vel paulo graviorem, pro hujusce febris natura singularibusque caussis, etsi omnia cetera signa adsint, tamen vomitorium medicamentum pessime nocere poterit aegroto, si ad vomitiones cogitur, nulla habita ratione originis et naturae febris. Etenim, ne de eo dicam, inflammationem ventriculi vel visceris juxta positi, maxime jecoris, omnia fere illa symptomata proferre posse; quibus si confidat medicus, data vomitoria medicina aegrotum certe occidet. Enimvero morbus vere biliosus in inflammationem saepe pronus est, quo metu sublato prius, vomitorium medicamentum demum recte et secure datur.

Rationi igitur et experientiae omnino respondet haec *Hippocratis* doctrina; quam tamen minime eo trahi oportet, *Hippocratem* docuisse, vomitorio medicamini prorsus locum non esse, si febris adsit. Hanc enim doctrinam nullibi professus est *Cous*, qui in hoc Aphorismo tantum docere voluit, quando nulla prorsus adesset in vomitorii medicaminis usu dubitatio: generalem et illimitatam docere voluit vomitorii medicamenti efficacioris, qualis helleborus albus est, indicationem. Longissime igitur ab *Hippocratis* doctrina remoti sunt, qui putant, vomitoriorum medicamentorum usum in febrientibus prorsus rejecisse *Coum*. Verum tamen omnino est, in morborum acutorum febriumque curatione, primis quidem morbi diebus, solo victu et regimine usum fuisse *Hippocratem*, seseque a medicamentorum vel paulo acriorum usu temperasse; eo quidem consilio, ut naturae observaret motus, eamque non facile duceret, nisi quo eam vergere prius cognovisset. Etenim, ut naturae humanae inesse credidit fidos salutis suae custodes egregiasque medicatrices vires: ita in toto curationis negotio non nisi partes curiosi naturae administri tueri voluit. A natura edoctus, falli nescia, bene novit, quando matura in febribus purgatio necessaria esset; id quod vel sexcentis exemplis ostendi possit, nisi unus jam sufficeret Aphorismus hujus IV^{tae} Sect. 10^{mus}.

Quid vero, Auditores? num est, quod imitemur hodie illam *Hippocratis* timiditatem? Imitabimur profecto, nisi aliud doceat natura morbi, maxime epidemici; epidemicis enim morbis singularis tantum non semper natura est, in qua recte fiunt, immo fieri saepe debent, quae alias non nisi temere fierent, et pessime nocerent. Angina epidemica citum saepe jubet a primis morbi initiis vomitum. Exanthemata acuta, quae antiquitas ignoravit, vel hoc nomine felicissima, vomitoriis medicamentis mature oblatis vix carere possunt. Sed ut haec natura morbi epidemici ejusque curatio cognoscatur, observatione curiosissima opus est, ne inconsulta natura de remediorum evacuantium salubri aut noxio usu temere statuatur. His enim in morbis similitudo symptomatum facile fallit medicum, fallit argumentum ab analogia morborum petitum. Fefellit adeo *Sydenhamum*, observatorem summum, qui ingenue professus est, curationem epidemici morbi, quae optime cessisset olim, alio tempore occidisse aegrotos suae curae commissos. Quot sunt inter nostros homunciones, gloriosissimos *Thrasones*, qui talis verecundiae in tanto medico vel aliquem sensum habeant!

Aphor. XVIII.

Supra septum transversum dolores, sursum purgationem significant (indicant); *qui autem infra, deorsum.*

Hanc hujus Aphorismi lectionem *Bosquillonus* habet, eamque omnino probo. Legunt plurimi post *ὀδυνήματα — ὁκόσα καθάρσιος δέονται* vel *δέεται*, qui (dolores) purgatione indigent; quam lectionem secutus quoque est *Lefeburius*, concedens tamen, non nisi glossam exhibere haec verba, in textum dudum receptam, atque a se servatam esse fatetur, ut clarior staret sententia. Potest tamen his verbis carere, me quidem judice, salva Aphorismi evidentia. Etenim si dolores supra septum transversum purgatione non indigent, purgans medicamentum minime dandum est. Si dolores illi supra septum transversum sanguinis missione potius indigeant, vena secanda est; et nemo, cui sanum est sinciput, medicamentum sursum purgans daturus est; et complicato in morbo, qui illo purgante medicamento carere non poterit, huic tamen semper sanguinis missionem praemittet. Laudo antiquam *Hippocratis* lectionem, cui, ut sibi clarior staret haec sententia, glossam adscripsit antiquus *Magni Coi* discipulus. Enimvero, genuinam non esse hanc lectionem, nisi sana ratio quemque facile doceret, ex *Libro Hippocratico de hellebori usu* (Art. X et XI) satis intelligitur, quippe in quo eadem sententia sine omni limitatione simpliciter legatur. Commemorem locum, non eo quidem consilio, ut receptam a *Bosquillono* tuear lectionem — hanc enim vel sanam rationem satis tueri puto — sed, quoniam eo in libro egregiis nonnullis praeceptis verus deorsum purgantis medicinae usus illustratur: *Purgatio sursum versus commodat in doloribus supra septum transversum: at deorsum versus, ubi sine febre est tormen, lumborum dolor, genuum gravitas, menses aegre prodeuntes, dolores in partibus sub septo transverso.*

Itaque hoc Aphorismo continetur altera indicatio ad medicinae purgantis usum (primam habet Aphorismus praecedens XVII^{mus}): signum tradit, ex quo me dici dijudicent, qui inter aegrotos, si purgatione opus habere videantur, aut sursum purgandi sint, aut deorsum. Hoc signum ex sede aegritudinis, sive doloris et molestiae *Cous* repetit, humani corporis truncum in duas partes transversim partiens, et superiorem inferioremque describens; finesque utriusque regionis prope septum transversum seu diaphragma collocans. Quos fines paulo latiori sensu atque hunc fere in modum intelligi par est, ut viscera septo transverso inferne proxima et vere contigua, v. c. pars jecoris gibba atque ventriculus, ad superiorem trunci partem revocentur. Quae divisionis ratio non solum doctissimis inter veteres medicos viris probatur, verum etiam experientiae respondet, quae utique docet, dolores et molestias, ex illis jecoris et ventriculi sedibus oriundas, ad thoracem tum propagari, tum viscera in thorace reclusa pessime afficere. Nec *Hippocratem* latuisse puto, naturam circa illud transversum septum sedem et veluti centrum collocasse, ex quo eximia vitae actuositas prodiret, et quaquaversum, radiorum lucis instar, vim et efficaciam suam emitteret. *Φρένες* vocarunt antiquissimis temporibus diaphragma Graeci, nomen petiti a verbo φρήν, quod mentem significat. Deinceps philosophi haud obscuri circa φρένες sedem assignaverunt animae crescibili et concupiscili, id est, secundum nostrum loquendi morem, animae sive actuositati vitae organicae moderatrici. Hanc τῶν φρένων exegesin tum apud interpretes medicos invenietis a nostris temporibus paulo remotiores, *Foesium* et *Hebenstreitium*, tum apud lexicographos recentiores eosque probatissimos, inter quos vel unum *Schneiderum* laudasse sufficit, amicum et collegam, cujus, dum vivam, me semper tenebit desiderium. Nec in hujus verbi interpretatione quidquam meritae laudis detrahi patiar doctissimo *Krausio*, qui, etsi forte in his etymologicis dilucidationibus ingenio suo interdum paulo indulgeat, avitam tamen medicorum Georgiae Augustae laudem, ex Graecarum Romanarumque literarum studio olim optime partam, egregie tuetur et merito sibi vindicat. Quas partes *Hippocrates* septo transverso definire voluit, *Celsus* praecordia dixit, descripsitque satis accurate *Lib.* IV^{ti} *cap.* 1mo.

Sed ad textum nostrum revertamur. Si quaeritis forsitan, num, uno tantum signo contentus, *Hippocrates* ex sola aegritudinis et doloris sede de vomitoriae purgantisve medicinae usu statuere voluerit? respondebo, minime. Nunquam contra primam semioticae doctrinae legem vapulavit *Cous*, quae certe haec est: uni signo nunquam fidendum, sed de omnibus signis, quotquot haberi possint, dispiciendum, et ex omnibus signis inter se collatis id demum colligendum et statuendum esse, quod jam de morbo scire medici intersit. Nonne signa vomitionem jubentia Aphorismo XVII[mo] hujus Sectionis luculenter exposuit *Hippocrates*? nonne docuit Aphor. 20[mo] Sect. I[mae]: *quae ducere oporteat, eo ducenda esse, quo maxime vergant, idque per loca convenientia?* Audivistis, quae modo ex *Libro de helleborismo* Vobis commemorabam, quibus certe continentur luculentiora signa, quae, quando purgatio deorsum instituenda sit, indicent. Quae vero modo Vobis recitabam ex illo *Libro de veratri usu*, eadem Vobis offert de purgantis medicinae indiciis Aph. IV[tae] Sect. 20[mus]. Itaque nihil reliqui fecit *Cous*, quod ad purgantis utriusque medicinae rationalem usum scire refert medicum. Rem illustrabo exemplo saepius obvio, si biliosus morbus imperium tenet; hic quando urget, pleuritis frequentissima est; pungens acutissimusque dolor latus occupat, sed versatilis, modo locum mutans, modo remissior, mox tamen crescens illico, summa vehementia vel spiritum hominis intercludens; in societatem aegritudinis vocatur pulmo, ut sanguinolenta sputa exscreet aeger, immo haud parum sinceri sanguinis tussi rejiciat. Medicus, qui morbi naturam noverit, ejusque curationem experientia didicerit, mox praemissa, saepius adeo omissa venaesectione morbum aut jugulabit vix incipientem, aut saltem, defensis a morbi impetu pulmonibus, secure persanabit. Si cui vero minus perito suetae pneumoniae, ejusque inflammatoriae, forma et specie morbus imponit, sanguine homini large detracto nil aliud efficiet, nisi ut febris quotidie increscat, pejoremque indolem, quam biliosam putridamque vocamus, contrahat, aegrotumque sat cito tollat e medio; aut, si minori vehementia febris excandescat, haec paulatim in hecticam degeneret et, purulenta pulmonum labe adducta, miserum aegrotum tabe exstinguat. Tanti interest, morbi biliosi naturam accuratius perspexisse, veramque ejus curationem prudente evacuantis medicinae usu peritius novisse; quem soli veteres magistri recte docebunt eum, cui illa nondum sordet antiquorum virorum sapientia.

Aphor. XIX.

Qui ex potione medica (scilicet purgante) *non sitiunt, dum purgantur, non desinunt* (scilicet purgari), *priusquam* (vel donec) *sitiverint.*

Haec sententia in *Libro de helleborismo*, quem saepe laudavi, totidem quoque legitur verbis. Mihi quidem observatio esse videtur, quam experientia de fortioris medicamenti purgantis effectu docuit. Dum medicamenta id genus vehementer deorsum purgant, et magnam vim seri alvo educunt, sitit tandem aegrotus, propter oris fauciumque siccitatem. Si epoto efficaci purgante medicamento nondum sitit, indicio est, vel saltem esse poterit, medicamentum virtutem suam purgantem nondum prorsus absolvisse, retenta adhuc in intestinis colluvie mucosa et aquosa: non desituram igitur purgantem vim, nisi humoribus serosis ita alvo expurgatis, ut, orta oris siccitate, demum sitire aeger incipiat. Quod si fit, quando nulla alia adest sitis caussa, medicus ex siti cognoscet, purgans medicamentum virtutem suam fere absolvisse. De helleboro nigro sermo est, purgante medicamine efficacissimo, cujus si potio detur satura, sitim omnino inferre poterit; qualem certe in aegrotis adducunt purgantia medicamina, quae hodie drastica dicimus, aquosos latices vehementer alvo exturbantia, ideoque hydragogorum nomine hydropicis imprimis data. Scammoneum ad hunc usum recte laudarunt veteres, quoniam sine torminibus majorem in modum purgat, et tam incredibilem vim seri alvo expellit, ut fere colliquare hominem videatur. Rhamnus catharticus, ex quo syrupus conficitur, quem spinae cervinae, etiam domesticum dicunt, similem fere agit in modum. Cetera medicamenta ex purgantibus drasticis, v. c. jalappae resina, gummi gutti, quae recentioribus temporibus in usum venerunt, propter tormina, quae excitant, tum aegris valde incommoda, tum minus tuta sunt. Ex mea igitur sententia *Hippocrates* non nisi notam cum medicis communicare voluit, ex qua judicent, medicamentum efficaciter purgans utrum virtutem suam jam prorsus absolverit, an eandem ultra sit exserturum? Colligere quoque medicus ex siti, hujus medicinae effectu, poterit, medicamentum scopo, quo datum fuerit, fecisse omnino satis. Fuerunt autem nonnulli, et in his

Lefeburius, qui putant, hoc Aphorismo ex defectu sitis *Coum* docere voluisse, a morbo suo nondum penitus liberatos esse, nec fore, nisi sitiant, ideoque in usu medicinae purgantis pergendum esse. Quam tamen temeritatem ab *Hippocrate* prorsus alienam esse puto, qui certe ex hoc sitis defectu indicationem ad iterandum medicamenti purgantis usum nec ipse desumsit, nec a medicis desumi ullo modo voluit.

Aphor. XX.

Non febrientibus si adfuerint tormina (dolor intestina torquens), *et genuum gravitas*, *et lumborum dolor*, *deorsum purgante medicamento opus esse* (vel per inferiora purgari oportere), *indicat* (vel significatur).

Et haec sententia apud scriptorem antiquum *de helleborismo* legitur, eamque Vobis jam praelegi, quum exponerem Aphor. XVIII^{vum}, cujus hic XX^{mus} vera continuatio est. Etenim Aphor. XVII^{mo} docentur signa, quae, sursum purgandum esse, vomitione scilicet, indicent; idemque argumentum *Cous* prosequitur Aphor. illo XVIII^{vo}, docens, ex doloris sede, vel supra diaphragma, vel infra illud transversum septum, de purgatione vel sursum vel deorsum instituenda statuendum esse. Signa autem, quae proponit, ut ex iis repetamus deorsum purgantis medicinae indicationem, talia omnino sunt, qualia, deorsum ferri et fere turgere humores ad intestina depositos, doceant. Quodsi enim natura hanc purgationem molitur, et sponte haud raro perficit, tantum non semper dolores intestinorum, genuum imbecillitatem et gravitatem, doloremque lumbis molestum, evacuationi alvinae praemittit; quae symptomata purgatione primo leniuntur, deinde tolluntur. Quod vero *Hippocrates* addit, hominem febre vacuum esse debere, minime ita accipiendum est, ut, in febrientibus rejecisse *Hippocratem* medicinae purgantis usum, existimemus: eadem prorsus ratio est, propter quam Aphorismo XVII^{mo} medicamenti vomitorii usum iisdem limitibus circumscripsit, febreque vacare hominem voluit: nempe universali propositione docere voluit utriusque medicinae purgantis usum. Jam si illis cum signis, quae in hoc Aphorismo commemoravit, febris simul adesset vel paulo notabilior, hujus caussae explorandae sunt, antequam de purgantis medicinae usu statuatur: potest inflammatio gliscere in intestinis; cujus si vel aliqua suspicio locum habet, non nisi temere illico daretur purgans medicamentum, quod coercita inflammatione demum recte datur, plurimumque solaminis aegroto promittit, hac cautione exhibitum. Hac rationali via *Hippocratem* ingressum esse, dum medicinam faceret, imprimis luculenter perspicitur ex *Libro de rat. vict. acutor. cap.* XXXVI[to]. Mihi autem *Hippocrates* ad diuturnorum morborum curationes purgantibus medicamentis praecipue usum fuisse videtur; longe minus in acutorum morborum curationibus. Ex hoc purgantis medicinae in diuturnis morbis usu explicaverim quoque observationem, cujus meminit Aphor. XIX[nus], de siti, purgantis medicinae effectu, et purgationis finem indicante.

FSC
www.fsc.org
MIX
Papier | Fördert
gute Waldnutzung
FSC® C083411

Kolibri 360 GmbH
Ferdinand-Jühlke-Straße 7
99095 Erfurt, Deutschland
produktsicherheit@kolibri360.de